校企合作职业本科教育精品教材

会计基础

主审　魏成富
主编　韩士专

教·学资源

时代出版传媒股份有限公司
安徽科学技术出版社

图书在版编目(CIP)数据

会计基础 / 韩士专主编. -- 合肥 : 安徽科学技术出版社, 2025.1. -- ISBN 978-7-5337-9256-5

Ⅰ.F230

中国国家版本馆CIP数据核字第2025UZ9986号

KUAIJI JICHU

会计基础　　　　　　　　　　　　　　　　　　　　主编　韩士专

出 版 人：王筱文	选题策划：王　利	责任编辑：翟巧燕
责任校对：张晓辉　王一帆	责任印制：阮怀平	装帧设计：北京金企鹅

出版发行：安徽科学技术出版社　　　　http://www.ahstp.net

（合肥市政务文化新区翡翠路1118号出版传媒广场，邮编：230071）

电话：（0551）63533330

印　　制：北京时代华都印刷有限公司　　电话：（010）61015014

（如发现印装质量问题，影响阅读，请与印刷厂商联系调换）

开本：787×1092　1/16　　　　印张：16.5　　　　字数：381千

版次：2025年1月第1版　　　　印次：2025年1月第1次印刷

ISBN 978-7-5337-9256-5　　　　　　　　　　　　定价：49.80元

版权所有，侵权必究

QIANYAN 前 言

会计学作为一门学科,提供了一整套将经济信息转化为会计信息的理论和方法。会计准则作为国际通用的"商业语言",在经济活动中扮演着至关重要的角色。在互联网和大数据时代,会计行业创新组织结构和服务模式,在深化改革中不断发展,使其在经济生活中的重要地位和作用日益凸显。

随着科学技术与经济的快速发展,会计学的理论不断演进与完善,这对会计从业者提出了更高的要求。因此,我们依据中华人民共和国财政部和国家税务总局修订与发布的一系列最新的会计和税法等方面的准则法规,在消化吸收的基础上,组织编写了本书,力图使本书内容与会计、税法改革实践同步更新,使学生能更好地学习新的知识。

本书主要讲述会计的基本概念、基本原理和基本方法。在阐述借贷记账法原理的基础上,本书以制造业企业为例,系统地介绍了企业主要经济业务的会计核算,既注重学生理论知识的培养,又注重学生实务操作技能的提高。

整体而言,本书具有以下特色。

育人为本,德育为先

党的二十大报告指出:"育人的根本在于立德。"本书有机融入党的二十大精神,秉承能力教育与道德教育同向同行、协同育人的教学理念,以培养学生正确的世界观、人生观和价值观为己任,在能够体现文化自信、家国情怀和工匠精神等理念的知识点中设置了"立德立信"栏目,旨在对学生进行理论知识教育的同时,"润物细无声"地进行道德教育。

校企合作,协同育人

本书在一线双师型教师和企业专职人员的指导与支持下编写而成,充分考虑了教学大纲要求与企业需求,强调内容的实用性和针对性。通过学习本书,学生能够全面掌握会计岗位所要求的基本理论知识和应用技能,从而更好地适应会计岗位需求,成为具备扎实专业知识和实践能力的会计人才。

理念创新,优化课程

本书以项目为基本单元实施教学引领,以任务为板块实施教学驱动。为了构建高效的学习体系,在项目下设置"会计讲堂""岗位能力测试""项目考核评价"等模块,在任务下设置"任务引航""任务实施"等模块,实现从理论到实践的全面覆盖,形成完整的学习闭环。本书为学生构建了一条清晰的学习路径,能够帮助学生增强学习兴趣,掌握会计知识。

内容系统，与时俱进

本书根据教学教育理念，按照由浅入深、循序渐进的认知规律来安排总体结构和项目内容，全书条理清楚，结构严谨，内容系统。同时，本书遵循会计工作流程，融入会计和税法等方面的最新准则法规，确保学生所学知识与实际应用高度一致。此外，本书采用最新案例，并引导学生运用会计知识分析案例、解决实际问题，从而提升学生处理会计事务的能力。

账表仿真，实操性强

编者深入会计实务一线，参照真实的会计凭证与账表，精心绘制了与经济业务密切相关的各类会计资料。这些账表在外观上与实务中的账表保持一致，学生在学习过程中可以参照账表说明进行模拟操作，从而熟悉会计实务的具体操作步骤和要点。

资源升级，平台支撑

本书配有丰富的数字资源，将教材、在线课堂与教学资源相融合，构建了线上线下结合的教学模式。学生可以借助智能手机或其他移动设备扫描扉页二维码获取相关视频，教师可登录文旌综合教育平台"文旌课堂"查看与下载本书配套资源，如课后习题答案、优质课件等。

此外，本书还提供了在线题库，支持"教学作业，一键发布"，教师只需要通过微信或"文旌课堂"App扫描扉页二维码，即可迅速选题、一键发布、智能批改，并查看学生的作业分析报告，提高教学效率、提升教学体验。学生可在线完成作业，巩固所学知识，提高学习效率。

本书由魏成富担任主审，韩士专担任主编，曾晶、熊岩海、李冠群担任副主编。本书在编写过程中，参考了大量的文献资料，未能一一列明来源。在此，我们向参考文献的作者表示诚挚的谢意。本书中的案例均为自编，其中所署人名、公司名，以及所设的发票号码、纳税人识别号、账号等号码均为虚构。

由于编写人员水平有限，书中存在的疏漏与不当之处，恳请广大读者批评指正。

本书配套资源下载网址和联系方式

网址　https://www.wenjingketang.com
电话　400-117-9835
邮箱　book@wenjingketang.com

目 录

项目一　拨云见日——走近会计 ... 1

会计讲堂 ... 2
 一、会计的概念与基本特征 ... 2
 二、会计职能 ... 3
 三、会计目标 ... 4
 四、会计对象 ... 5

任务一　了解会计的产生与发展 ... 6
 任务引航　回顾会计的发展阶段 ... 6
 一、会计的产生 ... 7
 二、会计的发展 ... 7
 任务实施 ... 9

任务二　掌握会计基本假设与会计信息质量要求 ... 9
 任务引航　从实际出发，解读会计理论 ... 9
 一、会计基本假设 ... 9
 二、会计信息质量要求 ... 11
 任务实施 ... 13

任务三　明确会计核算基础与核算方法 ... 14
 任务引航　做好会计工作的关键 ... 14
 一、会计核算基础 ... 14
 二、会计核算方法和内容 ... 15
 任务实施 ... 16

任务四　熟悉会计计量属性 ... 16
 任务引航　解读会计计量属性 ... 16
 一、会计计量属性及其构成 ... 17
 二、会计计量属性的应用原则 ... 18
 任务实施 ... 18

岗位能力测试 ... 19
项目考核评价 ... 22

项目二　稳扎稳打——知晓会计语言 ······ 23

会计讲堂 ······ 24
一、会计要素 ······ 24
二、会计等式 ······ 24
三、会计科目与账户 ······ 24

任务一　认识会计要素 ······ 25
任务引航　析经济业务，辨会计要素 ······ 25
一、资产 ······ 25
二、负债 ······ 27
三、所有者权益 ······ 28
四、收入 ······ 30
五、费用 ······ 31
六、利润 ······ 32
任务实施 ······ 33

任务二　认识会计等式 ······ 34
任务引航　探会计要素之间的关联 ······ 34
一、会计等式的表现形式 ······ 34
二、经济业务对会计等式的影响 ······ 35
任务实施 ······ 37

任务三　认识会计科目 ······ 38
任务引航　分析会计科目 ······ 38
一、会计科目的概念与分类 ······ 39
二、会计科目的设置 ······ 40
任务实施 ······ 42

任务四　认识账户 ······ 43
任务引航　探究会计科目与账户的异同 ······ 43
一、账户的概念与分类 ······ 43
二、账户的功能与结构 ······ 44
任务实施 ······ 46

岗位能力测试 ······ 46
项目考核评价 ······ 50

项目三 贵在得法——领会会计记账方法 ·············· 51

会计讲堂 ·············· 52
  一、单式记账法 ·············· 52
  二、复式记账法 ·············· 52

任务一 认识借贷记账法 ·············· 53
  任务引航 测一测记账基本功 ·············· 53
  一、借贷记账法的账户结构 ·············· 53
  二、借贷记账法的记账规则 ·············· 56
  三、借贷记账法下的账户对应关系 ·············· 57
  任务实施 ·············· 58

任务二 编制会计分录 ·············· 59
  任务引航 根据经济业务，编制会计分录 ·············· 59
  一、会计分录 ·············· 59
  二、试算平衡 ·············· 61
  任务实施 ·············· 64

岗位能力测试 ·············· 65
项目考核评价 ·············· 69

项目四 真凭实据——把握会计凭证管理流程 ·············· 70

会计讲堂 ·············· 71
  一、原始凭证 ·············· 71
  二、记账凭证 ·············· 72

任务一 填制和审核会计凭证 ·············· 73
  任务引航 填制记账凭证 ·············· 73
  一、填制和审核原始凭证 ·············· 73
  二、填制和审核记账凭证 ·············· 80
  任务实施 ·············· 85

任务二 装订和保管会计凭证 ·············· 85
  任务引航 整理和装订会计凭证 ·············· 85
  一、装订会计凭证 ·············· 86
  二、保管会计凭证 ·············· 87
  任务实施 ·············· 88

岗位能力测试 ·············· 88
项目考核评价 ·············· 96

项目五　条分缕析——核算企业主要经济业务　97

　　会计讲堂 … 98
任务一　核算资金筹集业务 … 99
　　任务引航　收到投资款的账务处理 … 99
　　一、所有者权益筹资 … 100
　　二、负债筹资 … 102
　　任务实施 … 105
任务二　核算生产准备业务 … 105
　　任务引航　购入材料的账务处理 … 105
　　一、固定资产业务 … 107
　　二、无形资产业务 … 115
　　三、材料采购业务 … 119
　　任务实施 … 126
任务三　核算生产业务 … 127
　　任务引航　领用材料的账务处理 … 127
　　一、生产费用的构成 … 127
　　二、账户设置 … 128
　　三、账务处理 … 130
　　任务实施 … 133
任务四　核算销售业务 … 134
　　任务引航　销售产品的账务处理 … 134
　　一、收入的确认和计量 … 135
　　二、账户设置 … 139
　　三、账务处理 … 142
　　任务实施 … 146
任务五　核算期间费用业务 … 146
　　任务引航　支付广告费的账务处理 … 146
　　一、期间费用的构成 … 147
　　二、账户设置 … 148
　　三、账务处理 … 149
　　任务实施 … 151
任务六　核算财务成果业务 … 151
　　任务引航　捐款的账务处理 … 151
　　一、利润形成 … 152

二、利润分配 ·· 155
　　　　任务实施 ·· 159
　任务七　核算财产清查业务 ·· 160
　　　　任务引航　探银行存款核对之道 ·· 160
　　一、财产清查的概念和原因 ··· 160
　　二、财产清查的种类 ··· 161
　　三、财产清查的一般程序 ·· 162
　　四、财产清查的方法 ··· 162
　　五、财产清查结果的处理 ·· 168
　　　　任务实施 ·· 173
　岗位能力测试 ··· 173
　项目考核评价 ··· 187

项目六　一丝不苟——管理会计账簿 ·· 189

　会计讲堂 ·· 190
　　一、会计账簿的概念与基本构成 ·· 190
　　二、会计账簿的种类 ··· 191
　任务一　设置和登记会计账簿 ··· 193
　　　　任务引航　采购签字笔的账务处理 ·· 193
　　一、会计账簿的启用 ··· 193
　　二、会计账簿的登记要求 ·· 193
　　三、会计账簿的格式与登记方法 ·· 195
　　　　任务实施 ·· 199
　任务二　对账和结账 ·· 200
　　　　任务引航　对账和结账的关键 ··· 200
　　一、对账 ·· 200
　　二、结账 ·· 201
　　　　任务实施 ·· 203
　任务三　查找和更正错账 ··· 203
　　　　任务引航　更正错账 ·· 203
　　一、错账查找方法 ·· 204
　　二、错账更正方法 ·· 206
　　　　任务实施 ·· 208
　岗位能力测试 ··· 209
　项目考核评价 ··· 216

项目七　有的放矢——编制财务报表 ... 217

会计讲堂 ... 218
　　一、财务报表的概念 ... 218
　　二、财务报表的分类 ... 218
　　三、财务报表编制的基本要求 ... 219
　　四、财务报表编制前的准备工作 ... 221

任务一　编制资产负债表 ... 222
　　任务引航　编制天华公司2024年12月31日的资产负债表 ... 222
　　一、资产负债表的结构 ... 223
　　二、资产负债表的编制 ... 223
　　任务实施 ... 228

任务二　编制利润表 ... 231
　　任务引航　编制天华公司2024年度利润表 ... 231
　　一、利润表的结构 ... 231
　　二、利润表的编制 ... 232
　　任务实施 ... 234

任务三　编制现金流量表和所有者权益变动表 ... 235
　　任务引航　编制天华公司2024年12月31日的现金流量表 ... 235
　　一、现金流量表的结构和编制 ... 236
　　二、所有者权益变动表的结构和编制 ... 238
　　任务实施 ... 241

岗位能力测试 ... 246
项目考核评价 ... 252

参考文献 ... 253

项目一

拨云见日——走近会计

在学习本项目前,请思考以下问题。

- 会计的目标是什么?
- 会计信息质量要求有哪些?
- 会计核算的内容有哪些?
- 会计计量属性包括哪些内容?

扫一扫右边的二维码,从会计相关法律法规中找到答案。

素养目标

(1) 热爱会计职业,提高对学习会计的兴趣。
(2) 认真学习会计相关法律法规,精通会计专业知识。

知识目标

(1) 了解会计的概念、基本特征、职能、目标和对象,以及会计的产生与发展。
(2) 掌握会计基本假设、会计信息质量要求,以及会计核算基础与核算方法。
(3) 熟悉会计计量属性。

技能目标

(1) 能够识别会计核算对象。
(2) 能够理解并运用会计基本假设和会计核算基础解决一些简单的会计问题。

会计讲堂

一、会计的概念与基本特征

（一）会计的概念

会计是随着人类社会生产的发展和经济管理的需要而产生、发展并不断完善的。

会计的概念可以表述为：会计是指以货币为主要计量单位，运用一系列专门方法，核算和监督一个单位的经济活动，提供会计信息和参与经营管理的一种经济管理活动。这里的"单位"是国家机关、社会团体、公司、企业、事业单位和其他组织等的统称。本教材若未特别说明，则均以企业会计为对象进行介绍。

（二）会计的基本特征

1. 会计以货币为主要计量单位

在确认、计量和报告经济活动的过程中，会计选择货币作为主要计量单位，这是由货币本身的属性所决定的。货币是商品的一般等价物，是衡量一般商品价值的共同尺度，具有价值尺度、流通手段、储藏手段和支付手段等特点。其他计量单位，如重量、长度和容积等，只能从一个侧面反映企业的生产经营情况，无法在量上进行汇总和比较，不便于会计计量和经营管理。而选择货币尺度进行计量，能够全面、综合地反映企业的生产经营情况。

2. 会计采用一系列专门的方法

会计方法是指用来核算和监督会计对象，执行会计职能，实现会计目标的技术手段。会计方法包括会计核算方法、会计分析方法、会计检查方法、会计监督方法、会计控制方法、会计预测和决策方法等。

3. 会计的本质是参与经济管理与提供信息的双重结合

会计既是一种经济管理活动，又是一个经济信息系统。一方面，会计作为一种经济管理活动，不仅为企业经营管理提供相关的数据与资料，而且通过各种方式直接参与企业经营管理，如为了实现企业经营目标而参与经营方案的选择、经营计划的制订、经营活动的控制和评价等；另一方面，会计作为一个经济信息系统，它将企业经济活动分散的数据转化成一组客观、系统的数据，并提供企业的资产、负债、所有者权益、收入、费用和利润等信息，这些数据与信息是企业内部、外部利益相关者做出相关经济决策的重要依据。

二、会计职能

会计职能

会计职能是指会计在经济管理过程中所具有的功能。会计不仅具有会计核算和会计监督两项基本职能,还具有参与经济决策、评价经营业绩、预测经济前景等拓展职能。

(一)会计的基本职能

1. 会计核算职能

会计核算职能是指以货币为主要计量单位,对特定主体的经济活动进行会计确认、计量和报告。会计核算贯穿于经济活动的全过程,是会计最基本的职能。会计核算职能的相关解释如图1-1所示。

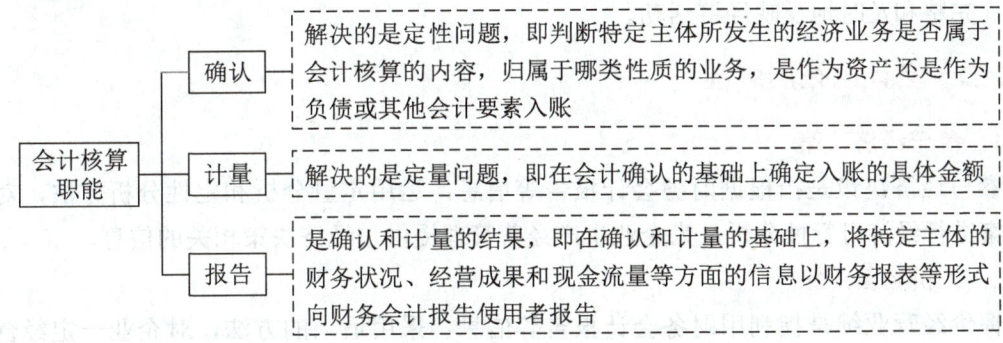

图1-1 会计核算职能的相关解释

2. 会计监督职能

会计监督职能是指对特定主体的经济活动与相关会计核算的真实性、合法性和合理性进行审查。会计监督职能的相关解释如图1-2所示。

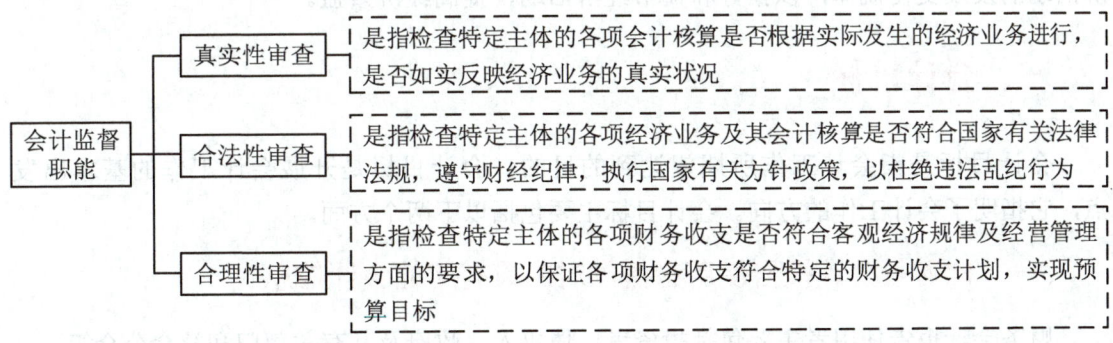

图1-2 会计监督职能的相关解释

会计监督贯穿于经济活动的全过程,包括事前监督、事中监督和事后监督。

(1)事前监督是指在经济活动发生前进行的监督,主要是对未来经济活动是否符合相关法律法规的规定、在经济上是否可行进行分析和判断，以及为未来经济活动制订定额、编制预算等。

（2）事中监督是指对正在发生的经济活动及其核算资料进行审查，并据以纠正经济活动过程中的偏差和失误，使其按预定计划进行。

（3）事后监督是指对已经发生的经济活动及其核算资料进行审查，其作用是确保会计信息准确、真实、完整，及时识别财务舞弊与潜在风险，促进企业依法依规经营。

会计核算与会计监督是相辅相成的。会计核算是会计监督的基础和前提条件，没有会计核算提供的各种信息，会计监督就失去了依据；而会计监督是会计核算的质量保证，只有会计核算没有会计监督，就难以保证会计核算所提供信息的质量，会计核算的作用就难以发挥。可见，会计是通过会计核算为管理提供会计信息，又通过会计监督直接履行管理职能。会计核算与会计监督必须结合起来，才能发挥会计应有的作用，从而正确、完整和及时地反映经济活动。

（二）会计的拓展职能

1. 参与经济决策

参与经济决策是指根据财务会计报告等信息，运用定量分析和定性分析方法，对经营方案进行经济可行性分析，为企业生产经营管理提供与经济决策相关的信息。

2. 评价经营业绩

评价经营业绩是指利用财务会计报告等信息，采用适当的方法，对企业一定经营期间的资产运营、财务效益等经营成果，对照相应的评价标准，进行定量及定性分析，做出真实、客观、公正的综合评判。

3. 预测经济前景

预测经济前景是指根据财务会计报告等信息，运用一定的预测方法，判断和推测经济活动的发展变化规律，以指导和调节经济活动，提高经济效益。

三、会计目标

会计目标是指会计工作所期望达到的目的。会计目标是开展会计工作的基本出发点，它指明了会计工作的方向。会计目标主要包括以下两个方面。

（一）向财务会计报告使用者提供对决策有用的会计信息

财务会计报告使用者主要包括投资者、债权人、政府及其有关部门和社会公众等。

会计作为一项管理活动，目标在于向财务会计报告使用者提供有助于其做出正确决策的会计信息，包括企业财务状况、经营成果和现金流量等方面的信息。例如，投资者在进行投资决策时往往需要依据大量可靠且相关的会计信息，而会计信息的提供又必须依赖于会计工作，这时，会计工作就必须以提供有助于投资决策的会计信息为目标。

（二）反映企业管理层受托责任履行情况

随着企业所有权与经营权的分离，企业管理层受企业所有者之托经营管理企业及其各项资产，负有受托责任。由于企业所有者十分关注资产的保值和增值，并且需要定期了解企业管理层保管、使用资产的情况，以便决定是否需要调整投资政策或者经营方案等。因此，会计工作应以充分反映企业管理层受托责任的履行情况为目标，帮助企业所有者正确评价企业经营管理和资源使用的有效性，进而做出正确的决策。

四、会计对象

会计对象是指会计核算和监督的内容，具体指社会再生产过程中能以货币表现的经济活动，即资金运动或价值运动。企业的资金运动通常表现为资金筹集、资金运用和资金退出三个过程。下面以生产经营过程较为完整的制造业企业为例，具体阐述企业的资金运动。

（一）资金筹集

资金筹集是指企业取得资金的过程，是企业资金运动的起点。企业总是通过各种渠道和方式筹集生产经营活动所需要的资金。这些资金进入企业的具体形态有货币、实物、证券、技术专利等，主要来源于投资者的资金投入和债权人的资金投入，前者构成企业的所有者权益，后者构成企业的负债。

（二）资金运用

资金运用是指资金的循环与周转。企业将资金运用于生产经营过程就开始了资金的循环与周转。企业的生产经营活动通常包括供应、生产和销售三个环节。在供应环节，企业要用所筹集的货币资金购买各种原材料等物资，这时资金从货币资金形态转化为储备资金形态。在生产环节，生产部门领用各种原材料并对其进行加工，这时资金从储备资金形态转化为生产资金形态。同时，用于支付职工的工资和其他生产费用，以及各种劳动资料的使用磨损，也形成生产资金。产品生产完工后，资金又从生产资金形态转化为成品资金形态。在销售环节，产品销售出去并取得收入后，资金又从成品资金形态转化为货币资金形态。

上述的一系列转化过程就是资金循环。企业的资金循环是反复进行的，这种周而复始的资金循环就是资金周转。

（三）资金退出

资金退出是指企业的资金不再参与资金的循环与周转，是企业资金运动的终点。例如，偿还各项债务、缴纳各项税费、向所有者分配利润等活动，使得部分资金退出企业。

综上，制造业企业资金运动的一般过程如图1-3所示。

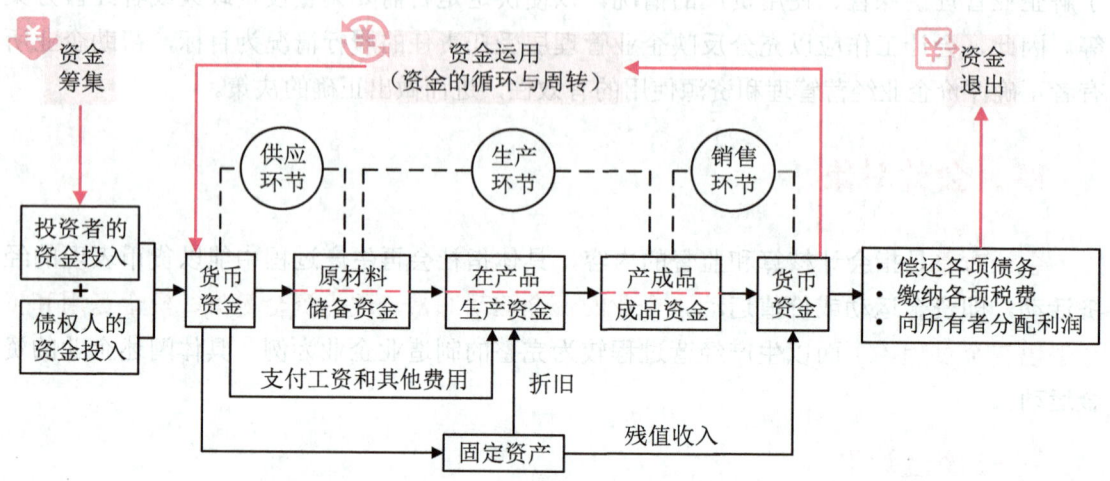

图1-3 制造业企业资金运动的一般过程

任务一　了解会计的产生与发展

任务引航

回顾会计的发展阶段

1. 任务情境

李兰是一名经管类专业的学生。在学习过"会计学"这门课后，她对会计工作产生了浓厚的兴趣。于是，在大四下学期，李兰根据学校的实习安排，于2024年2月1日，来到北京天华实业有限责任公司（以下简称"天华公司"）应聘会计实习生。

轮到李兰面试时，面试官先了解了李兰的基本情况，然后向李兰提出了这样一个问题："你知道会计是如何产生与发展的吗？"，并给予了李兰1分钟的思考时间和1分钟的回答时间。

2. 任务要求

请简要说明会计是如何产生的，以及会计的发展经历了哪些阶段。

一、会计的产生

会计起源于人类社会早期的生产活动。在生产活动中,创造物质财富和取得劳动成果的同时,必然会发生各种劳动消耗,包括人力、物力和财力的耗费。人们在比较劳动成果和劳动消耗的过程中,便产生了原始的计量、计算和记录等行为。这些行为蕴含着会计思想和会计行为的萌芽。

据考证,人类进入旧石器时代的中晚期,就出现了原始的会计行为。最初,会计只是生产职能的附属部分。随着社会生产的发展,生产活动的规模逐渐扩大,生产过程也逐渐复杂化,会计便逐渐从生产职能中分离出来,成为一种独立的职能。

二、会计的发展

会计随着人类社会生产的发展和经济管理的需要而产生、发展并不断完善。会计的发展经历了由低级到高级、由简单到复杂、由不完善到完善的过程,主要划分为以下三个阶段。

(一)古代会计阶段

古代会计阶段是从会计产生到复式簿记法产生的这段时期(即15世纪以前)。这一时期会计的发展主要涉及原始计量记录法、单式簿记法和初创时期的复式簿记法等。

原始社会末期,在具备了初步的数的概念之后,人们创造出了一些简单的计量、记录方法,如"结绳记事""绘图记事"等。在我国,西周时期就出现了"会计"一词。据《周礼》记载,西周设立"司会"一职对财务收支活动进行"月计岁会";另外,又设司书、职内、职岁和职币四职分理会计业务,其中,司书掌管会计账簿,职内掌管财务收入类账户,职岁掌管财务支出类账户,职币掌管财务结余。这表明在西周时期,我国已初步形成了会计工作系统。

秦汉时期,中式簿记法"入-出=余"的基本结算公式得到了广泛应用,并实行单式收付记账法,出现了定期制订的会计账册和会计报表,进一步确立了中式会计报告制度。

唐宋时期,中式簿记法得到了全面的发展和完善,出现了"四柱结算法"和"四柱清册"。"四柱结算法"是按照"旧管"(相当于现代会计中的"期初结存")、"新收"(相当于现代会计中的"本期收入")、"开除"(相当于现代会计中的"本期支出")、"实在"(相当于现代会计中的"期末结存")这四柱特定的格式,通过"旧管+新收-开除=实在"这一平衡公式定期结算账目的一种会计方法。"四柱清册"是以四柱为基本格式,以"四柱结算法"为基本方法所编制的一种会计报告。"四柱结算法"归结了中式会计的基本原理,是中式会计方法体系的核心与精髓,为中国会计从单式簿记法向复式簿记法的演变奠定了基础。

（二）近代会计阶段

近代会计阶段以复式记账法的产生和应用为标志，其时间跨度为15世纪至20世纪四五十年代。

明清时期，我国会计得到了进一步的发展，形成了比较完善的记账、算账、报账和账单式簿记系统，出现了"龙门账"和"四脚账"。"龙门账"将经济业务分为"进"（全部收入）、"缴"（全部支出）、"存"（全部资产）、"该"（全部负债）四大类，设总账进行分类记录，并编制"进缴表"和"存该表"（相当于利润表和资产负债表），实行双轨计算盈亏，称为"合龙门"。"四脚账"又称"天地合账"，对每一笔经济业务既登记"来账"，又登记"去账"，反映同一经济业务的来龙去脉。"龙门账"和"四脚账"都是我国独有的复式记账法，为我国会计的发展做出了重要贡献。

近代会计在西方国家取得了突破性发展，其主要标志是借贷记账法的产生。1494年，意大利的卢卡·帕乔利所著的《算术、几何、比及比例概要》，系统地论述了以威尼斯簿记为主的意大利借贷记账方法，为借贷记账法在全世界的广泛应用奠定了基础，成为会计发展史上第一个里程碑，标志着近代会计的最终形成。1853年，世界上第一个会计师专业团体——"爱丁堡会计师协会"成立，这被认为是会计发展史上的第二个里程碑。自此，会计开始成为社会性专门职业。

（三）现代会计阶段

现代会计阶段的时间跨度是从20世纪50年代开始到目前。

美国发生于20世纪20年代末30年代初的经济危机促成了《证券法》和《证券交易法》的颁布及会计准则系统的研究和制定。20世纪50年代以来，科学技术迅速发展，企业组织规模日益扩大，企业管理受到了前所未有的重视。为适应企业管理的需要，成本会计得到了长足发展，同时，以服务于经营决策为主要内容的管理会计应运而生。1952年，国际会计师联合会正式通过了"管理会计"这一专业术语，标志着会计正式划分为财务会计和管理会计两大领域。管理会计的出现，大大丰富了会计的内容，成为会计发展史上的第三个里程碑，标志着会计进入了现代会计的发展阶段。

中华人民共和国成立以后，我国政府十分重视会计工作，先后制定了许多会计制度，强化了会计工作的组织、规范和指导。1985年，第六届全国人民代表大会常务委员会第九次会议通过了《中华人民共和国会计法》（以下简称《会计法》），这标志着我国会计工作从此进入了法治轨道。随后，为了适应改革开放和市场经济发展的需要，中华人民共和国财政部（以下简称"财政部"）颁布实施了《企业会计准则——基本准则》，使我国的会计从理论到实务都迈进了国际化轨道。此后，财政部又先后对部分会计准则进行了修订，并陆续出台了一系列会计准则具体准则及解释，进一步丰富和完善了会计准则的内容体系。

在大数据和人工智能背景下,会计职业正逐步向智能化、自动化转型。因此,会计人员不仅要精通会计基础理论知识,还要熟练掌握大数据分析、信息系统管理等技能,以应对日益增长的数字化处理需求和高复杂性的业务环境。

立德立信

> 合抱之木,生于毫末;九层之台,起于累土;千里之行,始于足下。一个好的开始,对每一门课程的学习都是极其重要的。在日常的学习和生活中,我们要踏踏实实,一步一个脚印地走好每一步路,为今后走上工作岗位打好基础。

任务实施

李兰按照要求简要回答了会计产生的萌芽,以及会计发展所经历的古代会计阶段、近代会计阶段和现代会计阶段三个阶段,并描述了三个阶段中的标志性事件。面试官们对李兰的回答比较满意。

任务二 掌握会计基本假设与会计信息质量要求

任务引航

从实际出发,解读会计理论

1. 任务情境

在李兰回答完第一个问题后,面试官紧接着又向她提出了一个问题:"学会计的人应该都知道会计基本假设和会计信息质量要求,请你谈一谈自己对会计分期假设和会计信息质量的谨慎性要求的理解。"

2. 任务要求

请结合实际说明会计分期假设和会计信息质量的谨慎性要求的含义。

一、会计基本假设

会计基本假设是企业进行会计确认、计量和报告的前提,也是对会计核算所处时间、空间环境等所做的合理假定。会计基本假设包括会计主体、持续经营、会计分期和货币计量。

（一）会计主体

会计主体是指会计核算和监督的特定对象。在会计主体假设下，企业应当对自身发生的交易或者事项进行会计确认、计量和报告，反映企业自身所从事的各项经济活动。

会计主体这一假设的主要意义在于：第一，将特定主体的经济活动与该主体的所有者及职工个人的经济活动区别开来；第二，将特定主体的经济活动与其他主体的经济活动区别开来。这样不仅界定了会计核算的空间范围，还说明了特定主体的会计信息仅与该主体的整体经济活动及成果相关。

 会计小助手

> 会计主体不同于法律主体，主要体现在以下两个方面。
> （1）法律主体必然是一个会计主体。例如，一个企业作为一个法律主体，应当建立财务会计系统，独立反映其财务状况、经营成果和现金流量。
> （2）会计主体不一定是法律主体。会计主体可以是独立法人，也可以是非法人；可以是一个单一的企业，也可以是由几个独立企业组成的企业集团；可以是一个企业，也可以是企业内部的一个特定部分。例如，企业内部独立核算的生产车间、销售部门等，尽管不属于法律主体，但可以作为一个会计主体来反映其经营成果。

（二）持续经营

持续经营是指在可以预见的将来，企业将会按当前的规模和状态持续经营下去，不会停业，也不会大规模削减业务。

企业进行会计确认、计量和报告应当以持续经营为前提。在持续经营的假设下，企业不会破产清算，所持有的资产将正常运营，所负担的债务将正常偿还，所发生的经济业务将按常规方法进行相应的会计处理。但是，在市场经济条件下，企业破产清算的风险始终存在。企业一旦进入破产清算程序，所有以持续经营为前提的会计程序和方法就不再适用，而应当采用破产清算的会计程序和方法。

（三）会计分期

会计分期是指将企业持续经营的生产经营活动划分为一个个连续的、长短相同的期间。

会计分期界定了会计核算的时间范围。由于有了会计分期，才产生了本期与非本期的概念，才产生了权责发生制和收付实现制两种会计核算基础，进而出现了应收、应付、预收、预付、折旧和摊销等会计处理方法。

在会计分期假设下，企业应当划分会计期间，分期结算账目和编制财务会计报告。

会计期间通常分为年度和中期。其中，中期是指短于一个完整的会计年度的报告期间，包括半年度、季度和月度。年度、半年度、季度和月度均按公历起讫日期确定。我国的会计年度自公历1月1日起至12月31日止。

（四）货币计量

货币计量是指企业在进行会计确认、计量和报告时以货币为主要计量单位，来反映企业自身的生产经营活动。

我国会计核算以人民币为记账本位币。业务收支以人民币以外的货币为主的单位，也可以选定其中一种货币作为记账本位币，但编制的财务会计报告应当折算为人民币。在境外设立的中国企业向国内有关部门报送的财务会计报告，应当折算为人民币。

需要注意的是，某些影响企业财务状况和经营成果的因素往往难以用货币来计量，如企业的经营战略、研发能力和人力资源状况等，但这些因素对于财务会计报告使用者决策而言也很重要。为此，企业可以在财务会计报告中补充披露有关非财务信息。

二、会计信息质量要求

会计信息质量要求是对企业财务会计报告所提供会计信息质量的基本要求，是保证财务会计报告所提供的会计信息对财务会计报告使用者决策有用而应具备的基本特征，主要包括可靠性、相关性、可理解性、可比性、实质重于形式、重要性、谨慎性、及时性等。

（一）可靠性

可靠性要求企业应当以实际发生的交易或者事项为依据进行会计确认、计量和报告，如实反映符合确认和计量要求的各项会计要素及其他相关信息，保证会计信息真实可靠、内容完整。

可靠性是高质量会计信息的重要基础和关键所在，是对会计信息质量的基本要求。如果企业不是以实际发生的交易或者事项为依据进行会计确认、计量和报告，没有如实反映企业的财务状况、经营成果和现金流量，那么其所提供的会计信息是不可靠的，必然会误导财务会计报告使用者做出错误的决策，这样会计工作也就失去了意义。

（二）相关性

相关性要求企业提供的会计信息应当与财务会计报告使用者的经济决策需要相关，有助于财务会计报告使用者对企业过去、现在或者未来的情况做出评价或者预测。

会计信息质量的相关性要求是以可靠性为基础的，两者之间是统一的。在可靠性前提下，会计信息应尽可能与决策相关，以满足财务会计报告使用者的决策需要。

（三）可理解性

可理解性要求企业提供的会计信息应当清晰明了，便于财务会计报告使用者理解和使用。

在会计核算中，会计记录应准确、清晰，填制会计凭证和登记会计账簿必须做到依据真实合法、账户对应关系清楚、文字摘要完整；在编制财务报表时，应做到内容完整、项目钩稽关系清楚、数字准确。对于某些复杂的会计信息，应在财务会计报告中予以充分披露。

（四）可比性

可比性要求企业提供的会计信息应当相互可比，具体包括以下两层含义。

（1）会计信息质量的可比性要求同一企业不同时期发生的相同或者相似的交易或者事项，应当采用一致的会计政策，不得随意变更。这样便于财务会计报告使用者利用企业以前会计期间的会计信息考核、评价企业本期的财务状况、经营成果和现金流量，并借以做出正确的预测和决策。但是，如果企业按照规定变更会计政策后可以提供更可靠、更相关的会计信息，则可以变更会计政策。有关会计政策变更的情况，应当在附注中予以说明。

（2）会计信息质量的可比性要求不同企业发生的相同或者相似的交易或者事项，应当采用规定的会计政策，确保会计信息口径一致、相互可比。这样便于财务会计报告使用者比较和评价不同企业的财务状况、经营成果和现金流量。

（五）实质重于形式

实质重于形式要求企业应当按照交易或者事项的经济实质进行会计确认、计量和报告，不应仅以交易或者事项的法律形式为依据。

在多数情况下，企业发生的交易或者事项的经济实质和法律形式是一致的，但在某些情况下也会出现不一致。例如，企业以融资租赁方式租入某项资产，虽然从法律形式上讲企业并不拥有该项资产的所有权，但由于租赁期相当长，接近于该项资产的使用寿命，而且在租赁期内企业有权支配该项资产并从中受益，因此从经济实质来看，企业在进行会计确认、计量和报告时应将该租入资产视为企业的资产。如果企业仅仅按照交易或者事项的法律形式进行会计核算，而这种法律形式并没有反映其经济实质，那么最终将会误导财务会计报告使用者。

（六）重要性

重要性要求企业提供的会计信息应当反映与企业财务状况、经营成果和现金流量等有关的所有重要交易或者事项。

在实务中，如果某项会计信息的省略或者错报会影响财务会计报告使用者据此做出决策，那么该信息就具有重要性。重要性是相对而言的，企业发生的交易或者事项是否重要，通常需要依赖会计人员的职业判断。会计人员可以根据企业所处环境和实际情况，从所涉及项目的性质和具体金额等方面来判断交易或者事项的重要性。对于重要的交易或者事项，企业必须按照规定的会计方法和程序进行处理，并在财务会计报告中予以充分、准确的披露；对于次要的交易或者事项，企业可以在不影响会计信息真实性和不至于误导财务会计报告使用者做出错误决策的前提下，进行适当的简化处理。

（七）谨慎性

谨慎性要求企业在对交易或者事项进行会计确认、计量和报告时应当保持应有的谨慎，不应高估资产或者收益、低估负债或者费用。

例如，企业对很可能发生的资产减值损失计提资产减值准备，对由于技术进步产品更新换代较快的固定资产采用加速折旧法计提折旧，对售出商品很可能发生的保修义务确认预计负债等，就体现了会计信息质量的谨慎性要求。

（八）及时性

及时性要求企业对于已经发生的交易或者事项，应当及时进行会计确认、计量和报告，不得提前或者延后。

会计信息具有时效性，即使是可靠、相关、重要的会计信息，若不及时提供，则对于财务会计报告使用者来说也是毫无意义的，甚至会误导财务会计报告使用者做出错误的决策。因此，企业在进行会计确认、计量和报告的过程中应及时收集、处理和传递会计信息，以便财务会计报告使用者及时使用并做出相关决策。

立德立信

"一假毁所有"，诚信是会计行业的灵魂，也是做人之根本。会计人员在提供会计信息时，要严格遵守八项质量要求，树立诚实守信、不弄虚作假、不夸大其词、廉洁自律的工作作风，同时要强化服务意识，提高服务质量，积极培育和践行社会主义核心价值观，为更好地实现会计目标做好本职工作。

任务实施

李兰按照要求先回答了会计分期假设和会计信息质量的谨慎性要求分别是什么，然后结合实际列举了几个例子来说明自己的理解。对于会计分期假设，李兰列举了预收货款和应收货款的例子；对于会计信息质量的谨慎性要求，李兰举了对很可能收不回的应收账款计提坏账准备的例子。面试官表示李兰的理解比较到位。

任务三 明确会计核算基础与核算方法

任务引航

做好会计工作的关键

1. 任务情境

随后，面试官要求李兰谈一谈会计核算方法。李兰先对会计核算的具体方法进行了简要回顾，然后很有信心地说道："我已经牢牢地记住了会计核算的具体方法。我想，只要在实际操作中严格按照一定的顺序来运用这些方法，就能做好会计工作了！"听了李兰的回答，面试官表现出若有所思的样子。

2. 任务要求

请分析李兰的想法是否正确。

一、会计核算基础

会计核算基础是指会计确认、计量和报告的基础，具体包括权责发生制和收付实现制。

（一）权责发生制

权责发生制又称"应收应付制"，是指以收款权利的取得或者付款责任的发生为标志来确定本期收入和费用的会计核算基础。根据《企业会计准则——基本准则》，企业应当以权责发生制为基础进行会计确认、计量和报告。

在权责发生制下，凡是本期已经实现的收入或者已经发生的费用，无论款项是否收付，都应当确认为本期的收入或者费用，计入利润表；凡是不属于本期的收入或者费用，即使款项已在本期收付，也不应当确认为本期的收入或者费用。

（二）收付实现制

收付实现制又称"实收实付制"，是指以现金的实际收付为标志来确定本期收入和支出的会计核算基础。

> **会计小助手**
>
> 在我国，政府会计由预算会计和财务会计构成。其中，预算会计采用收付实现制，中华人民共和国国务院（以下简称"国务院"）另有规定的，依照其规定；财务会计采用权责发生制。

经典例题

【例 1-1】 某企业于 7 月份销售一批商品,于 8 月份收到货款并存入银行。

按照权责发生制,由于 7 月份销售收入已经实现,已经取得收取款项的权利,因此应将其作为 7 月份的收入;但按照收付实现制,由于 8 月份才实际收到该款项,因此应将其作为 8 月份的收入。

二、会计核算方法和内容

(一)会计核算方法

会计核算方法是对会计对象进行连续、系统、综合的确认、计量和报告而采用的各种方法的总称,是整个会计方法体系的基础。

会计核算方法主要包括设置会计科目与账户、复式记账、填制和审核会计凭证、登记会计账簿、成本计算、财产清查和编制财务会计报告。具体方法将在本书的项目三至项目八中进行详细介绍。

上述会计核算方法相互联系、紧密配合,形成一个完整的会计核算方法体系(见图 1-4),确保会计工作有序进行。

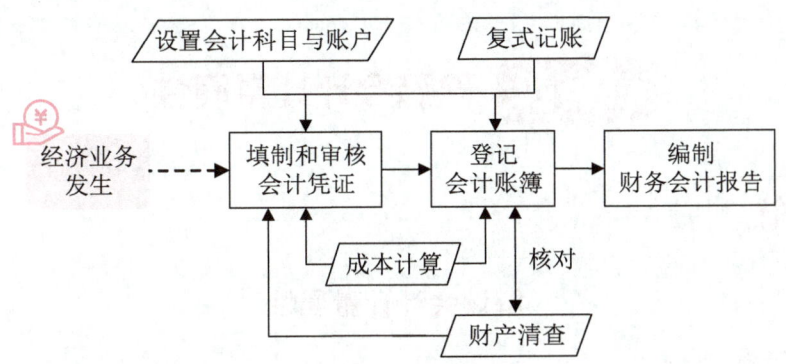

图 1-4 会计核算方法体系

会计小助手

从填制和审核会计凭证到登记会计账簿,再到编制财务会计报告,一个会计期间(一般指一个月)的会计工作即告结束,然后进入新的会计期间,如此周而复始,持续不断地进行会计确认、计量和报告的过程称为会计循环。

（二）会计核算的内容

会计核算的内容是指应当进行会计核算的经济业务事项。下列经济业务事项，应当办理会计手续，进行会计核算。

（1）资产的增减和使用。
（2）负债的增减。
（3）净资产（所有者权益）的增减。
（4）收入、支出、费用、成本的增减。
（5）财务成果的计算和处理。
（6）需要办理会计手续、进行会计核算的其他事项。

任务实施

李兰的想法是不全面的。会计核算的每一种方法都包含着丰富的会计思想，要想做好会计工作，除了要熟练掌握各种会计核算方法，还必须学会运用各种会计思想，并养成良好的工作习惯。此外，在实际工作中，会计核算的各种方法往往是相互交叉使用的，并不一定是按照固定的顺序来使用的，如果按照固定的顺序来使用各种方法，就会陷入工作误区，从而很难做好会计工作。

任务四　熟悉会计计量属性

任务引航

解读会计计量属性

1. 任务情境

明确会计计量属性是会计工作的基础。面试官要求李兰谈一谈会计计量属性，并说一说如何在实际工作中应用会计计量属性。

2. 任务要求

请简要说明会计计量属性的含义，并结合实际说明如何应用会计计量属性。

一、会计计量属性及其构成

会计计量属性是指会计要素的数量特征或外在表现形式，它反映了会计要素金额的确定基础。会计计量属性主要包括历史成本、重置成本、可变现净值、现值和公允价值。

（一）历史成本

历史成本又称"实际成本"，是指在取得或制造某项资产时所实际支付的现金或现金等价物的金额。

在历史成本计量下，资产按照购置时支付的现金或现金等价物的金额，或者按照购置资产时所付出的对价的公允价值计量；负债按照因承担现时义务而实际收到的款项或者资产的金额，或者承担现时义务的合同金额，或者按照日常活动中为偿还负债预期需要支付的现金或现金等价物的金额计量。

历史成本强调企业对资产、负债和所有者权益等项目的计量应基于经济业务的实际交易成本，而不考虑随后市场价格变动的影响。

（二）重置成本

重置成本又称"现行成本"，是指按照当前市场条件，重新取得同样一项资产所需支付的现金或现金等价物的金额。

在重置成本计量下，资产按照现在购买相同或者相似资产所需支付的现金或现金等价物的金额计量；负债按照现在偿付该项债务所需支付的现金或现金等价物的金额计量。

在实务中，重置成本多应用于盘盈固定资产的计量等。例如，企业年末进行财产清查时盘盈固定资产一台，此时应以与该盘盈固定资产的规格型号、新旧程度等相同的固定资产的价值作为其重置成本，并进行计量入账。

（三）可变现净值

可变现净值是指在正常生产经营过程中，以预计售价减去进一步加工成本和预计销售费用及相关税费后的净值。

在可变现净值计量下，资产按照其正常对外销售所能收到的现金或现金等价物的金额扣除该资产至完工时估计将要发生的成本、估计的销售费用及相关税费后的金额计量。

可变现净值是在不考虑货币时间价值的情况下，计量资产在正常生产经营过程中所能带来的预期净现金流入或流出。可变现净值通常应用于存货资产减值情况下的后续计量。

经典例题

【例1-2】 假设某企业期末甲材料的账面成本为100万元,将该批甲材料加工成A产品估计将会发生的成本为20万元,A产品的市场销售价为125万元,估计销售A产品将会发生的销售费用及相关税费为10万元,则期末甲材料的可变现净值为95万元（125-20-10=95）。

（四）现值

现值是指对未来现金流量以恰当的折现率进行折现后的价值。

在现值计量下,资产按照预计从其持续使用和最终处置中所产生的未来净现金流入量的折现金额计量;负债按照预计期限内需要偿还的未来净现金流出量的折现金额计量。

现值通常用于非流动资产可收回金额的确定等方面。相对于可变现净值,现值考虑了货币时间价值因素的影响。例如,判断今天的100元现金流量和明年今天的100元现金流量之间的差别,就需要通过现值计量。

（五）公允价值

公允价值是指市场参与者在计量日发生的有序交易中,出售一项资产所能收到或者转移一项负债所需支付的价格。

在公允价值计量下,资产和负债按照市场参与者在计量日发生的有序交易中,出售资产所能收到或者转移负债所需支付的价格计量。公允价值主要应用于交易性金融资产的计量等。

二、会计计量属性的应用原则

企业在对会计要素进行计量时,一般应当采用历史成本。采用重置成本、可变现净值、现值和公允价值计量的,应当保证所确定的会计要素金额能够取得并可靠计量。

任务实施

李兰按照要求简要回答了历史成本、重置成本、可变现净值、现值和公允价值这五种会计计量属性的含义,并说明企业一般应当采用历史成本对会计要素进行计量。她举了个例子:某企业购入一台设备作为固定资产使用,在取得该固定资产时以实际支付的价款为其入账价值,该入账价值就是历史成本。

除此之外,李兰还列举了采用历史成本计量的优点:① 历史成本是基于实际交易和实际支付的金额进行计量的,比较客观;② 有原始凭证作证明,便于查证;③ 会计核算手续简便,不必经常调整账目。面试官对李兰的回答很满意。

岗位能力测试

一、单项选择题

1. 会计是指以（　　）为主要计量单位，运用一系列专门方法，核算和监督一个单位经济活动的一种经济管理活动。
   A．价格　　　　　　　　　　B．劳动量
   C．货币　　　　　　　　　　D．实物

2. 最初，会计只是（　　）的附属部分。
   A．生产职能　　　　　　　　B．劳动职能
   C．劳动成果　　　　　　　　D．生产成果

3. 会计人员在进行会计核算的同时，对特定主体经济活动的真实性、合法性和合理性进行的审查，是在履行（　　）。
   A．会计控制职能　　　　　　B．会计核算职能
   C．会计分析职能　　　　　　D．会计监督职能

4. 下列各项中，不属于会计核算方法的是（　　）。
   A．填制和审核会计凭证　　　B．复式记账
   C．成本计算　　　　　　　　D．编制财务预算

5. 在可预见的未来，企业不会破产清算，所持有的资产将正常运营，所负担的债务将正常偿还，所发生的经济业务将按常规方法进行相应的会计处理。这属于（　　）。
   A．会计主体假设　　　　　　B．持续经营假设
   C．会计分期假设　　　　　　D．货币计量假设

6. 下列是某企业2024年6月份发生的经济业务，按照权责发生制，可以确认为当期费用的是（　　）。
   A．支付下年报刊订阅费　　　B．预提本月短期借款利息
   C．预付下季度房租　　　　　D．支付上月电费

7. 企业不同时期的固定资产采用相同的方法计提折旧，遵循的是会计信息质量要求的（　　）。
   A．谨慎性　　　　　　　　　B．可靠性
   C．相关性　　　　　　　　　D．可比性

二、多项选择题

1. 下列各项中，属于会计核算内容的有（　　）。
   A．资产的增减和使用
   B．净资产（所有者权益）的增减
   C．收入、支出、费用、成本的增减
   D．财务成果的计算和处理

2. 下列属于会计基本特征的有（　　）。
   A．会计以货币为主要计量单位
   B．会计具有控制和监督两项基本职能
   C．会计采用一系列专门的方法
   D．会计的本质是参与经济管理与提供信息的双重结合

3. 下列各项中，可以作为一个会计主体进行核算的有（　　）。
   A．母公司   B．子公司
   C．销售部门   D．母公司和子公司组成的企业集团

4. 基于会计分期假设设置的会计科目有（　　）。
   A．应收账款   B．应付账款
   C．预收账款   D．预付账款

5. 按照会计相关法律法规的规定，下列说法正确的有（　　）。
   A．企业在进行会计确认、计量和报告时以货币为主要计量单位
   B．我国企业的会计核算只能以人民币为记账本位币
   C．业务收支以外币为主的单位可以选择某种外币为记账本位币
   D．在境外设立的中国企业向国内有关部门报送的财务会计报告，应当折算为人民币

6. 下列会计事项中，体现会计信息质量的谨慎性要求的有（　　）。
   A．计提坏账准备
   B．对固定资产采用加速折旧法计提折旧
   C．对可能发生的收益予以确认、计量
   D．对售出商品很可能发生的保修义务确认预计负债

三、判断题

1. 企业的资金运动通常表现为资金筹集、资金运用和资金退出三个过程。（　　）
2. 企业在对会计要素进行计量时，一般应当采用现值。（　　）

四、综合题

2024年1月,甲公司发生以下经济业务(不考虑相关税费)。
(1)销售商品 10 000 元,款项已存入银行。
(2)预付下一季度厂房租金 30 000 元。
(3)收到上月销货款 50 000 元。
(4)销售商品 20 000 元,货款尚未收到。
(5)收到客户交来的预付货款 8 000 元,下月交货。

要求:根据上述资料,判断甲公司 2024 年 1 月份发生的经济业务分别按权责发生制和收付实现制应确认的收入和费用的金额,并将结果填入表 1-1 中。

表 1-1 分别按权责发生制和收付实现制应确认的收入和费用

单位:元

业务序号	权责发生制		收付实现制	
	收入	费用	收入	费用
(1)				
(2)				
(3)				
(4)				
(5)				
合计				

项目考核评价

请各位学生配合指导教师共同完成如表 1-2 所示的项目考核评价表。

表 1-2 项目考核评价表

班级			组号		日期		
姓名			学号		指导教师		
项目名称			拨云见日——走近会计				
评价维度	一级指标	二级指标	评价标准		分值	评分	
						自评	师评
知识评价（40分）	重难点知识	掌握会计的基础知识	能答对相关习题，并且能用自己的话概括会计的基础知识		3		
		掌握会计基本假设与会计信息质量要求	能答对相关习题，并且能用简洁的话概括会计基本假设与会计信息质量要求的内容		4		
		掌握会计核算基础与核算方法	能答对相关习题，并且能用简洁的话概括会计核算基础与核算方法		4		
		掌握会计计量属性	能答对相关习题，并且能用简洁的话概括会计计量属性的构成及应用原则		4		
	操作技能	能根据会计基本假设对经济业务进行会计确认、计量和报告			6		
		能按照会计信息质量要求提供会计信息			6		
		能明确会计核算的内容，并运用会计核算方法对经济业务进行核算			7		
		能按照会计计量属性的应用原则对会计要素进行计量			6		
能力评价（30分）	自主学习能力	预习能力	能概述本项目的主要知识点		6		
		课堂学习能力	认真听讲，积极参与课堂互动		6		
		反思改进能力	反思在预习和课堂学习中出现的问题，巩固所学知识，改进学习方法		6		
	人际交往能力	团队协作能力	积极参与活动，与小组成员配合默契		6		
		沟通能力	与小组成员沟通顺畅		6		
素养评价（30分）	职业素养	主动意识	积极学习，按时完成任务		10		
		合作与竞争意识	能以平和的心态面对同学之间的合作与竞争		10		
		应用意识	能建立所学知识与实际应用场景的联系		10		
合计					100		
总评	自评（30%）+ 师评（70%）=				教师（签名）：		

项目二

稳扎稳打——知晓会计语言

在学习本项目前,请思考以下问题。
- 会计的基本要素有哪些?
- 预期在未来发生的交易或者事项能形成资产吗?
- 企业应该如何设置会计科目?

扫一扫右边的二维码,从会计相关法律法规中找到答案。

素养目标

（1）培养严谨细致、认真负责的工作态度。
（2）树立终身学习的理念,刻苦钻研会计业务。

知识目标

（1）熟悉会计要素的概念、特征和分类。
（2）掌握会计要素的确认条件、会计等式的表现形式及经济业务对会计等式的影响。
（3）了解会计科目与账户的概念、分类。
（4）熟悉会计科目的设置原则及常用的会计科目。
（5）掌握账户的功能与结构。

技能目标

（1）能够根据企业发生的经济业务判断其对会计等式的具体影响。
（2）能够判断常用的会计科目所属的会计要素类型。
（3）能够根据常用的会计科目设置相应的账户。

会计讲堂

一、会计要素

会计要素是根据交易或者事项的经济特征所确定的财务会计对象及其基本分类。换句话说，会计要素是财务会计对象的具体化。它是构成财务会计报告的基本要素，也是设置会计科目的依据。

会计要素按其性质分为资产、负债、所有者权益、收入、费用和利润，具体内容如图 2-1 所示。

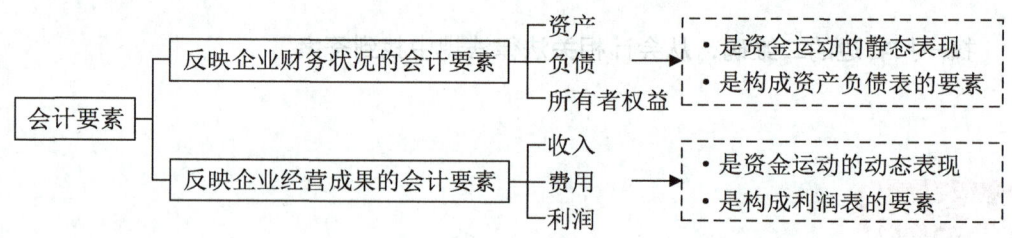

图 2-1 会计要素的分类

二、会计等式

会计等式又称"会计恒等式""会计方程式""会计平衡公式"，是表明会计要素之间基本关系的等式。从实质上看，会计等式揭示了会计主体的产权关系、基本财务状况和经营成果。

三、会计科目与账户

会计要素是对会计对象的基本分类。企业发生的各项经济活动，都必然会引起各个会计要素的具体内容发生增减变化。即使只涉及同一个会计要素，其具体内容的变化也往往不同。如果直接利用这些会计要素来反映企业的各项经济活动就会显得过于宽泛。要想全面、系统、详细地对各个会计要素的具体内容及其增减变化情况进行核算和监督，为企业生产经营管理提供更加具体的量化指标，以及更好地满足财务会计报告使用者的信息需要，就需要对会计要素做进一步分类，会计科目便由此而产生了。会计账户则是根据会计科目设置的，用来记录会计科目所反映的经济业务内容的工具。

任务一　认识会计要素

任务引航

析经济业务，辨会计要素

1. 任务情境

为考查李兰对会计要素的掌握程度，面试官列出了下列经济业务，要求李兰对其进行分析。2024年1月，甲公司发生的部分经济业务如下。

(1) 向银行提取现金5 000元放入财务部，作为库存现金。
(2) 购入一台价值为4 600元的打印机。
(3) 向银行申请并取得一笔300 000元的短期借款。
(4) 公司打算购买一台价值为2 000元的台式电脑。
(5) 销售产品，实现收入400 000元。
(6) 接受某一投资者投入700 000元的资本。
(7) 因从银行借款（2年）而产生的应付利息为12 000元。
(8) 发生的水电费、电话费共计7 100元。
(9) 因违约而支付的罚款为3 500元。

2. 任务要求

请分析上述经济业务中所涉及的项目能否确认为某一会计要素。如果能，请说明其属于的具体会计要素。

一、资产

（一）资产的概念和特征

资产是指企业过去的交易或者事项形成的、由企业拥有或者控制的、预期会给企业带来经济利益的资源。根据资产的概念，资产具有以下三方面特征。

资产

1. 资产应为企业拥有或者控制的资源

资产作为一项资源应当由企业拥有或者控制，具体是指企业享有某项资源的所有权，或者虽然不享有某项资源的所有权，但该资源能够被企业所控制。

会计小助手

企业租入的资产（短期租赁和低价值资产租赁除外），虽然企业不拥有其所有权，但却能够控制租入资产所创造的未来经济利益，因而应将其视为企业的资产，在企业的资产负债表中进行反映。

2. 资产预期会给企业带来经济利益

资产预期会给企业带来经济利益，是指资产直接或者间接导致现金和现金等价物流入企业的潜力。如果某一项目不能为企业带来经济利益，那么就不能将其确认为资产。例如，待处理的财产损失，由于其是已经发生且尚待处理的损失，预期不会导致经济利益流入企业，因而不能作为企业的资产。

3. 资产是由企业过去的交易或者事项形成的

企业过去的交易或者事项包括购买、生产、建造等行为。也就是说，只有过去的交易或者事项才能形成资产，预期在未来发生的交易或者事项不形成资产。例如，甲企业计划在10月份购买一批设备，6月份与销售方签订了购买合同，但实际购买行为将发生在10月份，因此甲企业不能在6月份将该批设备确认为资产。

（二）资产的确认条件

将一项资源确认为资产，不仅需要符合资产的概念，还应同时满足以下两个条件。

1. 与该资源有关的经济利益很可能流入企业

从资产的概念可以看出，能为企业带来经济利益是资产的一个本质特征。但在现实生活中，由于经济环境瞬息万变，与资源有关的经济利益能否流入企业或者能够流入多少实际上带有不确定性。因此，资产的确认还应与经济利益流入企业的不确定性程度的判断结合起来。

2. 该资源的成本或者价值能够可靠地计量

可计量性是所有会计要素确认的重要前提。只有当有关资源的成本或者价值能够可靠地计量时，资产才能予以确认。

（三）资产的分类

按流动性的不同，资产可分为流动资产和非流动资产。

1. 流动资产

流动资产是指预计在一个正常营业周期内或一个会计年度内变现、出售或耗用的资产。流动资产包括货币资金、交易性金融资产、衍生金融资产、应收票据、应收账款、应收款项融资、预付款项、其他应收款、存货、合同资产、持有待售资产、一年内到期的非流动资产、其他流动资产。

会计小助手

　　一个正常营业周期是指企业从购买用于生产的资产起至实现现金或现金等价物的期间。正常营业周期通常短于一年，一般在一年内有几个营业周期。但是，也存在正常营业周期长于一年的情况，在这种情况下，与生产循环相关的产成品、应收账款和原材料尽管是超过一年才变现、出售或耗用，仍应作为流动资产。当正常营业周期不能确定时，应以一年（12个月）作为正常营业周期。

2. 非流动资产

非流动资产是指流动资产以外的资产，包括债权投资、其他债权投资、长期应收款、长期股权投资、其他权益工具投资、其他非流动金融资产、投资性房地产、固定资产、在建工程、生产性生物资产、油气资产、使用权资产、无形资产、开发支出、商誉、长期待摊费用、递延所得税资产、其他非流动资产。

二、负债

（一）负债的概念和特征

　　负债是指企业过去的交易或者事项形成的、预期会导致经济利益流出企业的现时义务。根据负债的概念，负债具有以下三方面特征。

负债

1. 负债是企业承担的现时义务

　　现时义务是指企业在现行条件下已承担的义务。现时义务可以是法定义务，也可以是推定义务。未来发生的交易或者事项形成的义务不属于现时义务，不应确认为负债。

2. 负债预期会导致经济利益流出企业

　　只有企业在履行义务时会导致经济利益流出，该现时义务才符合负债的概念。在履行现时义务清偿负债时，导致经济利益流出企业的形式多种多样。例如：用现金偿还或以实物资产形式偿还；以提供劳务形式偿还；部分转移资产、部分提供劳务形式偿还；将负债转为资本等。

3. 负债是由企业过去的交易或者事项形成的

　　只有过去的交易或者事项才形成负债，企业将在未来发生的承诺、签订的合同等交易或者事项，不形成负债。

 会计小助手

　　法定义务是指合同、法规或者其他司法解释等产生的义务。推定义务是指根据企业多年来的习惯做法、公开的承诺或者公开宣布的政策而导致企业将承担的责任。

（二）负债的确认条件

将一项现时义务确认为负债，不仅需要符合负债的概念，还应同时满足以下两个条件。

1. 与该义务有关的经济利益很可能流出企业

从负债的概念可以看出，预期会导致经济利益流出企业是负债的一个本质特征。在实务中，履行义务所需流出的经济利益带有不确定性，尤其是与推定义务相关的经济利益通常需要依赖于大量的估计。因此，负债的确认应当与经济利益流出企业的不确定性程度的判断结合起来。

2. 未来流出的经济利益的金额能够可靠地计量

负债的确认在考虑经济利益流出企业的同时，对于未来流出的经济利益的金额应当能够可靠地计量。对于与法定义务有关的经济利益流出金额，通常可以根据合同或者法律规定的金额予以确定。另外，考虑到经济利益流出的金额通常在未来期间，有时未来期间较长，有关金额的计量需要考虑货币时间价值等因素的影响。对于推定义务有关的经济利益流出金额，企业应根据履行相关义务所需要支付的最佳估计数进行估计，并综合考虑有关货币时间价值、风险等因素的影响。

（三）负债的分类

按偿还期限的不同，负债可分为流动负债和非流动负债。

1. 流动负债

流动负债是指预计在一个正常营业周期中偿还，或者自资产负债表日起一年内（含一年）到期应予以清偿的负债。流动负债主要包括短期借款、应付票据、应付账款、预收款项、应付职工薪酬、应交税费和其他应付款等。

2. 非流动负债

非流动负债是指除流动负债以外的负债，主要包括长期借款、应付债券和长期应付款等。

三、所有者权益

（一）所有者权益的概念和特征

所有者权益

所有者权益是指企业资产扣除负债后由所有者享有的剩余权益。在股份公司中，所有者权益又称"股东权益"。所有者权益是所有者对企业资产的剩余索取权，它是企业的资产扣除债权人权益后应由所有者享有的部分。因此，所有者权益既反映了所有者投入资本的保值增值情况，又体现了保护债权人权益的理念。

项目二 稳扎稳打——知晓会计语言

所有者权益具有以下三方面特征。

（1）除非发生减资、清算或分派现金股利，否则企业不需要偿还所有者权益。

（2）企业清算时，只有在清偿所有的负债后，所有者权益才返还给所有者。

（3）所有者凭借所有者权益能够参与企业利润的分配。

（二）所有者权益的来源构成

所有者权益的来源包括所有者投入的资本、直接计入所有者权益的利得和损失、留存收益等，具体表现为实收资本（或股本）、资本公积（含资本溢价或股本溢价及其他资本公积）、其他综合收益、盈余公积和未分配利润等。

1. 所有者投入的资本

所有者投入的资本是指所有者投入企业的资本部分，既包括构成企业注册资本或者股本的金额，也包括投入资本超过注册资本或者股本部分的金额，即资本溢价或者股本溢价，这部分投入资本作为资本公积反映。

2. 直接计入所有者权益的利得和损失

直接计入所有者权益的利得和损失，是指不应计入当期损益、会导致所有者权益发生增减变动、与所有者投入资本或者向所有者分配利润无关的利得和损失。

利得是指由企业非日常活动所形成的、会导致所有者权益增加的、与所有者投入资本无关的经济利益的流入。

损失是指由企业非日常活动所发生的、会导致所有者权益减少的、与向所有者分配利润无关的经济利益的流出。

3. 留存收益

留存收益是指企业从历年实现的利润中提取或形成的留存于企业的内部积累，包括盈余公积和未分配利润。

（三）所有者权益的确认条件

所有者权益体现的是所有者在企业中的剩余权益。因此，所有者权益的确认和计量主要取决于资产和负债的确认和计量。例如：企业接受投资者投入的资产，在该资产符合资产确认条件时，就相应地符合了所有者权益的确认条件；当该资产的价值能够可靠计量时，所有者权益的金额也就可以确定。

会计小助手

资产、负债和所有者权益的学习可以通过对比资产、负债的特征，以及了解它们之间的关系来进行，具体如表2-1所示。

表 2-1　资产、负债的特征对比，以及与所有者权益之间的关系

项目	资产	负债	与所有者权益之间的关系
特征	是由企业过去的交易或者事项形成的		资产－负债＝所有者权益
	由企业拥有或者控制的资源	是企业承担的现时义务	
	预期会给企业带来经济利益	预期会导致经济利益流出企业	

四、收入

（一）收入的概念和特征

收入

收入是指企业在日常活动中形成的、会导致所有者权益增加的、与所有者投入资本无关的经济利益的总流入。根据收入的概念，收入具有以下三方面特征。

1. 收入是企业在日常活动中形成的

日常活动是指企业为完成其经营目标所从事的经常性活动，以及与之相关的活动。例如，工业企业制造并销售产品，就属于企业的日常活动。日常活动产生的收入通常包括主营业务收入和其他业务收入，即营业收入。

将收入界定为日常活动形成的，目的是将其与利得相区分，企业非日常活动所形成的经济利益的流入不能确认为收入，而应当计入利得。

2. 收入是与所有者投入资本无关的经济利益的总流入

收入应当会导致经济利益的流入，从而导致资产的增加或者负债的减少。但是，经济利益的流入有时是所有者投入资本的增加所致，所有者投入资本的增加不应当确认为收入，而应当将其直接确认为所有者权益。

3. 收入会导致所有者权益的增加

与收入相关的经济利益的流入应当会导致所有者权益的增加，不会导致所有者权益增加的经济利益的流入不符合收入的概念，不应确认为收入。例如，企业向银行借入一笔款项，尽管也导致了企业经济利益的流入，但该流入并不导致所有者权益的增加，反而使企业承担了一项现时义务。企业对于因借入款项所导致的经济利益的增加，不应将其确认为收入，应当确认为一项负债。

（二）收入的确认条件

企业应当在履行了合同中的履约义务，即在客户取得相关商品或服务控制权时确认收入。

（三）收入的分类

收入分为主营业务收入和其他业务收入。主营业务收入是指由企业的主营业务所带来的收入；其他业务收入是指除主营业务活动以外的其他经营活动实现的收入。

五、费用

（一）费用的概念和特征

费用是指企业在日常活动中发生的、会导致所有者权益减少的、与向所有者分配利润无关的经济利益的总流出。根据费用的概念，费用具有以下三方面特征。

1. 费用是企业在日常活动中形成的

费用必须是企业在其日常活动中形成的，这些日常活动的界定与收入概念中涉及的日常活动的界定相一致。日常活动产生的费用通常包括营业成本（主营业务成本和其他业务成本）、税金及附加、销售费用、管理费用、财务费用等。

将费用界定为日常活动形成的，目的是将其与损失相区分，企业非日常活动所发生的经济利益的流出不能确认为费用，而应当计入损失。

2. 费用是与向所有者分配利润无关的经济利益的总流出

费用的发生应当会导致经济利益的流出，从而导致资产的减少或者负债的增加，其表现形式包括现金或者现金等价物的流出，存货、固定资产和无形资产等的流出或者消耗。

> **会计小助手**
>
> 企业向所有者分配利润也会导致经济利益的流出，而该经济利益的流出属于对投资者的分配，是所有者权益的抵减项目，不应确认为费用，应当将其排除在费用的概念之外。

3. 费用会导致所有者权益的减少

与费用相关的经济利益的流出应当会导致所有者权益的减少，不会导致所有者权益减少的经济利益的流出不符合费用的概念，不应确认为费用。例如，企业用一笔存款偿还一笔债务，尽管也导致了企业经济利益的流出，但该流出并不导致所有者权益的减少，而是导致企业负债的减少。企业对于偿还债务所导致的经济利益的流出，不应将其确认为费用，应当冲减一项负债。

（二）费用的确认条件

费用的确认除应当符合其概念外，还至少应当符合以下三个条件。

（1）与费用相关的经济利益应当很可能流出企业。

（2）经济利益流出企业的结果会导致资产的减少或者负债的增加。

（3）经济利益的流出额能够可靠计量。

（三）费用的分类

费用分为生产费用和期间费用。生产费用又称"生产成本"，是指与企业日常生产经营活动有关的费用，按经济用途可分为直接材料、直接人工和制造费用。期间费用是指企业本期发生的、不能直接或间接归入产品生产成本，而应直接计入当期损益的各项费用，包括销售费用、管理费用和财务费用。

六、利润

（一）利润的概念

利润是指企业在一定会计期间的经营成果。通常情况下，如果企业实现了利润，则表明企业的所有者权益增加；反之，如果企业发生了亏损（即利润为负数），则表明企业的所有者权益减少。

利润

（二）利润的来源构成

利润包括收入减去费用后的净额、直接计入当期利润的利得和损失等。其中，收入减去费用后的净额反映的是企业日常活动的业绩；直接计入当期利润的利得和损失反映的是企业非日常活动的业绩。

直接计入当期利润的利得和损失，是指应当计入当期损益、最终会引起所有者权益发生增减变动的、与所有者投入资本或者向所有者分配利润无关的利得和损失。

> **会计小助手**
>
> 收入、费用、利得、损失的相同点和不同点如表 2-2 所示。
>
> 表 2-2 收入、费用、利得、损失的相同点和不同点
>
> | 项目 | 相同点 | 不同点 |
> |---|---|---|
> | 收入和利得 | 都会导致所有者权益增加、均与所有者投入资本无关 | 收入是日常活动形成的 |
> | | | 利得是非日常活动形成的 |
> | 费用和损失 | 都会导致所有者权益减少、均与向所有者分配利润无关 | 费用是日常活动形成的 |
> | | | 损失是非日常活动形成的 |
> | 利得和损失 | 均可以分为两类：一类是直接计入当期利润的利得和损失；一类是直接计入当期所有者权益的利得和损失 | |

项目二　稳扎稳打——知晓会计语言

下面以欣欣服装制造企业发生的交易或者事项为例，区分收入、利得、费用和损失。

（1）销售服装取得的款项，应确认为收入。

（2）收到的政府补贴，应确认为利得。

（3）每月支付的管理人员工资、水电费、广告费等，应确认为费用。

（4）自然灾害造成的存货损失，应确认为损失。

（三）利润的确认条件

利润反映的是收入减去费用、利得减去损失后的净额。因此，利润的确认主要取决于收入和费用，以及利得和损失的确认，其金额的确定也主要取决于收入、费用、利得和损失金额的计量。

 立德立信

会计人员应时刻谨记工匠精神的要求，在财务会计工作中树立爱岗敬业、精益求精、追求卓越的精神。财务会计工作涉及面较广、专业性与实践性较强、业务较为繁杂，以及其适用的法律法规更新变化较快。因此，对于会计人员来说，不断学习新知识与新技能是必然的要求。会计人员应培养良好的学习习惯，增强学习能力，以便及时掌握新的会计专业知识与技能，不断提升自身的专业素养。

任务实施

李兰分析了所列的经济业务，并做出了以下回答（见表2-3）。

表2-3　会计要素确认结果

序号	项目	金额/元	能否确认为某一会计要素	具体会计要素
（1）	向银行提取现金放入财务部，作为库存现金	5 000	能	资产
（2）	购入一台打印机	4 600	能	资产
（3）	向银行申请并取得一笔短期借款	300 000	能	负债
（4）	公司打算购买一台台式电脑	2 000	不能	
（5）	销售产品，实现收入	400 000	能	收入
（6）	接受某一投资者投入的资本	700 000	能	所有者权益
（7）	因从银行借款（2年）而产生的应付利息	12 000	能	负债
（8）	发生的水电费、电话费	7 100	能	费用
（9）	因违约而支付的罚款	3 500	能	利润

任务二 认识会计等式

任务引航

探会计要素之间的关联

1. 任务情境

分析完会计要素之后,面试官又给出以下数据和问题,让李兰进行回答,具体如下。

数据(1):2024年1月1日,甲公司的总资产为1 365 000元。其中,465 000元是向债权人借入的,900 000元是投资者投入的。

问题(1):上述三个数字之间存在着什么关系?1月发生多笔经济业务后,上述关系是否会被打破?

数据(2):假设经过一个月的生产经营,甲公司在1月实现营业收入200 000元,发生相关成本费用170 000元。1月31日,甲公司的总资产为1 530 000元。其中,630 000元是向债权人借入的。

问题(2):甲公司在1月实现了多少利润?收入、费用和利润之间存在着什么关系?

2. 任务要求

请运用会计等式相关知识回答以上问题。

一、会计等式的表现形式

(一)财务状况等式

会计等式的表现形式

企业若要从事生产经营活动,必须拥有一定数量的能给企业带来经济利益的经济资源。经济资源即资产,如房屋建筑物、机器设备、材料和货币资金等。

企业的资产最初来源于以下两个方面:一是由企业所有者投入,二是由企业向债权人借入。所有者和债权人将其拥有的资产提供给企业使用,就相应地对企业的资产享有要求权。在会计上,这种要求权统称为权益,所有者享有的要求权称为所有者权益;债权人享有的要求权称为债权人权益,即负债。

资产表明企业拥有什么经济资源和拥有多少经济资源;负债和所有者权益表明经济资源的来源渠道,即谁提供了这些经济资源。因此,资产和负债、所有者权益三者之间在数量上存在恒等关系,可用以下公式表示。

资产 = 负债 + 所有者权益

这一等式，即财务状况等式，又称"基本会计等式""静态会计等式"，反映了企业在某一特定时点资产、负债和所有者权益三者之间的平衡关系。它是复式记账法的理论基础，也是编制资产负债表的依据。

（二）经营成果等式

企业的目标是从生产经营活动中获取收入，实现盈利。企业在取得收入的同时，必然要发生相应的费用。通过收入与费用的比较，才能确定一定期间的盈利水平，确定实现的利润总额。在不考虑利得和损失的情况下，它们之间的关系用以下公式表示。

$$收入-费用=利润$$

这一等式，即经营成果等式，又称"动态会计等式"，反映了企业利润的实现过程，是用以反映企业一定时期收入、费用和利润之间恒等关系的会计等式，也是编制利润表的依据。

（三）财务状况与经营成果相结合的等式

收入可导致企业资产增加或负债减少，最终会导致所有者权益增加；费用可导致企业资产减少或负债增加，最终会导致所有者权益减少。因此，企业一定时期的经营成果必然影响一定时点的财务状况。六大会计要素之间的关系可用以下公式表示。

$$资产=负债+所有者权益+（收入-费用）=负债+所有者权益+利润$$

这一等式表明企业财务状况与经营成果之间的相互关系。

二、经济业务对会计等式的影响

企业发生的经济业务按其对财务状况等式的影响不同，可以分为以下九种基本类型。

（1）一项资产增加、另一项资产等额减少的经济业务。
（2）一项资产增加、一项负债等额增加的经济业务。
（3）一项资产增加、一项所有者权益等额增加的经济业务。
（4）一项资产减少、一项负债等额减少的经济业务。
（5）一项资产减少、一项所有者权益等额减少的经济业务。
（6）一项负债增加、另一项负债等额减少的经济业务。
（7）一项负债增加、一项所有者权益等额减少的经济业务。
（8）一项所有者权益增加、一项负债等额减少的经济业务。
（9）一项所有者权益增加、另一项所有者权益等额减少的经济业务。

上述九种基本经济业务的发生均不影响财务状况等式的平衡关系，具体分为以下三种情形：一是基本经济业务（1）（6）（7）（8）（9）使会计等式左右两边的金额保持不变；二是基本经济业务（2）（3）使会计等式左右两边的金额等额增加；三是基本经济业务（4）（5）使会计等式左右两边的金额等额减少。

经典例题

【例 2-1】 2024年7月，甲公司发生以下经济业务（暂不考虑相关税费），各项经济业务对财务状况等式的具体影响及分析如表2-4所示。

表2-4　各项经济业务对财务状况等式的具体影响及分析

经济业务	分析	对财务状况等式的具体影响			
		资产	= 负债	+	所有者权益
（1）2日，购入A材料一批，货款8万元，以银行存款支付	该项经济业务发生后，甲公司的一项资产（原材料）增加8万元，另一项资产（银行存款）同时减少8万元，即会计等式左边资产要素内部的金额有增有减，增减金额相等，其平衡关系保持不变。属于上述第（1）种经济业务类型	+8，-8			
（2）10日，购入B材料一批，货款10万元，尚未支付	该项经济业务发生后，甲公司的一项资产（原材料）增加10万元，一项负债（应付账款）同时增加10万元，即会计等式左右两边金额等额增加，其平衡关系保持不变。属于上述第（2）种经济业务类型	+10	+10		
（3）12日，收到投资者投入的资本20万元并存入银行	该项经济业务发生后，甲公司的一项资产（银行存款）增加20万元，一项所有者权益（实收资本）同时增加20万元，即会计等式左右两边金额等额增加，其平衡关系保持不变。属于上述第（3）种经济业务类型	+20			+20
（4）14日，以银行存款2万元归还前欠供应单位货款	该项经济业务发生后，甲公司的一项资产（银行存款）减少2万元，一项负债（应付账款）同时减少2万元，即会计等式左右两边金额等额减少，其平衡关系保持不变。属于上述第（4）种经济业务类型	-2	-2		
（5）15日，以银行存款向投资者退回其投入的资本5万元	该项经济业务发生后，甲公司的一项资产（银行存款）减少5万元，一项所有者权益（实收资本）同时减少5万元，即会计等式左右两边金额等额减少，其平衡关系保持不变。属于上述第（5）种经济业务类型	-5			-5
（6）18日，向银行借入短期借款5万元，直接偿还前欠供应单位货款	该项经济业务发生后，甲公司的一项负债（短期借款）增加5万元，另一项负债（应付账款）同时减少5万元，即会计等式右边负债要素内部的金额有增有减，增减金额相等，其平衡关系保持不变。属于上述第（6）种经济业务类型		+5，-5		

项目二 稳扎稳打——知晓会计语言

续表

经济业务	分析	对财务状况等式的具体影响			
		资产	= 负债	+	所有者权益
(7) 30 日,宣布向投资者分配利润 6 万元	该项经济业务发生后,甲公司的一项负债(应付股利)增加 6 万元,一项所有者权益(未分配利润)同时减少 6 万元,即会计等式右边一项负债增加而一项所有者权益等额减少,其平衡关系保持不变。属于上述第(7)种经济业务类型		+6		-6
(8) 31 日,将所欠 A 公司的货款 8 万元转作 A 公司对本企业的投资	该项经济业务发生后,甲公司的一项负债(应付账款)减少 8 万元,一项所有者权益(实收资本)同时增加 8 万元,即会计等式右边一项所有者权益增加而一项负债等额减少,其平衡关系保持不变。属于上述第(8)种经济业务类型		-8		+8
(9) 31 日,经批准将资本公积 10 万元转为实收资本	该项经济业务发生后,甲公司的一项所有者权益(实收资本)增加 10 万元,另一项所有者权益(资本公积)同时减少 10 万元,即会计等式右边所有者权益要素内部的金额有增有减,增减金额相等,其平衡关系保持不变。属于上述第(9)种经济业务类型				+10,-10

由此可见,每一项经济业务的发生,都必然会引起会计等式的一边或两边有关项目相互联系地发生等额变动,即当涉及会计等式的一边时,有关项目的金额发生相反方向的等额变动;当涉及会计等式的两边时,有关项目的金额发生相同方向的等额变动,但始终不会影响会计等式的平衡关系。

任务实施

李兰经过分析后,做出以下回答。

(1) 2024 年 1 月 1 日,甲公司的总资产为 1 365 000 元。其中,465 000 元是向债权人借入的,900 000 元是投资者投入的。三个数字之间的关系如下。

资产 = 负债 + 所有者权益

即 1 365 000 = 465 000 + 900 000

即使 1 月发生多笔经济业务,这一关系也不会被打破。因为每一项经济业务的发生,都必然会引起会计等式的一边或两边有关项目相互联系地发生等额变动,并不会影响会计等式的平衡关系。

（2）甲公司经过一个月的生产经营，实现营业收入 200 000 元，发生相关成本费用 170 000 元，实现利润 30 000 元（200 000 - 170 000）。收入、费用、利润三者之间的关系如下。

$$收入 - 费用 = 利润$$
$$即\ 200\ 000 - 170\ 000 = 30\ 000$$

任务三　认识会计科目

任务引航

分析会计科目

1. 任务情境

基于李兰在面试中的优秀表现，天华公司决定录用李兰为公司的会计实习生，实习期为三个月，由财务部的会计员王勇带教。

2024 年 3 月 1 日，李兰来到天华公司开始实习，见到了带教她的王勇。王勇亲切地说道："欢迎你来实习，我会带着你学习如何处理各项会计工作。在开展工作之前，我想了解一下你对建账的看法。"李兰说："建账是重要的会计核算工作，设置会计科目与账户是建账的第一步。"王勇说："你说得不错，我给你一些经济业务，你看看这些经济业务分别属于哪些会计科目，以及其科目性质是什么。"说着便递给了李兰一张表（见表2-5），李兰接过后点了点头，开始分析起来。

表 2-5　天华公司部分经济业务

序号	经济业务内容	序号	经济业务内容
（1）	存入银行的款项	（11）	预付的购料款
（2）	库存的各种原材料	（12）	未交纳的税金
（3）	库存的完工待售的产品	（13）	投资者投入的资金
（4）	未完工的产品	（14）	短期借款产生的利息费用
（5）	应收的货款	（15）	应收的保险理赔
（6）	应付的货款	（16）	应付的职工工资
（7）	在建的车间厂房	（17）	销售商品实现的收入
（8）	购置的机器设备	（18）	已分配的利润
（9）	购置的运输车辆	（19）	盈余形成的公积金
（10）	预收的货款	（20）	企业拥有的专利权和商标权

2. 任务要求

请分析以上经济业务分别属于哪些会计科目，并判断其科目性质。

一、会计科目的概念与分类

（一）会计科目的概念

会计科目简称"科目"，是指对会计要素的具体内容进行分类核算的项目，是进行会计核算和提供会计信息的基本单元。会计对象、会计要素和会计科目之间的关系如图 2-2 所示。

图 2-2　会计对象、会计要素和会计科目之间的关系

（二）会计科目的分类

1. 按所反映的经济内容分类

按所反映的经济内容的不同，会计科目可以分为资产类科目、负债类科目、共同类科目、所有者权益类科目、成本类科目和损益类科目。每一类会计科目可以按一定的标准再分为若干具体科目。

1）资产类科目

资产类科目是指对资产要素的具体内容进行分类核算的会计科目，按资产的流动性可以分为反映流动资产的科目和反映非流动资产的科目。反映流动资产的科目主要有"库存现金""银行存款""应收票据""应收账款""原材料""库存商品"等；反映非流动资产的科目主要有"长期股权投资""长期应收款""固定资产""无形资产""在建工程"等。

2）负债类科目

负债类科目是指对负债要素的具体内容进行分类核算的会计科目，按负债偿还期限的长短可以分为反映流动负债的科目和反映非流动负债的科目。反映流动负债的科目主要有"短期借款""应付票据""应付账款""应付职工薪酬""应交税费"等；反映非流动负债的科目主要有"长期借款""应付债券""长期应付款"等。

3）共同类科目

共同类科目是指既有资产性质又有负债性质的会计科目，主要有"清算资金往来""货币兑换""套期工具""被套期项目"等。

4）所有者权益类科目

所有者权益类科目是指对所有者权益要素的具体内容进行分类核算的会计科目，主要有"实收资本""资本公积""盈余公积""本年利润""利润分配"等。

5）成本类科目

成本类科目是指对可归属于产品生产成本、劳务成本等的具体内容进行分类核算的会计科目，主要有"生产成本""制造费用""研发支出"等。

6）损益类科目

损益类科目是指对收入和费用等要素的具体内容进行分类核算的会计科目，按损益的不同内容可以分为反映收入的科目和反映费用的科目。反映收入的科目主要有"主营业务收入""其他业务收入"等；反映费用的科目主要有"主营业务成本""其他业务成本""销售费用""管理费用""财务费用"等。

2. 按所提供信息的详细程度及统御关系分类

按所提供信息的详细程度及统御关系的不同，会计科目可以分为总分类科目和明细分类科目。

总分类科目和明细分类科目的关系

1）总分类科目

总分类科目又称"总账科目""一级科目"，是指对会计要素的具体内容进行总括分类，提供综合信息的会计科目。总分类科目通常用于反映各种经济业务的概括情况，是进行总分类核算的依据。

2）明细分类科目

明细分类科目又称"明细科目"，是指对总分类科目做进一步分类，提供更详细和更具体的会计信息的会计科目。如果某一总分类科目所辖的明细分类科目较多，则可以在该总分类科目下设置二级明细科目，在二级明细科目下设置三级明细科目，以此类推。其中，二级明细科目是对总分类科目进一步分类的科目，三级明细科目是对二级明细科目进一步分类的科目。

二、会计科目的设置

（一）会计科目的设置原则

为了使会计科目科学、合理，企业在设置会计科目时应遵循以下原则。

1. 合法性原则

合法性原则是指企业设置的会计科目应当符合国家统一的会计制度的规定。总分类科目原则上由财政部统一制定，主要是为了保证会计信息的可比性。除此之外，企业还可以根据自身的生产经营特点和管理需要，在不影响会计核算要求，以及对外提供统一的财务会计报告的前提下，自行增设、减少或合并某些会计科目。

2. 相关性原则

相关性原则是指企业设置的会计科目应为有关各方提供所需要的会计信息服务，满足对外报告与对内管理的要求。

3. 实用性原则

实用性原则是指企业设置的会计科目应符合企业自身特点，满足企业的实际需要。对于重要的经济业务，企业可以按照重要性原则对会计科目进行细分，设置更为具体的会计科目；对于不重要的或者不经常发生的经济业务，企业可以对某些会计科目进行适当的归并。

4. 稳定性原则

稳定性原则是指企业设置的会计科目一经确定，就应保持相对稳定，以保证企业不同期间的会计信息的可比性。

（二）常用的会计科目

企业常用的会计科目如表 2-6 所示。

表 2-6　企业常用的会计科目

科目编号	科目名称	科目编号	科目名称
一、资产类		1501	债权投资
1001	库存现金	1502	债权投资减值准备
1002	银行存款	1503	其他债权投资
1012	其他货币资金	1511	长期股权投资
1101	交易性金融资产	1512	长期股权投资减值准备
1121	应收票据	1521	投资性房地产
1122	应收账款	1528	其他权益工具投资
1123	预付账款	1531	长期应收款
1131	应收股利	1601	固定资产
1132	应收利息	1602	累计折旧
1221	其他应收款	1603	固定资产减值准备
1231	坏账准备	1604	在建工程
1401	材料采购	1605	工程物资
1402	在途物资	1606	固定资产清理
1403	原材料	1701	无形资产
1404	材料成本差异	1702	累计摊销
1405	库存商品	1703	无形资产减值准备
1406	发出商品	1711	商誉
1407	商品进销差价	1801	长期待摊费用
1408	委托加工物资	1811	递延所得税资产
1411	周转材料	1901	待处理财产损溢

续表

科目编号	科目名称	科目编号	科目名称
二、负债类		五、成本类	
2001	短期借款	5001	生产成本
2201	应付票据	5101	制造费用
2202	应付账款	5301	研发支出
2203	预收账款	六、损益类	
2211	应付职工薪酬	6001	主营业务收入
2221	应交税费	6051	其他业务收入
2231	应付利息	6101	公允价值变动损益
2232	应付股利	6111	投资收益
2241	其他应付款	6301	营业外收入
2501	长期借款	6401	主营业务成本
2502	应付债券	6402	其他业务成本
2701	长期应付款	6403	税金及附加
2801	预计负债	6601	销售费用
三、共同类（略）		6602	管理费用
四、所有者权益类		6603	财务费用
4001	实收资本	6701	资产减值损失
4002	资本公积	6702	信用减值损失
4101	盈余公积	6711	营业外支出
4103	本年利润	6801	所得税费用
4104	利润分配	6901	以前年度损益调整

任务实施

李兰经过分析后，做出了以下回答（见表2-7）。

表2-7 各项经济业务所属会计科目及科目性质

序号	经济业务内容	所属会计科目	科目性质
（1）	存入银行的款项	银行存款	资产类
（2）	库存的各种原材料	原材料	资产类
（3）	库存的完工待售的产品	库存商品	资产类
（4）	未完工的产品	生产成本	成本类
（5）	应收的货款	应收账款	资产类

续表

序号	经济业务内容	所属会计科目	科目性质
(6)	应付的货款	应付账款	负债类
(7)	在建的车间厂房	在建工程	资产类
(8)	购置的机器设备	固定资产	资产类
(9)	购置的运输车辆	固定资产	资产类
(10)	预收的货款	预收账款	负债类
(11)	预付的购料款	预付账款	资产类
(12)	未交纳的税金	应交税费	负债类
(13)	投资者投入的资金	实收资本	所有者权益类
(14)	短期借款产生的利息费用	财务费用	损益类
(15)	应收的保险理赔	其他应收款	资产类
(16)	应付的职工工资	应付职工薪酬	负债类
(17)	销售商品实现的收入	主营业务收入	损益类
(18)	已分配的利润	利润分配	所有者权益类
(19)	盈余形成的公积金	盈余公积	所有者权益类
(20)	企业拥有的专利权和商标权	无形资产	资产类

任务四 认识账户

任务引航

探究会计科目与账户的异同

1. 任务情境

李兰分析完各项经济业务所属的会计科目及科目性质后，王勇又让她思考如何根据这些会计科目设置相应的账户，并让她谈一谈会计科目与账户的联系和区别。

2. 任务要求

请联系实际说明会计科目与账户的联系和区别。

一、账户的概念与分类

（一）账户的概念

账户是指根据会计科目设置的，具有一定的格式和结构，用于分类反映会计要素具体内容的增减变动情况及其结果的载体。

会计科目只是对会计要素的具体内容进行了科学、合理的分类，确定了每项具体内容的名称，不能起到具体记载会计信息的作用。因此，为了全面、系统、详细地记录由经济业务的发生而引起的会计要素具体内容的增减变动情况及其结果，必须根据会计科目设置相应的账户。

（二）账户的分类

1. 按所核算的经济内容分类

按所核算的经济内容的不同，账户可以分为资产类账户、负债类账户、共同类账户、所有者权益类账户、成本类账户和损益类账户。

其中，有些资产类账户、负债类账户和所有者权益类账户存在备抵账户。备抵账户又称"抵减账户"，是指作为被调整对象原始数额的抵减项目，以确定被调整对象的实有数额而设置的独立账户。例如，"固定资产"账户反映固定资产的原始价值，"累计折旧"账户反映固定资产因损耗而减少的价值，通过"累计折旧"账户对"固定资产"账户进行调整，反映固定资产的现实价值，"累计折旧"账户就是"固定资产"账户的备抵账户。

2. 按所提供信息的详细程度及统御关系分类

总分类账户与明细分类账户的关系

按所提供信息的详细程度及统御关系的不同，账户可以分为总分类账户和明细分类账户。

（1）总分类账户又称"总账账户""一级账户"，是指根据总分类科目设置的账户，用以记录会计要素具体内容的增减变动情况及其结果的综合信息。总分类账户只采用货币单位进行记录，可以提供会计要素的价值量信息。

（2）明细分类账户又称"明细账户"，是指根据明细分类科目设置的账户，用以记录会计要素具体内容的增减变动情况及其结果的详细信息。明细分类账户是对总分类账户的具体化和补充说明。

总分类账户及其所辖明细分类账户核算的内容相同，只是反映内容的详细程度有所不同。总分类账户统御和控制明细分类账户；明细分类账户从属于总分类账户，是总分类账户的从属账户。

二、账户的功能与结构

（一）账户的功能

账户的功能在于连续、系统和完整地提供在企业各项经济活动中，会计要素具体内容的增减变动情况及其结果的具体信息。其中，会计要素的具体内容在特定会计期间增加和减少的金额,分别为账户的"本期增加发生额"和"本期减少发生额",两者统称为账户的"本期发生额";会计要素的具体内容在会计期末的增减变动结果为账户的余额,具体表现为期初余额和期末余额,账户本期的期末余额转入下期,即为下期的期初余额。

账户的期初余额、期末余额、本期增加发生额和本期减少发生额统称为账户的四个金额要素,它们之间的基本关系为:

$$期末余额 = 期初余额 + 本期增加发生额 - 本期减少发生额$$

(二)账户的结构

企业各项经济业务所引起会计要素具体内容的变动不是增加就是减少,为了反映这种变动,账户一般分为左右两方,并按相反方向来记录增加额和减少额,即一方登记增加额,另一方登记减少额。就某个具体账户而言,该账户可以左边登记增加额,右边登记减少额,也可以左边登记减少额,右边登记增加额。至于账户的哪一方登记增加额,哪一方登记减少额,则取决于企业所采用的记账方法和所记录经济内容的性质。

从账户名称以及记录增加额和减少额的左右两方来看,账户的结构在整体上类似于汉字"丁"和大写的英文字母"T",因此,账户的结构被形象地称为"丁"字账户或者"T"形账户,如图 2-3 所示。

左方	账户名称(会计科目)	右方
增加额(或减少额)		减少额(或增加额)

图 2-3 "丁"字账户或者"T"形账户示意图

在实务中,为了给企业经营管理者提供较为全面的会计信息,账户除了应包括增加额和减少额等内容,还应包括日期、凭证字号、摘要、余额等内容,这些内容构成了账户的一般格式,如表 2-8 所示。

表 2-8 账户的一般格式

账户名称(会计科目)

年		凭证字号	摘要	增加额	减少额	余额
月	日					

立德立信

"人无信不立,业无信难兴",诚信是我国的传统美德,也是人们普遍遵守的道德规范。会计诚信是传统诚信理念的发展与延伸。会计诚信要求广大会计人员立足会计实践,力行诚实守信,即在工作中要做到:以诚待人,做老实人,说老实话,办老实事;实事求是,不弄虚作假;数据要真实,计算要正确;严密保守因工作关系获取的机密。

任务实施

李兰思考一番后,做出了以下回答。

会计科目与账户既密切联系又相互区别。

(1)两者的联系主要表现在:① 两者反映的经济内容一致,如"应付账款"科目与"应付账款"账户的经济内容都是指因赊购商品而应向供应商支付的货款;② 会计科目是设置账户的基础和依据,账户的名称就是会计科目的名称,账户的级次也取决于会计科目的级次。

(2)两者的区别主要表现在:① 会计科目仅仅说明反映的经济内容是什么,而账户不仅具有这项功能,还具有记录经济业务的发生情况和结果的功能;② 会计科目没有结构,而账户具有一定的结构和格式,用来全面、系统地记录经济业务。

◇ 岗位能力测试 ◇

一、单项选择题

1. 下列各项中,不属于资产要素的是( )。
   A. 无形资产   B. 固定资产
   C. 预收款项   D. 预付款项
2. 下列各项中,不属于非流动负债的是( )。
   A. 长期借款   B. 应付账款
   C. 应付债券   D. 长期应付款
3. 下列会计等式中,不正确的是( )。
   A. 资产 = 负债 + 所有者权益
   B. 资产 + 利润 = 负债 + 所有者权益

C．收入 – 费用 = 利润
D．资产 = 负债 + 所有者权益 + 利润

4．下列各项有关经济业务对财务状况等式的影响表述中，不正确的是（　　）。
A．资产和负债要素同时等额增加
B．资产和负债要素同时等额减少
C．资产和所有者权益要素同时等额增加
D．负债和所有者权益要素同时等额增加

5．会计科目按所（　　）的不同，可以分为总分类科目和明细分类科目。
A．反映的会计对象　　　　　　B．反映的经济业务
C．反映的经济内容　　　　　　D．提供信息的详细程度及统御关系

6．下列不属于会计科目设置原则的是（　　）。
A．合法性原则　　　　　　　　B．相关性原则
C．实用性原则　　　　　　　　D．可比性原则

7．账户是指根据（　　）设置的，具有一定的格式和结构，用于分类反映会计要素具体内容的增减变动情况及其结果的载体。
A．会计要素　　　　　　　　　B．会计对象
C．会计科目　　　　　　　　　D．会计信息

二、多项选择题

1．负债的特征包括（　　）。
A．由过去交易或事项所引起　　B．由企业拥有或者控制
C．承担的潜在义务　　　　　　D．最终导致经济利益流出企业

2．下列各项中，构成所有者权益来源的有（　　）。
A．实收资本　　　　　　　　　B．资本公积
C．盈余公积　　　　　　　　　D．未分配利润

3．期间费用包括（　　）。
A．管理费用　　　　　　　　　B．销售费用
C．制造费用　　　　　　　　　D．财务费用

4．下列各项中，影响利润金额计量的有（　　）。
A．资产　　　　　　　　　　　B．收入
C．费用　　　　　　　　　　　D．直接计入所有者权益的利得或损失

5．账户的四个金额要素包括（　　）。
A．期初余额　　　　　　　　　B．期末余额
C．本期增加发生额　　　　　　D．本期减少发生额

6. 账户按所提供信息的详细程度及统御关系的不同，可以分为（　　）。

    A．资产类账户　　　　　　　　B．负债类账户

    C．总分类账户　　　　　　　　D．明细分类账户

三、判断题

1. 库存中已失效或已毁损的商品，由于企业对其拥有所有权并且能够实际控制，因此应该作为本企业的资产。（　　）

2. 企业对于因借入款项所导致的经济利益的增加，不应将其确认为收入，应当确认一项负债。（　　）

3. "资产＝负债＋所有者权益"这一等式是复式记账法的理论基础。（　　）

4. 会计对象是对会计要素具体内容进行分类核算的项目，是进行会计核算和提供会计信息的基本单元。（　　）

5. 会计科目可以起到具体记载会计信息的作用。（　　）

6. 账户分为左右两方，左方登记增加额，右方登记减少额。（　　）

四、综合题

（一）分析经济业务对财务状况等式的影响

2024年5月，乙公司发生的经济业务资料如下（不考虑相关税费）。

（1）从银行提取现金5万元。

（2）从银行借入短期借款40万元。

（3）收到投资者投入机器一台，价值50万元。

（4）以银行存款10万元偿还前欠货款。

（5）经批准，以银行存款向投资者退回其投入的资本20万元。

（6）已到期的应付票据15万元因无力支付转为应付账款。

（7）宣布向投资者分配利润30万元。

（8）将已发行的公司债券200万元转为实收资本。

（9）将资本公积100万元转为实收资本。

要求：根据上述资料，逐项分析经济业务的发生对财务状况等式的影响，用"＋"表示增加，用"－"表示减少，并计算影响金额，将结果填入表2-9中。

项目二 稳扎稳打——知晓会计语言

表2-9 经济业务对财务状况等式的影响

单位：万元

业务序号	资产	=	负债	+	所有者权益
（1）					
（2）					
（3）					
（4）					
（5）					
（6）					
（7）					
（8）					
（9）					

（二）判断会计科目所属会计要素

会计科目	会计要素	会计科目
银行存款		应付职工薪酬
应收账款	资产类	本年利润
预付账款		固定资产
预收账款	负债类	盈余公积
应付账款		生产成本
应交税费	所有者权益类	主营业务成本
实收资本		制造费用
原材料	成本类	销售费用
无形资产		长期待摊费用
短期借款	损益类	管理费用
资本公积		主营业务收入

要求：根据上述资料，将第1列和第3列的会计科目与其对应的第2列的会计要素类型正确地连接起来。

项目考核评价

请各位学生配合指导教师共同完成如表 2-10 所示的项目考核评价表。

表 2-10 项目考核评价表

班级		组号		日期		
姓名		学号		指导教师		
项目名称		稳扎稳打——知晓会计语言				
评价维度	一级指标	二级指标	评价标准	分值	评分	
					自评	师评
知识评价（40分）	重难点知识	掌握会计要素的相关知识	能答对相关习题，并且能用简洁的话概括各个会计要素的概念、特征、确认条件和分类	5		
		掌握会计等式的相关知识	能答对相关习题，并且能用简洁的话概括会计等式的表现形式，以及经济业务对会计等式的影响	5		
		掌握会计科目的相关知识	能答对相关习题，并且能用简洁的话概括会计科目的概念、分类和设置原则	5		
		掌握账户的相关知识	能答对相关习题，并且能用简洁的话概括账户的概念、分类、功能和结构	5		
	操作技能	能按照不同的分类要求对各个会计要素进行分类		5		
		能正确运用会计等式		5		
		能按照会计科目的设置原则设置企业的会计科目		5		
		能根据账户的功能与结构设置企业的账户		5		
能力评价（30分）	自主学习能力	预习能力	能概述本项目的主要知识点	6		
		课堂学习能力	认真听讲，积极参与课堂互动	6		
		反思改进能力	反思在预习和课堂学习中出现的问题，巩固所学知识，改进学习方法	6		
	人际交往能力	团队协作能力	积极参与活动，与小组成员配合默契	6		
		沟通能力	与小组成员沟通顺畅	6		
素养评价（30分）	职业素养	主动意识	积极学习，按时完成任务	10		
		合作与竞争意识	能以平和的心态面对同学之间的合作与竞争	10		
		应用意识	能建立所学知识与实际应用场景的联系	10		
合计				100		
总评	自评（30%）+ 师评（70%）=			教师（签名）：		

项目三

贵在得法——领会会计记账方法

在学习本项目前，请思考以下问题。

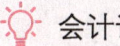 会计记账方法是什么？

扫一扫右边的二维码，从会计相关法律法规中找到答案。

素养目标

（1）树立规则意识，培养按规则办事的工作作风。
（2）坚持自我反思和自我监督，努力提升个人能力。

知识目标

（1）了解单式记账法的概念，以及复式记账法的概念与分类。
（2）熟悉借贷记账法的记账规则与账户对应关系，以及会计分录的概念与分类。
（3）掌握借贷记账法的账户结构，以及会计分录与试算平衡表的编制步骤。

技能目标

能够根据经济业务编制会计分录并进行试算平衡。

会计讲堂

记账方法是指会计主体采用特定的记账符号，并运用一定的记账原理和规则，在账簿中记录经济业务的专门方法。按记录经济业务方式的不同，记账方法可分为单式记账法和复式记账法。

一、单式记账法

单式记账法是指对于每一项经济业务，只在一个账户中登记的记账方法。例如，对于"以银行存款 1 500 元购买原材料"这项经济业务，若采用单式记账法，则只在"银行存款"账户中记录银行存款减少 1 500 元，而不同时在"原材料"账户中记录原材料增加 1 500 元。

单式记账法是一种比较简单、不完整的记账方法，只能反映经济业务的一个侧面，不能清楚、全面地反映经济业务的来龙去脉及账户之间的关系，不能进行全面的试算平衡，也不便于检查账簿记录的正确性和完整性。

二、复式记账法

（一）复式记账法的概念

复式记账法是指对于每一项经济业务，都必须用相等的金额在两个或两个以上相互联系的账户中进行登记，全面、系统地反映会计要素增减变化的一种记账方法。例如，对于"以银行存款 1 500 元购买原材料"这项经济业务，若采用复式记账法，则不仅要在"银行存款"账户中记录银行存款减少 1 500 元，而且要在"原材料"账户中记录原材料增加 1 500 元。

与单式记账法相比，复式记账法具有以下两个显著的优点。

（1）能够全面反映经济业务内容和资金运动的来龙去脉。

复式记账法对于每一项经济业务，都要在两个或者两个以上相互联系的账户中同时记录，这样通过账户之间应借应贷的相互关系，可以一目了然地看出企业的经济活动和资金运动过程。

（2）能够进行试算平衡，便于查账和对账。

复式记账法对于每一项经济业务，都要以相等的金额在有关账户中进行记录，便于核对和检查账户记录结果，及时纠正错误记录。

（二）复式记账法的分类

复式记账法可分为借贷记账法、增减记账法和收付记账法等。我国会计准则规定，企业、行政单位和事业单位会计核算采用借贷记账法记账。

任务一　认识借贷记账法

任务引航

测一测记账基本功

1. 任务情境

为了考查李兰记账的基本功，王勇决定让她分析天华公司3月发生的一些经济业务。2024年3月，天华公司发生的部分经济业务如下。

（1）1日，收到投资人投入公司价值50 000元的一台新机器。
（2）5日，以银行存款10 000元偿还银行短期借款。
（3）7日，收到福莱公司所欠货款3 000元，款项存入银行。
（4）10日，从银行提取现金2 000元。
（5）16日，以银行存款购买原材料，价款为5 000元。
（6）18日，向银行借入短期借款6 000元，其中3 000元用于支付前欠广兴工厂的货款。
（7）19日，销售商品取得收入20 000元，款项存入银行。
（8）20日，将现金4 000元存入银行。

2. 任务要求

请分析上述经济业务应采取什么记账方法，以及这些经济业务的发生会引起哪些会计要素发生增减变动，涉及哪些账户。

一、借贷记账法的账户结构

借贷记账法是指以"借"和"贷"作为记账符号的一种复式记账法。在借贷记账法下，账户的左方称为借方，右方称为贷方。所有账户的借方和贷方按相反方向记录增加数和减少数，即一方登记增加额，另一方就登记减少额。至于"借"表示增加（或减少），还是"贷"表示增加（或减少），则取决于账户的性质与所记录经济内容的性质。

借贷记账法的账户结构

会计小助手

"借""贷"只是一种记账符号,没有任何意义,就像"+""-""×""÷"分别代表"加""减""乘""除"一样。

通常情况下,资产类、成本类和费用类账户的增加额记"借"方,减少额记"贷"方;负债类、所有者权益类和收入类账户的增加额记"贷"方,减少额记"借"方。备抵账户的结构与所调整账户的结构正好相反。

(一)资产类和成本类账户的结构

在借贷记账法下,资产类和成本类账户的借方登记增加额,贷方登记减少额,期末余额一般在借方。其余额计算公式如下。

期末借方余额 = 期初借方余额 + 本期借方发生额 − 本期贷方发生额

资产类和成本类账户的结构如图 3-1 所示。

借方	资产类和成本类账户	贷方
期初余额		
本期增加额	本期减少额	
本期借方发生额合计	本期贷方发生额合计	
期末余额		

图 3-1 资产类和成本类账户的结构

(二)负债类和所有者权益类账户的结构

在借贷记账法下,负债类和所有者权益类账户的借方登记减少额,贷方登记增加额,期末余额一般在贷方。其余额计算公式如下。

期末贷方余额 = 期初贷方余额 + 本期贷方发生额 − 本期借方发生额

负债类和所有者权益类账户的结构如图 3-2 所示。

借方	负债类和所有者权益类账户	贷方
	期初余额	
本期减少额	本期增加额	
本期借方发生额合计	本期贷方发生额合计	
	期末余额	

图 3-2 负债类和所有者权益类账户的结构

（三）损益类账户的结构

按所反映具体内容的不同，损益类账户可分为收入类账户和费用类账户。

1. 收入类账户的结构

在借贷记账法下，收入类账户的借方登记减少额，贷方登记增加额。本期收入净额在期末转入"本年利润"账户，用以计算当期损益，结转后一般无余额。收入类账户的结构如图3-3所示。

借方	收入类账户	贷方
本期减少额 本期转出额		本期增加额
本期借方发生额合计		本期贷方发生额合计

图3-3　收入类账户的结构

2. 费用类账户的结构

在借贷记账法下，费用类账户的借方登记增加额，贷方登记减少额。本期费用净额在期末转入"本年利润"账户，用以计算当期损益，结转后一般无余额。费用类账户的结构如图3-4所示。

借方	费用类账户	贷方
本期增加额		本期减少额 本期转出额
本期借方发生额合计		本期贷方发生额合计

图3-4　费用类账户的结构

> **会计小助手**
>
> 前述财务状况与经营成果相结合的会计等式移项后可得以下等式。
>
> 资产＋费用＝负债＋所有者权益＋收入
>
> 在借贷记账法下，六类账户的基本结构可以借助上述等式这样来记忆：会计等式左边的账户"借方登记增加、贷方登记减少"，右边的账户"贷方登记增加、借方登记减少"，由于成本类账户与资产类账户结构类似，因此，可以进一步简记为"资、成、费"借增贷减，"负、所、收"贷增借减。

二、借贷记账法的记账规则

记账规则是指采用某种记账方法登记具体经济业务时应遵循的规律。借贷记账法的记账规则为"有借必有贷，借贷必相等"。具体而言，任何经济业务的发生都必须同时登记在两个或两个以上相互联系的账户中，一方（或几方）记入借方，另一方（或几方）必须记入贷方，且记入借方的金额等于记入贷方的金额。如果涉及多个账户，记入借方账户金额的合计数等于记入贷方账户金额的合计数。

无论企业经济业务怎样复杂，均可概况为以下四种类型：① 资产与权益（负债和所有者权益，下同）同时增加，总额增加；② 资产与权益同时减少，总额减少；③ 资产内部有增有减，总额不变；④ 权益内部有增有减，总额不变。

上述四类经济业务的资金运动与记账规则的对应关系，如图3-5所示。

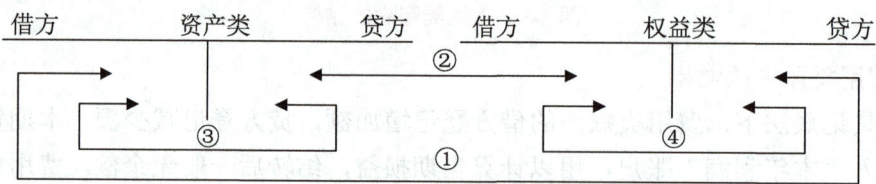

图3-5　资金运动与记账规则的对应关系

借贷记账法记账规则的具体运用，如【例3-1】至【例3-4】所示。

经典例题

【例3-1】 12月10日，甲公司收到投资者投入资本30 000元，款项存入银行。

这项经济业务涉及"银行存款"和"实收资本"两个账户。"银行存款"属于资产类账户，账户金额增加30 000元，应记入借方；"实收资本"属于权益类账户，账户金额增加30 000元，应记入贷方。登记结果如图3-6所示。

图3-6　资产和权益要素同时增加的登记结果

注：期初余额均是已知条件，下同。

【例3-2】 12月18日，甲公司以银行存款偿还前欠B公司的购货款6 000元。

这项经济业务涉及"银行存款"和"应付账款"两个账户。"银行存款"属于资产类账户，账户金额减少6 000元，应记入贷方；"应付账款"属于权益类账户，账户金额减少6 000元,应记入借方。登记结果如图3-7所示。

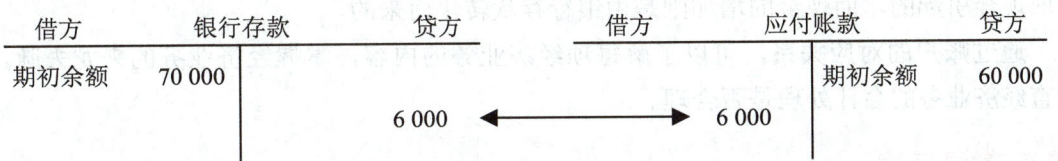

图3-7 资产和权益要素同时减少的登记结果

【例3-3】 12月22日,甲公司开出现金支票,从银行提取现金2 000元备用。

这项经济业务涉及"银行存款"和"库存现金"两个账户。"银行存款"属于资产类账户,账户金额减少2 000元,应记入贷方;"库存现金"也属于资产类账户,账户金额增加2 000元,应记入借方。登记结果如图3-8所示。

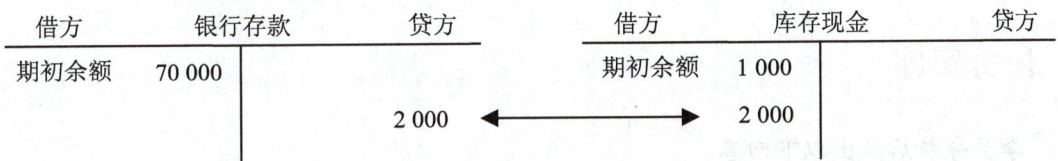

图3-8 资产要素一增一减的登记结果

【例3-4】 12月25日,甲公司向银行借入短期借款50 000元,直接偿还前欠A公司的购货款。

这项经济业务涉及"短期借款"和"应付账款"两个账户。"短期借款"属于权益类账户,账户金额增加50 000元,应记入贷方;"应付账款"也属于权益类账户,账户金额减少50 000元,应记入借方。登记结果如图3-9所示。

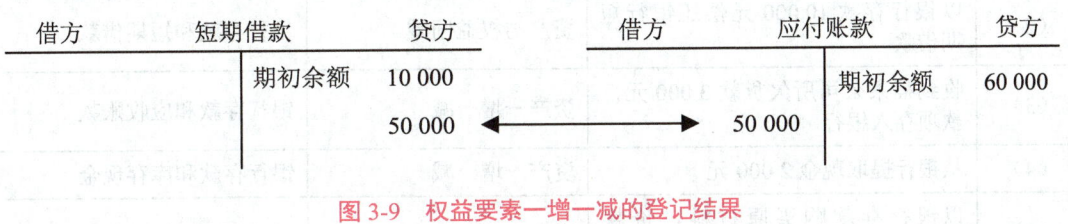

图3-9 权益要素一增一减的登记结果

三、借贷记账法下的账户对应关系

账户对应关系是指采用借贷记账法对每笔交易或事项进行记录时,相关账户之间形成的应借、应贷的相互关系。存在对应关系的账户称为对应账户。

例如,从银行提取现金1 000元,这项经济业务发生后,应记入"库存现金"账户的借方和"银行存款"账户的贷方,这样在"库存现金"账户与"银行存款"账户之间就形成了应借、应贷的关系,即账户的对应关系。这一对应关系说明银行存款的减少是由提取现金引起的,而现金的增加则是由银行存款转化而来的。

通过账户的对应关系,可以了解每项经济业务的内容,掌握经济业务的来龙去脉,检查经济业务的会计处理是否合理。

立德立信

"有借必有贷,借贷必相等"是核算企业经济业务时必须遵循的记账规则,任何一项破坏该记账规则的账务处理都是错误的。这就要求会计人员在以后的生活和工作中,一定要树立规则意识,按规则办事,坚守底线,不越红线,树立和谐共赢、共同发展的理念。

任务实施

李兰分析后做出以下回答。

天华公司应采取借贷记账法记录经济业务。2024年3月,天华公司发生的部分经济业务引起的会计要素增减变动情况及涉及账户如表3-1所示。

表3-1　会计要素增减变动情况及涉及账户

编号	经济业务内容	会计要素增减变动情况	涉及账户
(1)	收到投资人投入公司价值50 000元的一台新机器	资产与权益同增	固定资产和实收资本
(2)	以银行存款10 000元偿还银行短期借款	资产与权益同减	银行存款和短期借款
(3)	收到福莱公司所欠货款3 000元,款项存入银行	资产一增一减	银行存款和应收账款
(4)	从银行提取现金2 000元	资产一增一减	银行存款和库存现金
(5)	以银行存款购买原材料,价款为5 000元	资产一增一减	原材料和银行存款
(6)	向银行借入短期借款6 000元,其中3 000元用于支付前欠广兴工厂的货款	资产与权益同增	应付账款、银行存款和短期借款
(7)	销售商品取得收入20 000元,款项存入银行	资产与收入同增	银行存款和主营业务收入
(8)	将现金4 000元存入银行	资产一增一减	库存现金和银行存款

任务二 编制会计分录

任务引航

根据经济业务,编制会计分录

1. 任务情境

李兰分析完天华公司在2024年3月发生的部分经济业务所引起的会计要素增减变动情况后,王勇让她根据自己的分析编写相应的会计分录。

2. 任务要求

请根据天华公司在2024年3月发生的部分经济业务编写会计分录。

一、会计分录

(一)会计分录的概念

会计分录简称"分录",是指对每项经济业务列示出应借、应贷的账户名称(科目)及其金额的一种记录。会计分录由应借应贷方向、相互对应的科目及其金额三大要素构成。在我国,会计分录记载于记账凭证中。

(二)会计分录的编制步骤

编制会计分录时,格式上采用先借后贷、上借下贷、每一个会计科目占一行的形式;借方与贷方应错位表示,金额也要错开写,以便醒目、清晰。运用借贷记账法编制会计分录时,可按下列步骤进行。

(1)分析经济业务涉及哪些账户。

(2)分析所涉及账户的性质,即它们各属于什么会计要素。

(3)分析确定所涉及账户金额是增加了还是减少了,增加额或者减少额是多少。

(4)根据账户的性质,确定记入账户的借方还是贷方。

(5)按正确的格式编制会计分录,并检查是否符合记账规则。

经典例题

【例3-5】 乙公司向银行借入短期借款30 000元,直接用于偿还供货商的购货款。

这项经济业务涉及"短期借款"和"应付账款"两个账户。"短期借款"属于负债类账户,金额增加 30 000 元,应记入贷方;"应付账款"属于负债类账户,金额减少 30 000 元,应记入借方。这项经济业务应编制如下会计分录。

  借:应付账款   30 000
   贷:短期借款   30 000

(三)会计分录的分类

按照所涉及账户的多少,会计分录可分为简单会计分录和复合会计分录两种。

(1) **简单会计分录**是指只涉及一个账户借方和另一个账户贷方的会计分录,即一借一贷的会计分录,如下列【例 3-1】至【例 3-4】所列示四项经济业务的会计分录。

  【例 3-1】借:银行存款   30 000
      贷:实收资本   30 000
  【例 3-2】借:应付账款   6 000
      贷:银行存款   6 000
  【例 3-3】借:库存现金   2 000
      贷:银行存款   2 000
  【例 3-4】借:应付账款   50 000
      贷:短期借款   50 000

(2) **复合会计分录**是指由两个以上(不含两个)对应账户组成的会计分录,即一借多贷、多借一贷或多借多贷的会计分录,如【例 3-6】中的会计分录。

经典例题

【例 3-6】 乙公司购入原材料一批,货款共计 40 000 元,以银行存款支付 30 000 元,余款暂欠(不考虑增值税)。这项经济业务应编制如下会计分录。

  借:原材料   40 000
   贷:银行存款   30 000
    应付账款   10 000

上述会计分录属于一借多贷的复合会计分录,实际上它是由下列两个简单会计分录组成的。

  借:原材料   30 000
   贷:银行存款   30 000
  借:原材料   10 000
   贷:应付账款   10 000

通过【例 3-6】可以看出,复合会计分录实际上是由若干简单会计分录组合而成的。编制复合会计分录,既可以集中反映某项经济业务的全貌,又可以简化记账工作,提高会计工作效率。

 会计小助手

为了保持账户对应关系清晰，一般不应把不同类型的经济业务（如采购业务、销售业务）合并编制多借多贷的会计分录，否则会无法反映会计科目之间的对应关系，也不能明确表达经济业务的实际内容。

二、试算平衡

（一）试算平衡的概念

试算平衡是指根据借贷记账法的记账规则、资产与权益（负债和所有者权益）的恒等关系，通过对所有账户的发生额和余额的汇总计算与比较，来检查账户记录是否正确的一种方法。

（二）试算平衡的分类

试算平衡有发生额试算平衡和余额试算平衡两种。

1. 发生额试算平衡

发生额试算平衡是指全部账户本期借方发生额合计与全部账户本期贷方发生额合计保持平衡，可用下列公式表示。

全部账户本期借方发生额合计 = 全部账户本期贷方发生额合计

发生额试算平衡的理论依据是借贷记账法的记账规则。由于每发生一笔经济业务，都是按照"有借必有贷，借贷必相等"的记账规则来进行核算的，因此，把全部账户本期借方发生额作为一个合计数，把全部账户本期贷方发生额作为一个合计数，这两个合计数一定相等。

2. 余额试算平衡

余额试算平衡是根据"资产 = 负债 + 所有者权益"这一基本会计等式推导出来的。因为资产类账户的余额在借方，而负债类和所有者权益类账户的余额在贷方，根据"资产 = 负债 + 所有者权益"，可以得出全部账户的借方余额合计等于全部账户的贷方余额合计。余额试算平衡公式如下。

全部账户借方期末（初）余额合计 = 全部账户贷方期末（初）余额合计

（三）试算平衡表的编制

试算平衡是通过编制试算平衡表进行的。试算平衡表通常是在期末结出各账户的本期发生额合计和期末余额后编制的，表中一般应设置"期初余额""本期发生额""期末余额"三大栏目,其下分设"借方""贷方"两个小栏目,其格式如下文表3-3所示。

试算平衡是通过借贷金额是否平衡来检查账户记录是否正确的一种方法。在编制试算平衡表时,应注意以下几点。

试算平衡表的编制

(1)必须保证所有账户的余额均已记入试算平衡表。

(2)试算不平衡,表明记账一定有错误,应认真查找错误并修正,直到实现平衡为止。

(3)试算平衡时,不能表明记账一定正确,可能存在不影响借贷双方平衡关系的错误。

上述所称不影响借贷双方平衡关系的错误通常包括:① 漏记或重记某项经济业务,使本期借贷双方的发生额等额减少或虚增,借贷仍然平衡;② 某项经济业务记录的应借、应贷科目正确,但借贷双方金额同时多记或少记,且金额一致,借贷仍然平衡;③ 某项经济业务记错有关账户,借贷仍然平衡;④ 某项经济业务在账户记录中,颠倒了记账方向,借贷仍然平衡;⑤ 某借方或贷方发生额中,偶然发生多记和少记并相互抵销,借贷仍然平衡。

由于账户记录可能存在上述不能由试算平衡表发现的错误,所以需要对一切会计记录进行日常或定期的复核,以保证账户记录的正确性。

经典例题

【例3-7】 承【例3-1】至【例3-4】12月初,甲公司各账户的余额如表3-2所示。

表3-2 期初余额表

××年12月1日   单位:元

账户名称	期初借方余额	账户名称	期初贷方余额
库存现金	1 000	短期借款	10 000
银行存款	70 000	应付票据	5 000
库存商品	34 000	应付账款	60 000
固定资产	50 000	实收资本	80 000
合计	155 000	合计	155 000

12月份,甲公司发生的部分经济业务如【例3-1】至【例3-4】所示。

根据各项经济业务的相关分录登记总分类账户,期末在各总分类账户中结算出本期发生额和期末余额,如图3-10至图3-14所示。

借方	库存现金	贷方
期初余额 1 000		
【例3-3】2 000		
本期借方发生额合计 2 000	本期贷方发生额合计	
期末余额 3 000		

图 3-10 "库存现金"账户

借方	银行存款	贷方
期初余额 70 000		
【例3-1】30 000	【例3-2】6 000	
	【例3-3】2 000	
本期借方发生额合计 30 000	本期贷方发生额合计 8 000	
期末余额 92 000		

图 3-11 "银行存款"账户

借方	短期借款	贷方
	期初余额 10 000	
	【例3-4】50 000	
本期借方发生额合计	本期贷方发生额合计 50 000	
	期末余额 60 000	

图 3-12 "短期借款"账户

借方	应付账款	贷方
	期初余额 60 000	
【例3-2】6 000		
【例3-4】50 000		
本期借方发生额合计 56 000	本期贷方发生额合计	
	期末余额 4 000	

图 3-13 "应付账款"账户

借方	实收资本	贷方
	期初余额	80 000
	【例3-1】	30 000
本期借方发生额合计	本期贷方发生额合计	30 000
	期末余额	110 000

图 3-14　"实收资本"账户

根据各账户的期初余额、本期发生额和期末余额，编制总分类账户试算平衡表进行试算平衡，如表3-3所示。

表 3-3　总分类账户试算平衡表

××年12月31日　　　　　　　　　　　　　　　　　　　单位：元

账户名称	期初余额		本期发生额		期末余额	
	借方	贷方	借方	贷方	借方	贷方
库存现金	1 000		2 000		3 000	
银行存款	70 000		30 000	8 000	92 000	
库存商品	34 000				34 000	
固定资产	50 000				50 000	
短期借款		10 000		50 000		60 000
应付票据		5 000				5 000
应付账款		60 000	56 000			4 000
实收资本		80 000		30 000		110 000
合计	155 000	155 000	88 000	88 000	179 000	179 000

根据表3-3可知，全部账户本期借方发生额合计等于全部账户本期贷方发生额合计、全部账户借方期末余额合计等于全部账户贷方期末余额合计，表明账户记录基本正确。

任务实施

李兰根据表3-1的分析结果，编写了以下会计分录。

(1) 借：固定资产　　　　　　　　　　　　　　　50 000
　　　贷：实收资本　　　　　　　　　　　　　　　　　　50 000
(2) 借：短期借款　　　　　　　　　　　　　　　10 000
　　　贷：银行存款　　　　　　　　　　　　　　　　　　10 000

(3) 借：银行存款　　　　　　　　　　　　　　3 000
　　　贷：应收账款——福莱公司　　　　　　　　　　　3 000
(4) 借：库存现金　　　　　　　　　　　　　　2 000
　　　贷：银行存款　　　　　　　　　　　　　　　　　2 000
(5) 借：原材料　　　　　　　　　　　　　　　5 000
　　　贷：银行存款　　　　　　　　　　　　　　　　　5 000
(6) 借：应付账款　　　　　　　　　　　　　　3 000
　　　银行存款　　　　　　　　　　　　　　　3 000
　　　贷：短期借款　　　　　　　　　　　　　　　　　6 000
(7) 借：银行存款　　　　　　　　　　　　　 20 000
　　　贷：主营业务收入　　　　　　　　　　　　　　 20 000
(8) 借：银行存款　　　　　　　　　　　　　　4 000
　　　贷：库存现金　　　　　　　　　　　　　　　　　4 000

岗位能力测试

一、单项选择题

1. "实收资本"账户的期末余额等于（　　）。
   A. 期初余额＋本期借方发生额＋本期贷方发生额
   B. 期初余额＋本期借方发生额－本期贷方发生额
   C. 期初余额－本期借方发生额－本期贷方发生额
   D. 期初余额＋本期贷方发生额－本期借方发生额

2. （　　）会导致试算不平衡。
   A. 重记某项经济业务　　　　B. 漏记某项经济业务
   C. 借方多记金额　　　　　　D. 用错借贷科目

二、多项选择题

1. 在借贷记账法下，账户的借方应登记（　　）。
   A. 负债、所有者权益、收入的增加数
   B. 负债、所有者权益、收入的减少数
   C. 资产、成本、费用的减少数
   D. 资产、成本、费用的增加数

2. 在借贷记账法下，会计分录的构成要素有（　　）。
   A．应借应贷的方向　　　　　　　B．相互对应的科目
   C．金额　　　　　　　　　　　　D．经济业务摘要

三、判断题

1. 借贷记账法的记账规则"有借必有贷，借贷必相等"是余额试算平衡的直接依据。
（　　）

2. 在会计期末，收入类账户的增加额一般都要通过贷方转出，用于计算经营成果，因此收入类账户期末通常没有余额。（　　）

四、综合题

甲公司2024年3月1日有关账户的期初余额如表3-4所示。

表3-4　期初余额表

2024年3月1日　　　　　　　　　　　　　　　　　　　　　单位：元

账户名称	期初借方余额	账户名称	期初贷方余额
库存现金	500	短期借款	50 000
银行存款	80 500	应付票据	0
应收账款	35 000	应付账款	31 000
原材料	10 000	应付职工薪酬	15 000
固定资产	50 000	实收资本	80 000
合计	176 000	合计	176 000

要求：

1. 2024年3月，甲公司发生的经济业务如表3-5所示，请据此运用借贷记账法编制相关会计分录（不考虑相关税费）。

表3-5　经济业务及其会计分录

经济业务	会计分录
（1）购进材料一批，金额为50 000元，款项尚未支付，材料已经验收入库	
（2）从银行提取现金5 000元备用	
（3）收到投资者投入的资本60 000元，款项存入银行	
（4）以银行存款购入机器设备一台，金额为30 000元	
（5）以银行存款支付上月工人工资15 000元	
（6）收到客户前欠货款10 000元，款项存入银行	

续表

经济业务	会计分录
（7）取得一年期短期借款 100 000 元，款项存入银行	
（8）开出一张银行承兑汇票用于支付材料采购款，金额为 20 000 元，材料已经验收入库	
（9）以银行存款偿还应付供应商货款 16 000 元	

2．根据表 3-4 所列的期初余额与表 3-5 中的会计分录，登记有关账户，结出本期发生额及期末余额。

借方　　　库存现金　　　贷方　　　　　　借方　　　银行存款　　　贷方

"库存现金"账户　　　　　　　　　　　　"银行存款"账户

借方　　　应收账款　　　贷方　　　　　　借方　　　原材料　　　贷方

"应收账款"账户　　　　　　　　　　　　"原材料"账户

借方　　　固定资产　　　贷方　　　　　　借方　　　短期借款　　　贷方

"固定资产"账户　　　　　　　　　　　　"短期借款"账户

借方　　　应付票据　　　贷方　　　　　　借方　　　应付账款　　　贷方

"应付票据"账户　　　　　　　　　　　　"应付账款"账户

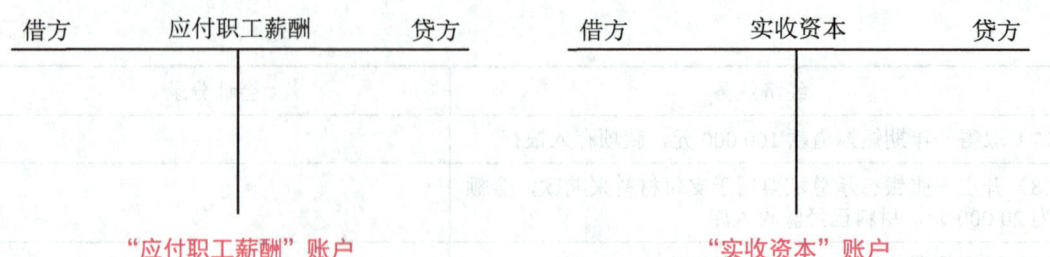

"应付职工薪酬"账户　　　　　　　　　　"实收资本"账户

3. 根据所登记的账户的有关记录，编制总分类账户试算平衡表，将结果填入表 3-6 中。

表 3-6　总分类账户试算平衡表

2024 年 3 月 31 日　　　　　　　　　　单位：元

账户名称	期初余额		本期发生额		期末余额	
	借方	贷方	借方	贷方	借方	贷方
库存现金						
银行存款						
应收账款						
原材料						
固定资产						
短期借款						
应付票据						
应付账款						
应付职工薪酬						
实收资本						
合计						

项目考核评价

请各位学生配合指导教师共同完成如表 3-7 所示的项目考核评价表。

表 3-7　项目考核评价表

班级		组号		日期		
姓名		学号		指导教师		
项目名称		稳扎稳打——领会会计记账方法				
评价维度	一级指标	二级指标	评价标准	分值	评分 自评	评分 师评
知识评价（40分）	重难点知识	掌握会计记账方法的基础知识	能答对相关习题，并且能用自己的话概括单式记账法和复式记账法	3		
		掌握借贷记账法	能答对相关习题，并且能用简洁的话概括借贷记账法的账户结构与记账规则	3		
		掌握会计分录的编制方法	能答对相关习题，并且能用简洁的话概括会计分录与试算平衡的概念、分类和编制步骤	4		
	操作技能	能按照借贷记账法的账户结构设置账户		5		
		能按照借贷记账法的记账规则进行记账		6		
		能通过借贷记账法下的账户对应关系了解经济业务的来龙去脉		5		
		能正确编制会计分录，并检查是否符合记账规则		7		
		能正确进行各类试算平衡，并编制试算平衡表		7		
能力评价（30分）	自主学习能力	预习能力	能概述本项目的主要知识点	6		
		课堂学习能力	认真听讲，积极参与课堂互动	6		
		反思改进能力	反思在预习和课堂学习中出现的问题，巩固所学知识，改进学习方法	6		
	人际交往能力	团队协作能力	积极参与活动，与小组成员配合默契	6		
		沟通能力	与小组成员沟通顺畅	6		
素养评价（30分）	职业素养	主动意识	积极学习，按时完成任务	10		
		合作与竞争意识	能以平和的心态面对同学之间的合作与竞争	10		
		应用意识	能建立所学知识与实际应用场景的联系	10		
合计				100		
总评	自评（30%）+ 师评（70%）=			教师（签名）：		

项目四

真凭实据——把握会计凭证管理流程

在学习本项目前，请思考以下问题。

💡 什么是会计凭证？填制会计凭证的依据是什么？

💡 如何处理不真实、不合法的原始凭证？

💡 会计凭证的保管期限为多久？

扫一扫右边的二维码，从会计相关法律法规中找到答案。

素养目标

（1）培养日常生活中索取发票、依法纳税的法律意识。

（2）树立客观公正、坚持准则的工作作风，做一名正直、独立的会计人员。

知识目标

（1）了解会计凭证的概念和种类。

（2）熟悉原始凭证与记账凭证的种类、基本内容及装订和保管方法。

（3）掌握填制和审核原始凭证与记账凭证的基本要求和方法。

技能目标

（1）能够根据企业发生的经济业务正确填制和审核会计凭证。

（2）能够正确装订并妥善保管会计凭证。

会计讲堂

会计凭证简称"凭证",是指在财务会计工作中用来记录经济业务、明确经济责任的书面证明,是登记会计账簿的依据。每个企业都必须按照一定的程序填制和审核会计凭证,并根据审核无误的会计凭证登记会计账簿,以如实地反映企业的经济业务。会计凭证按照填制程序和用途的不同可以分为原始凭证和记账凭证。

一、原始凭证

原始凭证又称"单据",是指在经济业务发生或完成时取得或填制的,用以记录或证明经济业务的发生或完成情况的书面证明。

(一)原始凭证的种类

1. 按取得来源分类

按取得来源的不同,原始凭证可以分为自制原始凭证和外来原始凭证。

(1)自制原始凭证是指由单位内部经办业务的部门或人员,在执行或完成某项经济业务时所填制的,仅供本单位内部使用的原始凭证,如收料单、领料单、限额领料单、产品入库单、产品出库单、工资结算单和费用报销单等。

(2)外来原始凭证是指在经济业务发生或完成时,从其他单位或个人处直接取得的原始凭证,如购买材料时取得的增值税专用发票、职工出差时取得的飞机票和火车票等。

2. 按格式分类

按格式的不同,原始凭证可以分为通用凭证和专用凭证。

(1)通用凭证是指由有关部门统一印制的,在一定范围内使用的具有统一格式和使用方法的原始凭证,如全国通用的增值税专用发票等。

(2)专用凭证是指由单位自行印制的,仅在本单位内部使用的具有专门用途的原始凭证,如领料单、工资结算单等。

3. 按填制的手续与内容分类

按填制的手续与内容的不同,原始凭证可以分为一次凭证、累计凭证和汇总凭证。

(1)一次凭证是指一次填制完成、只记录一笔经济业务的原始凭证,如收款收据、收料单、借款单、银行结算凭证等。

(2)累计凭证是指在一定时期内多次记录发生的同类经济业务的原始凭证,如限额领料单。使用累计凭证不仅可以简化凭证的填制手续,还可以随时计算得出累计发生数,以便同计划或定额数量进行比较,从而起到控制管理的作用。

（3）**汇总凭证**是指对一定时期内反映相同经济业务内容的若干张原始凭证，按照一定的标准汇总填制的原始凭证，如发料凭证汇总表等。

（二）原始凭证的基本内容

原始凭证通常具备以下基本内容：① 原始凭证的名称；② 填制原始凭证的日期；③ 原始凭证的编号；④ 填制原始凭证的单位名称和填制人的姓名；⑤ 经办人员的签名或者盖章；⑥ 接受原始凭证单位的名称；⑦ 经济业务的内容；⑧ 数量、单价和金额。

二、记账凭证

记账凭证是指会计人员根据审核无误的原始凭证或原始凭证汇总表，按照经济业务的内容加以归类，并据以确定会计分录后所填制的凭证。记账凭证是登记会计账簿的直接依据。

（一）记账凭证的种类

记账凭证按用途的不同可以分为专用记账凭证和通用记账凭证。

1. 专用记账凭证

专用记账凭证是指分类反映各种经济业务的记账凭证。按所反映的经济业务内容的不同，专用记账凭证可以分为收款凭证、付款凭证和转账凭证。

（1）收款凭证是指用于记录库存现金和银行存款收款业务的记账凭证。收款凭证是登记库存现金日记账和银行存款日记账，以及有关明细分类账和总分类账等会计账簿的依据。

（2）付款凭证是指用于记录库存现金和银行存款付款业务的记账凭证。付款凭证是登记库存现金日记账和银行存款日记账，以及有关明细分类账和总分类账等会计账簿的依据。

（3）转账凭证是指用于记录不涉及库存现金和银行存款业务的记账凭证。转账凭证是登记有关明细分类账和总分类账等会计账簿的依据。

2. 通用记账凭证

通用记账凭证是指采用统一的格式记录各种经济业务的记账凭证。通用记账凭证既可用于反映收、付款业务，又可用于反映转账业务。

（二）记账凭证的基本内容

记账凭证通常具备以下基本内容：① 记账凭证的名称；② 填制记账凭证的日期；③ 记账凭证的编号；④ 经济业务的内容摘要；⑤ 经济业务所涉及的会计科目及其记账方向；⑥ 金额；⑦ 记账标记；⑧ 所附原始凭证张数；⑨ 填制人员、稽核人员、记账人员、会计机构负责人、会计主管人员等的签名或者盖章。其中，收款凭证和付款凭证还应当由出纳人员签名或者盖章。

项目四 真凭实据——把握会计凭证管理流程

任务一　填制和审核会计凭证

任务引航

填制记账凭证

1．任务情境

经过一个多月的实习，王勇认为李兰的会计基础知识比较扎实，便决定让李兰开始处理一些简单的会计工作。2024年4月19日，天华公司收到上海市新洋有限责任公司（以下简称"新洋公司"）转来的50 000元，系支付前欠货款，该笔款项已由出纳员刘霞存入银行。这是天华公司4月份第20笔银行存款收款业务，附带2张原始凭证，王勇让李兰填制该笔业务的记账凭证。

2．任务要求

请根据上述经济业务内容填制相应的记账凭证。

一、填制和审核原始凭证

（一）填制原始凭证的基本要求

原始凭证的种类不同，其具体的填制方法和填制要求也不完全相同，但一般应符合下列基本要求。

1．记录真实

原始凭证所记录的经济业务的内容及有关数据等必须真实可靠，符合实际情况，不得弄虚作假。

2．内容完整

原始凭证应当按规定的格式和内容逐项填列，不得遗漏和省略。填列不全的原始凭证，既不能作为经济业务的合法证明，也不能作为填制记账凭证的依据和附件。

3．手续完备

手续完备的要求主要包括以下几个方面。

（1）单位自制的原始凭证必须有经办单位负责人或者其他授权人员的签名或者盖章。

（2）对外开出的原始凭证，必须加盖本单位的公章。

（3）从外部取得的原始凭证，必须盖有填制单位的公章。

（4）从个人处取得的原始凭证，必须有填制人员的签名或者盖章。

（5）购买实物的原始凭证，必须有验收证明。

（6）支付款项的原始凭证，必须有收款单位和收款人的收款证明。

（7）发生销货退回的，除填制退货发票外，还必须有退货验收证明。退款时，必须取得对方的收款收据或者汇款银行的凭证，不得以退货发票代替收据。

（8）职工公出借款凭据，必须附在记账凭证之后。收回借款时，应当另开收据或者退还借据副本，不得退还原借款收据。

（9）经上级有关部门批准的经济业务，应当将批准文件作为原始凭证附件。

4．书写清楚、规范

原始凭证应当按规定填写，文字要简明，字迹要清晰、工整，易于辨认，不得使用未经国务院公布的简化汉字。原始凭证的大写与小写金额必须相符且符合填写规范，具体要求如下。

（1）大写金额用汉字壹、贰、叁、肆、伍、陆、柒、捌、玖、拾、佰、仟、万、亿、元、角、分、零、整（或"正"）等书写，且一律用正楷或者行书体书写。大写金额前未印有"人民币"字样的，应当加写"人民币"三个字，且和大写金额之间不得留有空白。大写金额到元或者角为止的，应当在"元"或者"角"字后面写"整"或者"正"字；有分的，"分"字后面不写"整"或者"正"字。

（2）小写金额用阿拉伯数字逐个书写，不得连笔写。小写金额前应当填写人民币符号"￥"，且与阿拉伯数字之间不得留有空白。小写金额数字一律填写到角、分，无角无分的，角位和分位可以写"00"或者符号"-"；有角无分的，分位应当写"0"，不得用符号"-"代替。

（3）小写金额数字中间有"0"时，大写金额要写"零"字；小写金额数字中间连续有几个"0"时，大写金额中可以只写一个"零"字；小写金额元位是"0"，或者数字中间连续有几个"0"、元位也是"0"但角位不是"0"时，大写金额可以只写一个"零"字，也可以不写"零"字。

5．编号连续

各种原始凭证都必须连续编号，以便核查。跳号或者因错作废的原始凭证应当加盖"作废"戳记并妥善保管，不得撕毁。

6．不得涂改、挖补、刮擦

原始凭证记载的各项内容均不得涂改、挖补、刮擦。原始凭证有错误的，应当由出具单位重开或者更正，更正处应当加盖出具单位的公章。原始凭证金额有错误的，应当由出具单位重开，不得在原始凭证上更正。

7．填制及时

相关业务人员应当根据经济业务的发生和完成情况及时填制原始凭证，并按规定的程序及时送交会计机构审核，不得拖延或者积压。

（二）常用原始凭证的填制示例

1. 收料单

收料单又称"材料入库单"，是指企业自制的用于记录和证明材料验收入库情况的一种单据。收料单通常由仓库保管人员负责填制。收料单一般一式三联，一联留仓库，作为登记材料卡片和材料明细分类账的依据；一联交财务部门，作为材料收入的凭证；一联交采购部门留存。收料单的填制示例如图4-1所示。

收 料 单

供货单位：江苏吴江恒宇有限公司　　2024年8月15日　　收料仓库：2号仓库
发票号码：01812819　　　　　　　　　　　　　　　　收料单编号：0180056

编号	名称	规格	单位	数量		实际成本		
				应收	实收	单价	金额	采购费用	合计
213	锦棉布		码	8 000	8 000	9.50	76 000.00	500.00	76 500.00

备注

采购员：杨柳　　检验员：陈天　　记账员：王金　　保管员：刘云山

图4-1　收料单的填制示例

2. 领料单

领料单是指企业自制的用于记录和证明仓库储存材料领用情况的一种单据。领料单一般由领料人员负责填制。领料单分为一次填制的领料单和多次填制的限额领料单两种。

（1）一次填制的领料单一般一式三联，一联留仓库备查；一联交财务部门作为记账依据；一联留领料部门备查。一次填制的领料单的填制示例如图4-2所示。

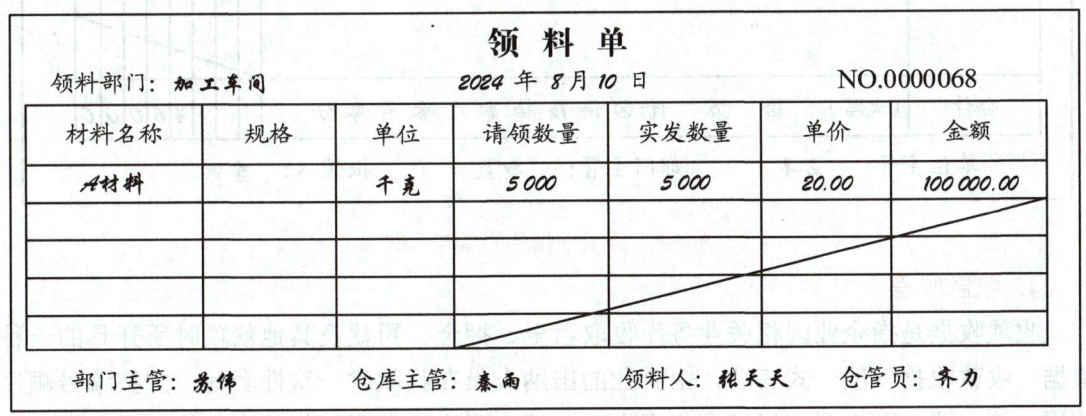

图4-2　一次填制的领料单的填制示例

（2）多次填制的限额领料单一般一式两联，一联交仓库据以发料，一联交领料部门据以领料。限额领料单的填制示例如图4-3所示。

限 额 领 料 单

领料部门：加工车间　　　　　　　　　　　　　　　发料仓库：2号仓库
用途：生产甲产品　　　　　2024年8月　　　　　　编号：008

材料编号	材料名称	规格	单位	计划单价	领用限额	全月实额	
						数量	金额
0868	甲材料	10 mm	千克	400	100	90	36 000
领用日期	请领数量	实发数量	领料人签章	发料人签章	限额结余数量		
8月1日	40	40	李阳	刘科	60		
8月10日	20	20	李阳	刘科	40		
8月20日	30	30	李阳	刘科	10		
合计	90	90					

供应部门负责人：孙纯　　　领料部门负责人：许芳　　　仓库负责人：包录

图 4-3　限额领料单的填制示例

3. 费用报销单

费用报销单是指企业自制的用于记录和证明内部员工开支费用报销情况的一种单据。费用报销单的填制示例如图4-4所示。

费 用 报 销 单

部门：财务部　　　2024年8月9日

费用名称	摘　要	报销金额 十万千百十元角分	附件：1张
管理费用	打印纸一箱	￥6 0 0 0	
合计（大写）	拾　万　仟⊗佰陆拾零元零角零分	￥6 0 0 0	

单位主管：王平　　　部门主管：赵炎　　　报销人：李丽

图 4-4　费用报销单的填制示例

4. 收款收据

收款收据是指企业因相关业务而收取租金、押金、罚款及其他款项时所开具的一种单据。收款收据一般一式三联，由企业的出纳人员在收款时一次性套写，并按编号顺序使用。第一联为存根联，保留在收据本中；第二联为收据联，加盖本单位的财务专用章后交给付款单位（或个人）；第三联为记账联，作为该笔业务的记账凭证的附件。收款收据的填制示例如图4-5所示。

```
                    收 款 收 据
              2024 年 8 月 4 日              NO.8070306
  付款单位或个人：尤子孟
  收款事由：收回预借差旅费余款360元。（原先预借1000元，报销640元）
  人民币（大写）叁佰陆拾元整              （小写）¥360.00
  备注：
  收款单位（章）：                         出纳：黄凯
```

图 4-5　收款收据的填制示例

5．借款单

借款单是指企业内部员工因工作需要向单位借款而填制的，经有关领导批准后送交财务部门办理借款的一种单据。借款单一般一式三联，付款联交财务部门用于记账，结算联交给出纳人员保管，回执联交给借款人留存或由单位暂代保管。借款单的填制示例如图 4-6 所示。

```
                    借 款 单
              2024 年 8 月 9 日              NO.0095768
  | 借款部门 | 销售部 | 职务 | 销售助理 | 借款人 | 王强 |
  | 借款事由 | 预支差旅费 |
  | 借款金额 | 人民币（大写）叁仟元整          （小写）¥3 000.00 |
  | 单位（或部门）负责人意见： 同意！
                              周全  2024年8月9日 |
  | 审核：卢伟   会计：赵一   出纳：钱钱   借款人：王强 |
```

图 4-6　借款单的填制示例

6．增值税发票

增值税发票包括增值税普通发票和增值税专用发票。这里主要介绍企业常用的增值税专用发票。增值税专用发票是指增值税纳税人销售货物或者提供应税劳务时开具的发票，是购买方支付增值税税额并可按照增值税有关规定抵扣增值税进项税额的凭证。

为落实中共中央办公厅、国务院办公厅印发的《关于进一步深化税收征管改革的意见》要求，全面推进税收征管数字化升级和智能化改造，降低征纳成本，国家税务总局建设了全国统一的电子发票服务平台。国家税务总局自 2021 年 12 月 1 日起在试点地区开始推行全面数字化的电子发票（以下简称"数电票"）。目前，按照国家税务总局的推广进度安排，数电票受票范围已推广至全国。

数电票与现有纸质和电子发票具有同等法律效力和基本用途。数电票的基本内容主要包括发票号码、开票日期、购买方信息、销售方信息、项目名称、规格型号、单位、数量、单价、金额、税率/征收率、税额、合计、价税合计（大写、小写）、备注、开票人等。

增值税纳税人发生应税销售行为需要开具增值税专用发票的，可以通过电子发票服务平台开具电子发票（增值税专用发票）。电子发票（增值税专用发票）的填制示例如图 4-7 所示。

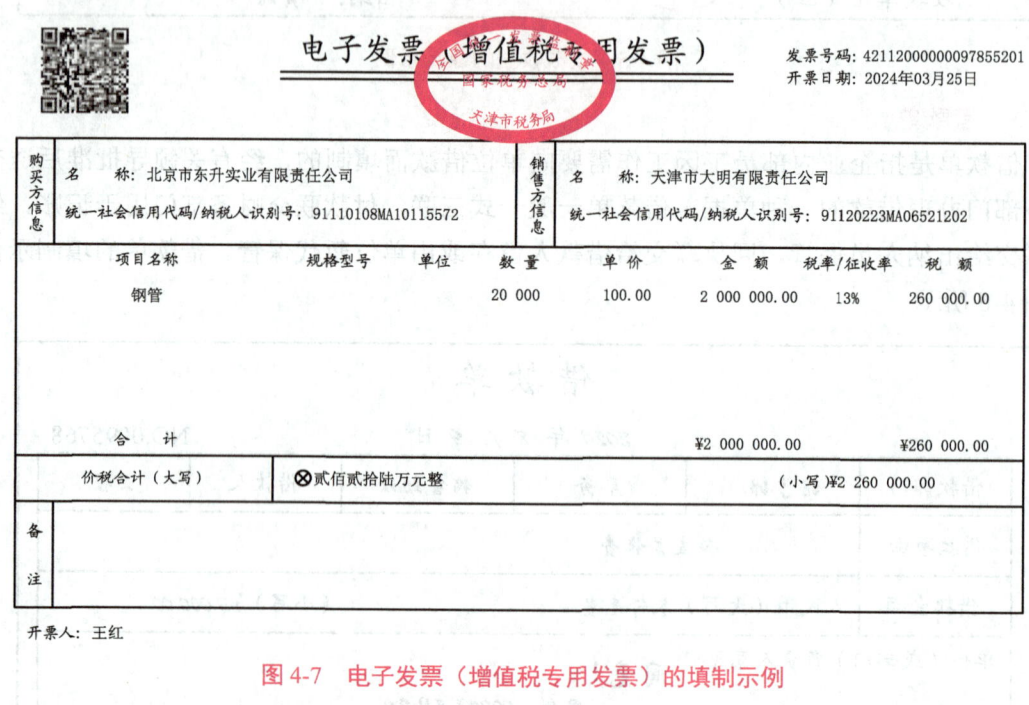

图 4-7　电子发票（增值税专用发票）的填制示例

（三）原始凭证的审核

根据《会计法》，会计机构、会计人员必须按照国家统一的会计制度的规定对原始凭证进行审核，对不真实、不合法的原始凭证有权不予接受，并向单位负责人报告；对记载不准确、不完整的原始凭证予以退回，并要求按照国家统一的会计制度的规定更正、补充。

原始凭证的审核主要包括以下几个方面。

1. 合法性审核

审核原始凭证所记录的经济业务是否符合国家法律法规，是否履行了规定的凭证传递和审核程序。

2. 合理性审核

审核原始凭证所记录的经济业务是否符合企业生产经营活动的需要，是否符合有关的计划和预算等。

3. 完整性审核

审核原始凭证的各项基本内容是否齐全，是否有漏项情况，日期是否完整，有关人员的签章是否齐全，凭证联次是否完整，等等。

4. 真实性审核

审核原始凭证所记录的经济业务的内容及有关数据等是否真实，与实际情况是否一致。外来原始凭证必须有填制单位的公章和填制人员的签章；自制原始凭证必须有经办部门和经办人员的签名或者盖章。此外，对于通用原始凭证，还应审核凭证本身的真实性，以防假冒。

5. 正确性审核

审核原始凭证记载的各项内容是否正确，包括：① 接受原始凭证单位的名称是否正确；② 金额的计算与填写是否正确；③ 对错误的更正是否正确。

6. 及时性审核

原始凭证应当在经济业务发生或完成时及时填制并传递。会计人员在审核原始凭证时应注意审查凭证的填制日期，尤其是支票、银行本票、银行汇票等时效性较强的原始凭证，更应仔细审查其签发日期。

经典例题

【例 4-1】 2024 年 9 月 30 日，圣达机械加工厂从京宏贸易有限公司购入的 500 千克铸铁到达并验收入库，货款为 120 000 元，运费为 500 元，发票号码为 42765101，收料仓库为 1 号仓库。请对圣达机械加工厂填制的收料单（见图 4-8）进行审核，如有错误，请说明存在的错误及更正方法。

收料单

供货单位：京宏贸易有限公司　　2024 年 9 月 30 日　　收料仓库：1号仓库
发票号码：42765110　　　　　　　　　　　　　　　　　　收料单编号：010

编号	名称	规格	单位	数量		实际成本			
				应收	实收	单价	金额	采购费用	合计
001	铸铁		千克	5 000	5 000	240.00	120 000.00	500.00	125 000.00
备注									

采购员：杨柳　　检验员：陈天　　记账员：王金　　保管员：刘云山

图 4-8　圣达机械加工厂填制的收料单

该收料单存在的错误及更正方法为：① 发票号码填写错误，应为"42765101"；② 应收数量和实收数量填写错误，应为"500"；③ 实际成本合计计算错误，应为"120 500.00"。

二、填制和审核记账凭证

（一）填制记账凭证的基本要求

记账凭证的填制除了要做到内容完整、书写清楚和规范，还必须符合下列要求。

（1）除了结账和更正错账的记账凭证可以不附原始凭证，其他记账凭证必须附原始凭证。

（2）记账凭证可以根据单张原始凭证填制，也可以根据若干张同类原始凭证汇总填制，还可以根据原始凭证汇总表填制，但不得将不同内容和类别的原始凭证汇总填制在一张记账凭证上。

（3）记账凭证应连续编号。记账凭证编号的方法有多种，可以采用顺序编号法，即将所有的记账凭证按日期顺序编号；也可以按收、付、转三类分别编号，如"收字第××号""付字第××号""转字第××号"；还可以按现金收入、现金支出、银行存款收入、银行存款支出和转账五类进行编号，如"现收字第××号""现付字第××号""银收字第××号""银付字第××号""转字第××号"。如果一笔经济业务需要填制两张以上（含两张）记账凭证，则可以采用分数编号法编号，如转字第 $3\frac{1}{3}$ 号、转字第 $3\frac{2}{3}$ 号、转字第 $3\frac{3}{3}$ 号。为便于监督，反映付款业务的会计凭证不得由出纳人员编号。

（4）填制记账凭证时若发生错误，则应当重新填制。已登记入账的记账凭证在当年内发现填制错误时，可以用红字填制一张与原错误记账凭证内容相同的记账凭证，在摘要栏内注明"注销某月某日某号凭证"字样，同时用蓝字重新填制一张正确的记账凭证，在摘要栏内注明"订正某月某日某号凭证"字样。如果会计科目没有错误，只是金额错误，也可以按正确数字与错误数字之间的差额另填制一张调整的记账凭证，调增金额用蓝字，调减金额用红字。发现以前年度记账凭证有错误的，应当用蓝字填制一张更正的记账凭证。

（5）记账凭证填制完成后，若有空行，则应当自金额栏最后一笔金额数字下的空行处至合计数上的空行处画线注销。

（二）填制记账凭证的方法

1. 填制专用记账凭证的方法

1）填制收款凭证的方法

收款凭证是根据审核无误的有关库存现金和银行存款收款业务的原始凭证填制的。收款凭证左上角的"借方科目"栏应按收款的性质填写"库存现金"或"银行存款"科目；日期应填写填制该收款凭证的日期；右上角应填写该收款凭证的编号；"摘要"栏应填写对所记录的经济业务的简要说明；"贷方科目"栏应填写与"库存现金"或"银行存款"科目相对应的总账科目和明细科目；"√"是该收款凭证已登记会计账簿的标记，防止重记或漏记;"金额"栏应填写所记录的经济业务的实际发生额;收款凭证右边的"附单据×张"应填写该收款凭证所附原始凭证的张数;最下面应分别由有关人员签名或者盖章,以明确经济责任。

> **经典例题**
>
> 【例4-2】 2024年6月1日,A公司向中国银行借入短期借款20 000元,款项已存入银行。这是A公司6月份第1笔银行存款收款业务,附单据1张。该笔业务的收款凭证如图4-9所示。
>
>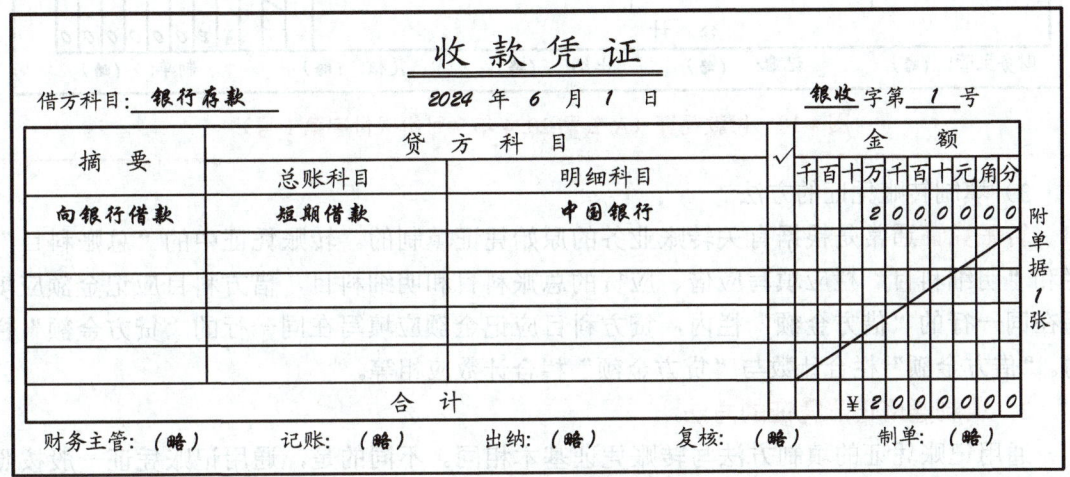
>
> 图4-9 收款凭证(A公司2024年6月份银收字第1号)

2)填制付款凭证的方法

付款凭证是根据审核无误的有关库存现金和银行存款付款业务的原始凭证填制的。付款凭证的填制方法与收款凭证基本相同,不同的是在付款凭证的左上角应填写贷方科目,即"库存现金"或"银行存款"科目,"借方科目"栏应填写与"库存现金"或"银行存款"科目相对应的总账科目和明细科目。

对于涉及库存现金和银行存款之间的相互划转业务,如将现金存入银行,或从银行提取现金,为了避免重复记账,一般只填制付款凭证,不再填制收款凭证。

在实务中,出纳人员在办理收款或付款业务后,应在相应的原始凭证上加盖"收讫"或"付讫"的戳记,以免重收或重付。

> **经典例题**
>
> 【例4-3】 2024年9月1日,A公司以银行存款偿还中国银行短期借款20 000元。这是A公司9月份第1笔银行存款付款业务,附单据1张。该笔业务的付款凭证如图4-10所示。

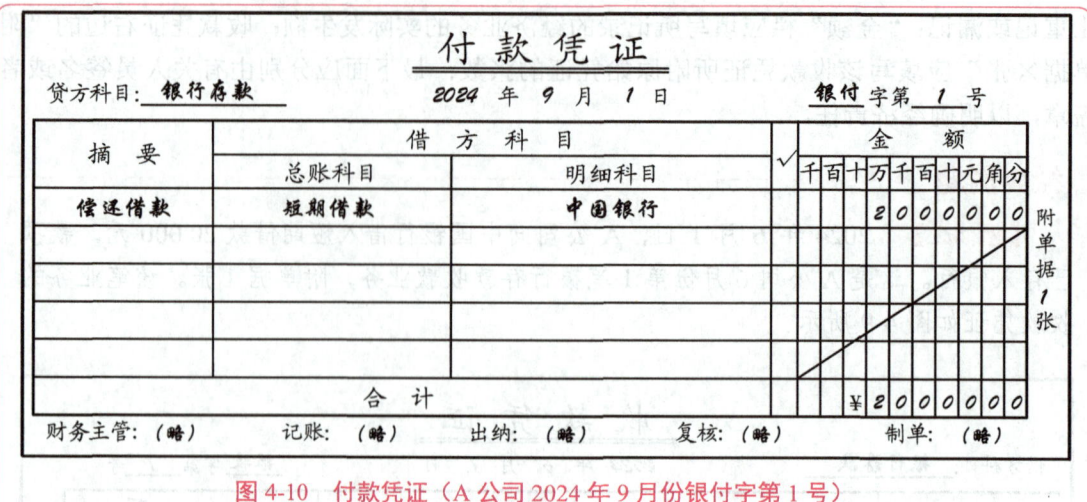

图 4-10 付款凭证（A 公司 2024 年 9 月份银付字第 1 号）

3）填制转账凭证的方法

转账凭证通常是根据有关转账业务的原始凭证填制的。转账凭证中的"总账科目"栏和"明细科目"栏应填写应借、应贷的总账科目和明细科目，借方科目应记金额应填写在同一行的"借方金额"栏内，贷方科目应记金额应填写在同一行的"贷方金额"栏内。"借方金额"栏合计数与"贷方金额"栏合计数应相等。

2. 填制通用记账凭证的方法

通用记账凭证的填制方法与转账凭证基本相同。不同的是，通用记账凭证一般按照经济业务发生的先后顺序进行编号。

经典例题

【例 4-4】 2024 年 11 月 30 日，A 公司销售部计提固定资产折旧 5 000 元。这是 A 公司 11 月份第 68 笔转账业务，附单据 1 张。该笔业务的转账凭证如图 4-11 所示。

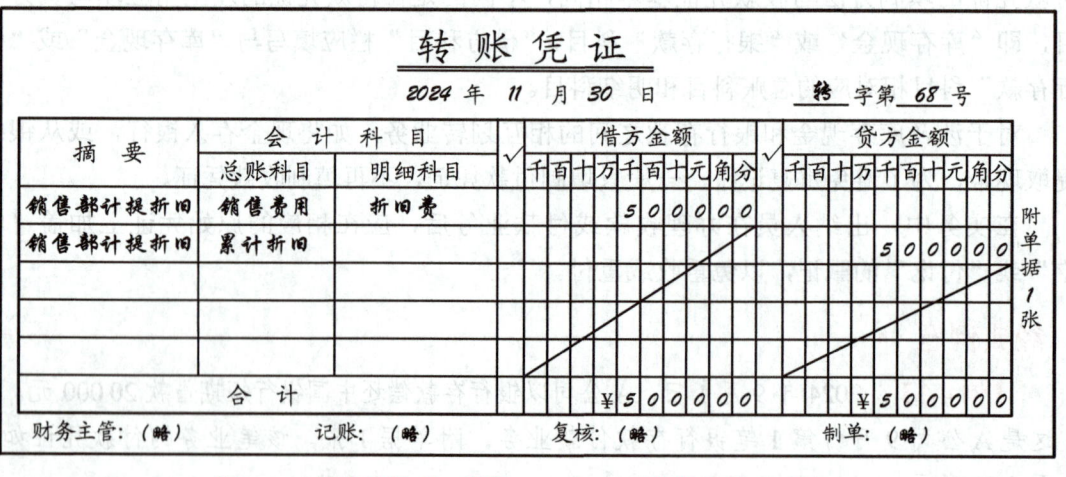

图 4-11 转账凭证（A 公司 2024 年 11 月份转字第 68 号）

如果 A 公司使用通用记账凭证，该笔业务为 A 公司 11 月份第 89 笔经济业务，则该笔业务的记账凭证如图 4-12 所示。

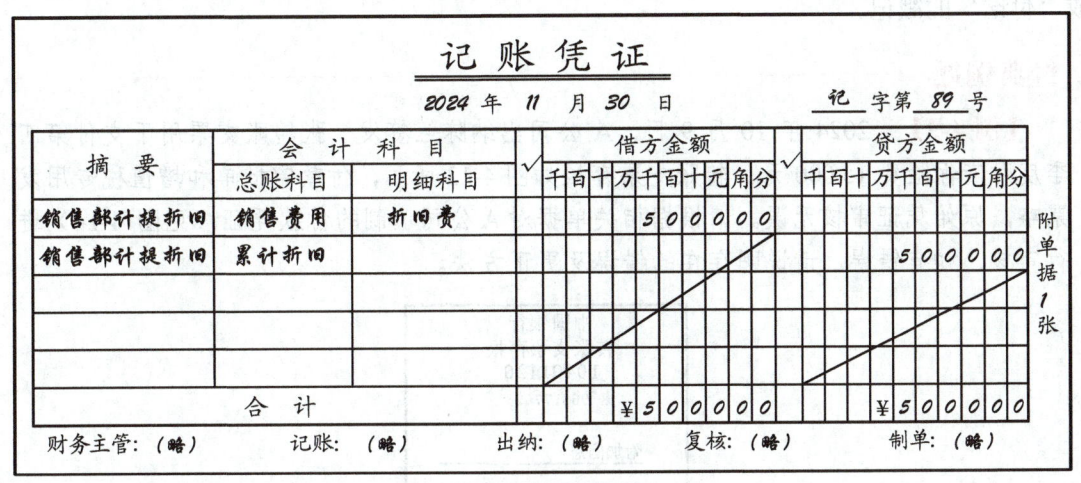

图 4-12　记账凭证（A 公司 2024 年 11 月份记字第 89 号）

（三）审核记账凭证

记账凭证填制完成后，应当由有关稽核人员对记账凭证进行严格审核，只有经过审核并确认无误的记账凭证，才能据以登记会计账簿。记账凭证的审核主要包括以下几个方面。

记账凭证与原始凭证审核的主要内容比对

1. 内容是否真实

审核记账凭证是否附有原始凭证；记账凭证记录的内容与所附原始凭证是否一致；记账凭证所列附件张数与所附原始凭证的张数是否相符。

2. 项目是否齐全

审核记账凭证的摘要是否填写清楚，日期、凭证编号、附件张数以及有关人员签章等各个项目是否填写齐全。

3. 科目是否正确

审核记账凭证上应借、应贷的会计科目对应关系是否清晰，所使用的会计科目是否符合国家统一的会计制度的规定。

4. 金额是否正确

审核记账凭证记录的金额与原始凭证的有关金额是否一致；借贷双方的金额合计是否相等；明细科目金额之和与相应的总账科目的金额是否相等。

5. 书写是否正确

审核记账凭证的文字、数字是否书写规范、清晰，发生差错是否按照规定的方法进行了更正。

6. 手续是否完备

审核出纳人员在办理收款或付款业务后,是否在相应的原始凭证上加盖了"收讫"或"付讫"的戳记。

经典例题

【例 4-5】 2024 年 10 月 9 日,A 公司出纳陈兰签发一张转账支票用于支付第四季度财产保险费 15 000 元。转账支票存根如图 4-13 所示,付款审批单和增值税专用发票略,原始凭证审核无误。请根据相关单据对 A 公司填制的付款凭证(见图 4-14)进行审核,如有错误,请说明存在的错误及更正方法。

图 4-13　A 公司转账支票存根

付款凭证

2024 年 10 月 9 日　　　银付字第 1 号

摘要	借方科目		✓	金额
	总账科目	明细科目		千百十万千百十元角分
支付财产保险费	预付账款	财产保险费		1 5 0 0 0 0 0
合计				¥ 1 5 0 0 0 0 0

贷方科目:库存现金

附单据 3 张

财务主管:(略)　记账:(略)　出纳:陈兰　复核:(略)　制单:(略)

图 4-14　A 公司填制的付款凭证

该付款凭证存在的错误及更正方法为:① 贷方科目填写错误,应为"银行存款";② 填写的摘要太简略,应为"支付第四季度财产保险费";③ 金额栏的空行处未画线注销,应自金额栏最后一笔金额数字下的空行处至合计数上的空行处画线注销。

项目四 真凭实据——把握会计凭证管理流程

 立德立信

> 正确填制和审核会计凭证是会计人员的一项基础性工作。在实际工作中，会计人员应当以相关准则和规范为自己的行动指南，并按要求进行会计核算、实施会计监督，把好会计信息大门的"第一大关"。在发生冲突时，会计人员应严格遵守法律法规，坚持准则，坚决维护国家利益、社会公众利益和正常的经济秩序。

任务实施

天华公司收到新洋公司的前欠货款，应填制收款凭证。根据任务要求，李兰填制了下列收款凭证（见图 4-15），并将该收款凭证交给财务主管文慧进行审核，经审核确认无误后由王勇据此进行记账。

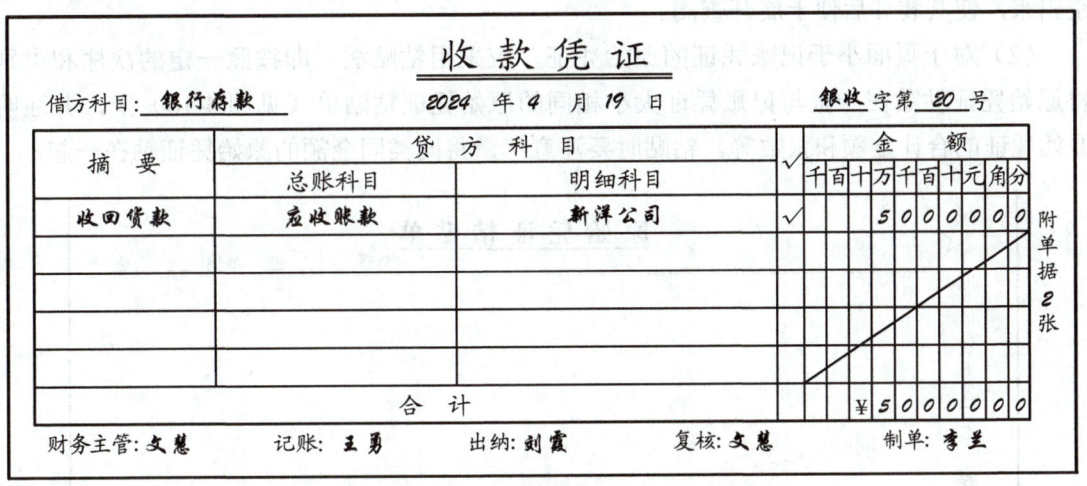

图 4-15　收款凭证（天华公司 2024 年 4 月份银收字第 20 号）

任务二　装订和保管会计凭证

任务引航

整理和装订会计凭证

1. 任务情境

2024 年 4 月 30 日，王勇交给了李兰一些当月的会计凭证，让她按照要求进行装订。李兰看了看这些会计凭证，有原始凭证，也有记账凭证。李兰决定先整理一下这些会计凭证，再进行装订。

2. 任务要求

请简要说明整理和装订会计凭证的步骤与方法。

一、装订会计凭证

（一）会计凭证的整理

在装订会计凭证之前，会计人员应先检查记账凭证是否按顺序连续编号，有无跳号或重号现象，检查每张记账凭证所附原始凭证是否齐全，然后对记账凭证及其所附的原始凭证进行分类整理。

（1）对于页面大于记账凭证的原始凭证，应采用折叠法，即按照记账凭证的大小，将原始凭证先自下向上折叠，再自右向左折叠，但要注意将原始凭证的左上角或左侧面空出来，使其装订后便于展开查阅。

（2）对于页面小于记账凭证的原始凭证，应采用粘贴法，即按照一定的次序和类别将原始凭证粘贴在一张与记账凭证大小相同的原始凭证粘贴单（见图4-16）上，并注明原始凭证的合计金额和张数等。粘贴时要注意尽量将同类同金额的原始凭证粘在一起。

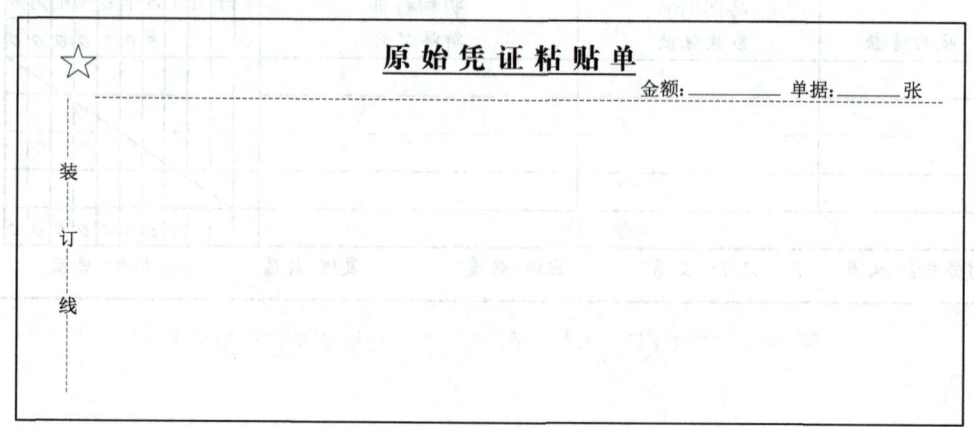

图4-16 原始凭证粘贴单

（二）会计凭证的装订成册

整理完会计凭证之后，会计人员应将会计凭证装订成册，加上封面、封底，并在装订线上加贴封签。

（1）装订会计凭证时，要求每册的厚度应基本保持一致，一般每册厚度在2～3厘米为宜，并且不能把若干张同属一份的记账凭证拆开装订在两册中，要做到易于翻阅且美观。

（2）每册会计凭证都应加上封面和封底，并且在封面上注明单位名称、日期、凭证号数、凭证类别、册数等有关事项，并由有关人员在封面上签名或者盖章。

（3）每册会计凭证都应加贴封签，以防散失或任意抽换会计凭证。

二、保管会计凭证

会计凭证作为记账的依据，是重要的会计档案和经济资料，各单位应当按规定妥善保管会计凭证。保管会计凭证应符合以下几个方面的要求。

（1）原始凭证不得外借，其他单位如果因特殊原因需要使用原始凭证时，经本单位会计机构负责人、会计主管人员批准，可以复印。向外单位提供的原始凭证复印件，应当在专设的登记簿上登记，并由提供人员和收取人员共同签名或者盖章。

（2）从外单位取得的原始凭证如果有遗失，应当取得原开出单位盖有公章的证明，并注明原来凭证的号码、金额、内容等，由经办单位会计机构负责人、会计主管人员和单位领导人批准后，才能代作原始凭证。如果确实无法取得证明，如飞机票、火车票、船票等凭证，应由当事人写出详细情况说明，由经办单位会计机构负责人、会计主管人员和单位领导人批准后，代作原始凭证。

（3）严格遵守会计凭证的保管期限要求，期满前不得任意销毁。每年装订成册的会计凭证，在会计年度终了后，可由本单位会计机构临时保管1年，期满后应当移交本单位档案管理机构登记归档并统一保管。因工作需要确实需要推迟移交的，应当经本单位档案管理机构同意，临时保管期限最长不超过3年。未设立档案管理机构的单位，应当在会计机构内部指定专人保管，但出纳人员不得兼管会计档案。根据《会计档案管理办法》，会计凭证的保管期限为30年。保管期满的会计凭证可按规定程序销毁。

会计小助手

企业会计机构通常会设置多个岗位，各岗位的职能具体如下。

（1）会计主管：统筹财务工作，审核监督财务工作。

（2）出纳：负责资金收付、票据管理及日记账登记。

（3）总账会计：进行账务处理，编制财务报表并做财务分析。

（4）往来会计：核算往来款项，与客户或供应商对账、催收款项及做账龄分析。

（5）成本会计：核算成本，进行成本控制与分析。

（6）税务会计：负责税务申报、税务筹划及税务资料管理。

需要注意的是，会计机构中一些不相容岗位需要分离，以保证企业财务工作的准确性和规范性。例如，出纳不能兼任会计档案保管，以及收入、支出、费用、债权债务账目的登记工作；总账会计和往来会计不能同时负责同一客户或供应商的核算；成本会计不能同时负责采购、销售等业务的经办工作。

任务实施

李兰整理并装订会计凭证的步骤如下。

（1）在装订会计凭证之前，先检查了记账凭证是否按顺序连续编号，是否有跳号或重号现象，然后检查了每张记账凭证所附原始凭证是否齐全。

（2）整理会计凭证时，对于页面大于记账凭证的原始凭证，采用折叠法整齐地将其折叠进去；对于页面小于记账凭证的原始凭证，采用粘贴法将其粘贴在专门的原始凭证粘贴单上。

（3）装订会计凭证时，先将整理好的会计凭证装订成册，然后加上封面、封底，并按照要求填写了会计凭证封面上的各项内容，最后在每册会计凭证的装订线上加贴封签。

岗位能力测试

一、单项选择题

1. 下列各项中，属于企业外来原始凭证的是（   ）。
   A．收料单 B．领料单
   C．费用报销单 D．职工出差报销的飞机票

2. 下列各项中，对于金额有错误的原始凭证，处理方法正确的是（   ）。
   A．由出具单位在原始凭证上更正并加盖出具单位公章
   B．由出具单位在原始凭证上更正并由经办人员签名
   C．由出具单位在原始凭证上更正并由单位负责人签名
   D．由出具单位重新开具

3. 下列各项中，企业在填制记账凭证时，应填制收款凭证的是（   ）。
   A．以银行存款偿还前欠货款 80 万元
   B．以交款提货方式销售货物 50 万元
   C．以赊销方式销售货物 100 万元
   D．以库存现金 10 万元发放工人工资

4. 下列各项中，关于记账凭证填制基本要求的表述不正确的是（   ）。
   A．填制记账凭证时若发生错误，则应当重新填制
   B．可以将不同内容和类别的原始凭证合并填制在一张记账凭证上
   C．除结账和更正错账可以不附原始凭证外，其他记账凭证必须附原始凭证
   D．记账凭证应连续编号

5. 下列各项中，对于涉及"库存现金"和"银行存款"之间的相互划转业务，企业应填制的记账凭证是（　　）。

  A．转账凭证   B．付款凭证

  C．汇总凭证   D．收款凭证

6. 每年装订成册的会计档案，在会计年度终了后，可由本单位会计机构临时保管（　　）年，再移交本单位档案管理机构保管。

  A．1   B．2   C．3   D．4

7. 根据《会计档案管理办法》，会计凭证的保管期限为（　　）年。

  A．10   B．15   C．20   D．30

二、多项选择题

1. 原始凭证按填制的手续与内容的不同可分为（　　）。

  A．通用凭证 B．汇总凭证 C．一次凭证 D．累计凭证

2. 下列各项中，属于原始凭证应当具备的基本内容的有（　　）。

  A．记账符号   B．经济业务内容

  C．经办人员的签名或者盖章 D．填制原始凭证的日期

3. 下列各项中，属于原始凭证审核内容的有（　　）。

  A．审核原始凭证所记录的经济业务是否符合国家法律法规

  B．审核原始凭证所记录的经济业务的内容及有关数据等是否真实

  C．审核原始凭证记载的各项内容是否正确

  D．审核原始凭证的各项基本内容是否齐全

4. 下列各项中，属于记账凭证基本内容的有（　　）。

  A．记账凭证的编号   B．经济业务的内容摘要

  C．应借应贷会计科目   D．所附原始凭证张数

三、判断题

1. 原始凭证是用以记录经济业务所涉及的会计科目与金额的凭据。（　　）
2. 出纳人员不得兼管会计档案。（　　）

四、综合题

（一）填制原始凭证

2024 年 8 月，福建晋江美华有限公司（以下简称"晋江美华公司"）发生的部分经济业务如下。

（1）8 月 1 日，销售部副主管王林赴上海参加商品展销会，经单位负责人批准后向财务部借差旅费 4 000 元。请代王林填制借款单（见图 4-17）。

```
                    借 款 单
                  年    月    日              NO.0000008
  ┌─────────┬──────────┬──────┬─────────┬──────┬─────────┐
  │ 借款部门 │          │ 职务 │         │ 借款人│         │
  ├─────────┼──────────┴──────┴─────────┴──────┴─────────┤
  │ 借款事由 │                                             │
  ├─────────┼──────────────────────────────┬─────────────┤
  │ 借款金额 │ 人民币（大写）                │ （小写）¥   │
  ├─────────┴──────────────────────────────┴─────────────┤
  │ 单位（或部门）负责人意见：                             │
  │                        （略）                         │
  ├──────────┬──────────┬──────────┬──────────────────────┤
  │ 审核：(略)│ 会计：(略)│ 出纳：(略)│ 借款人：              │
  └──────────┴──────────┴──────────┴──────────────────────┘
```

图 4-17　借款单（晋江美华公司）

（2）8月9日，财务部出纳许杉杉收到客户瑞安商贸有限公司现金 2 780 元，系偿还前欠货款。请代许杉杉填制收款收据（见图 4-18）。

```
                    收 款 收 据
                  年    月    日              NO.9821359
   付款单位或个人：_____
   收款事由：_____
   人民币（大写）_____（小写）¥_____
   备注：_____

   收款单位（章）：                          出纳：
```

图 4-18　收款收据（晋江美华公司）

（3）8月10日，行政部文员马田购买打印纸一箱，以现金支付 319 元，收到增值税专用发票一张。请代马田填制费用报销单（见图 4-19）。

```
                    费 用 报 销 单
   部门：                 年    月    日
  ┌─────────┬──────────────────────┬──────────────────┐
  │         │                      │    报销金额      │
  │ 费用名称 │       摘  要         ├──┬──┬──┬──┬──┬──┬──┤
  │         │                      │十万│千│百│十│元│角│分│
  ├─────────┼──────────────────────┼──┼──┼──┼──┼──┼──┼──┤
  │         │                      │  │  │  │  │  │  │  │
  ├─────────┼──────────────────────┼──┼──┼──┼──┼──┼──┼──┤
  │         │                      │  │  │  │  │  │  │  │
  ├─────────┼──────────────────────┼──┼──┼──┼──┼──┼──┼──┤
  │ 合计    │ (大写) 拾 万 仟 佰 拾 元 角 分                │
  ├─────────┴──────────────────────┴──────────────────┤
  │ 单位主管：(略)   部门主管：(略)     报销人：         │
  └───────────────────────────────────────────────────┘
```

图 4-19　费用报销单（晋江美华公司）

（二）审核原始凭证

2024 年 8 月 12 日，晋江美华公司从江苏吴江恒宇有限公司采购锦棉布 1 000 码。已知锦棉布的不含增值税单价为 9.6 元，适用的增值税税率为 13%。请根据上述信息对晋江美华公司所取得的电子发票（增值税专用发票）（见图 4-20）进行审核，并说明更正的方法。

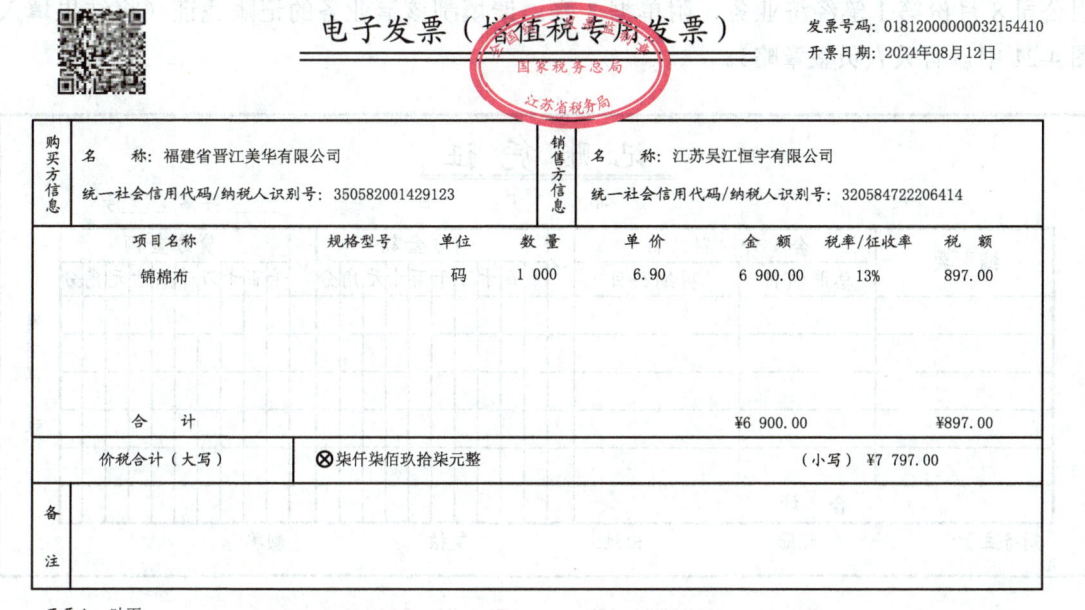

图 4-20 晋江美华公司购货所取得的电子发票（增值税专用发票）示意图

该电子发票（增值税专用发票）存在的问题及更正方法：

（三）填制记账凭证

甲公司为增值税一般纳税人，原材料按实际成本核算，使用通用记账凭证，并按经济业务发生的先后顺序进行编号。2024 年 8 月发生的部分经济业务如下。

（1）1 日，向乙公司购入 A 材料 100 千克，取得的增值税专用发票上注明的价款为 10 000 元，增值税税额为 1 300 元，材料已验收入库，款项以银行存款支付。这是甲公司 8 月份第 1 笔经济业务，附单据 3 张。请填制该笔业务的记账凭证（将结果填入图 4-21 中，有关人员签章略）。

记 账 凭 证

年　　月　　日　　　　　　____字第____号

摘要	会计科目		✓	借方金额										✓	贷方金额								
	总账科目	明细科目		千	百	十	万	千	百	十	元	角	分		千	百	十	万	千	百	十	元	角	分
合计																							

附单据　张

财务主管：　　记账：　　出纳：　　复核：　　制单：

图 4-21　记账凭证（甲公司 8 月份第 1 笔经济业务）

（2）2 日，从银行提取现金 2 000 元备用。这是甲公司 8 月份第 5 笔经济业务，附单据 1 张。请填制该笔业务的记账凭证（将结果填入图 4-22 中，有关人员签章略）。

记 账 凭 证

年　　月　　日　　　　　　____字第____号

摘要	会计科目		✓	借方金额										✓	贷方金额								
	总账科目	明细科目		千	百	十	万	千	百	十	元	角	分		千	百	十	万	千	百	十	元	角	分
合计																							

附单据　张

财务主管：　　记账：　　出纳：　　复核：　　制单：

图 4-22　记账凭证（甲公司 8 月份第 5 笔经济业务）

（3）5日，公司销售部孙强报销差旅费3 875元，以现金退回多余款125元。这是甲公司8月份第13笔经济业务，附单据5张。请填制该笔业务的记账凭证（将结果填入图4-23中，有关人员签章略）。

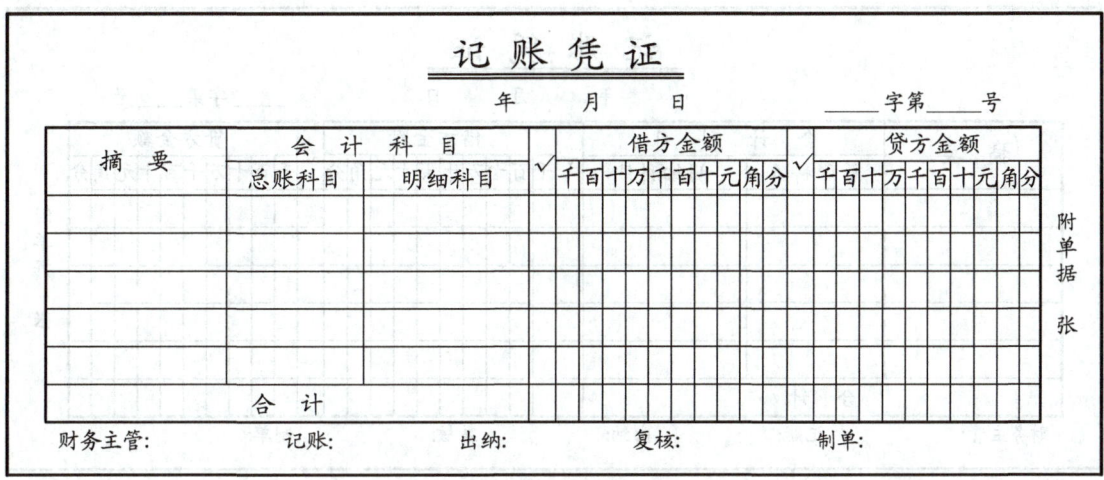

图4-23　记账凭证（甲公司8月份第13笔经济业务）

（4）8日，销售给丙公司一批产品，开出的增值税专用发票上注明的价款为20 000元，增值税税额为2 600元，产品已经发出，货款尚未收到。这是甲公司8月份第20笔经济业务，附单据2张。请填制该笔业务的记账凭证（将结果填入图4-24中，有关人员签章略）。

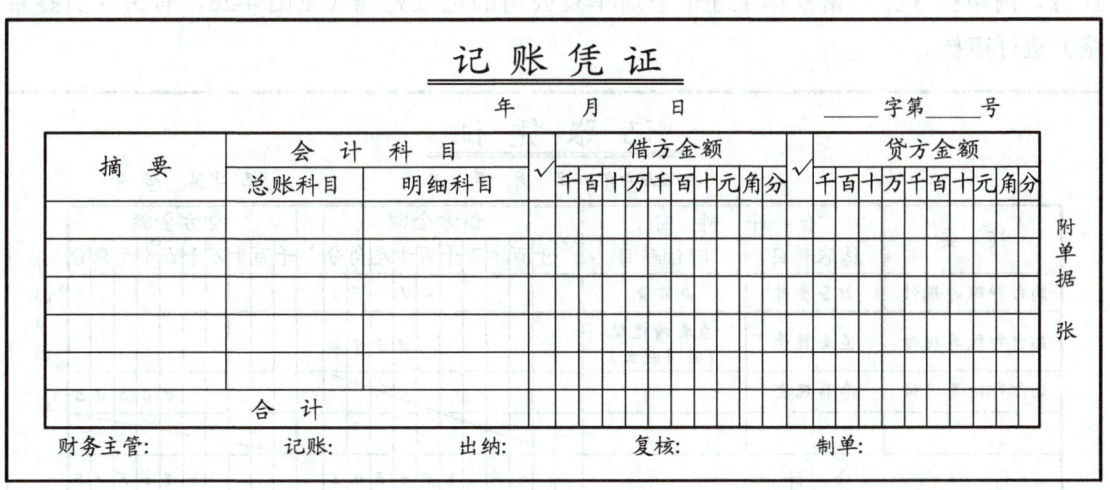

图4-24　记账凭证（甲公司8月份第20笔经济业务）

（5）10日，车间领用A材料5 000元用于生产产品。这是甲公司8月份第28笔经济业务，附单据1张。请填制该笔业务的记账凭证（将结果填入图4-25中，有关人员签章略）。

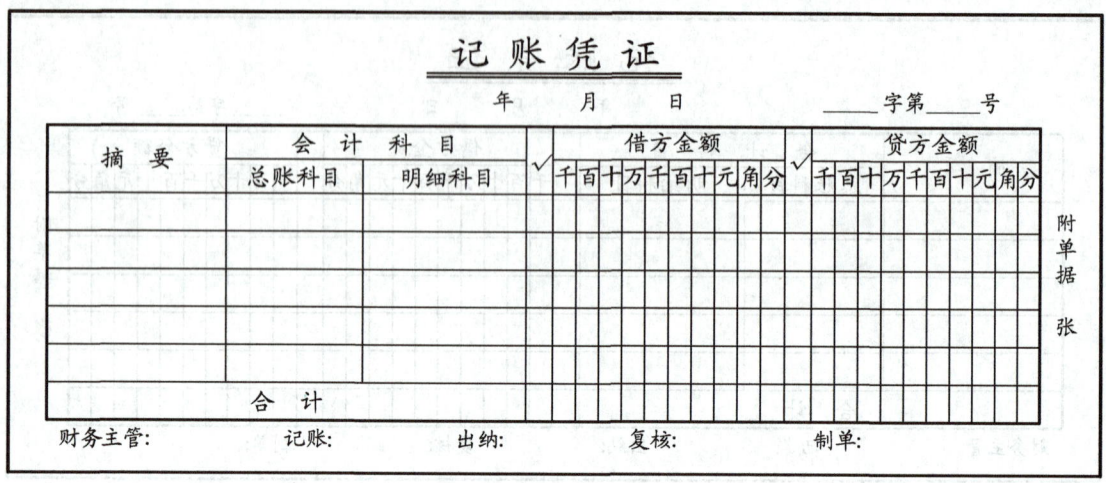

图4-25　记账凭证（甲公司8月份第28笔经济业务）

（四）审核记账凭证

2024年8月9日，浙江华夏食品有限公司（以下简称"华夏公司"）财务部的工作人员从浙江金龙商贸有限公司购买打印纸5箱，取得的增值税专用发票上注明价款为411.51元，增值税税额为53.49元，款项以现金支付。这是华夏公司8月份第10笔经济业务，附单据3张。请根据上述信息对华夏公司的记账凭证（见图4-26，有关人员签章略）进行审核。

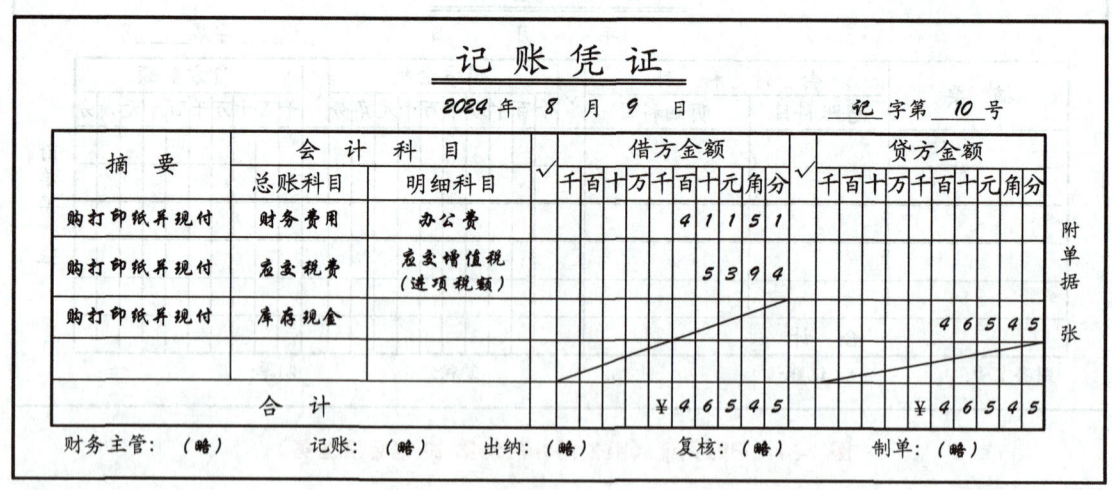

图4-26　记账凭证（华夏公司8月份记字第10号）

该记账凭证存在的问题：

（五）整理并粘贴原始凭证

准备若干张原始凭证（如火车票或餐饮增值税发票等），将其归类整理后粘贴在原始凭证粘贴单（见图4-27）上，并将原始凭证粘贴单上的"金额"和"单据张数"补充完整。

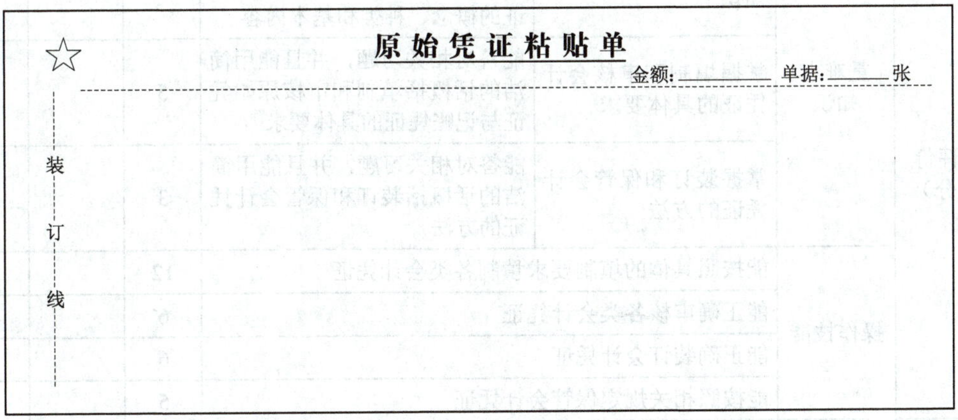

图4-27 原始凭证粘贴单（综合题）

项目考核评价

请各位学生配合指导教师共同完成如表 4-1 所示的项目考核评价表。

表 4-1　项目考核评价表

班级			组号		日期	
姓名			学号		指导教师	
项目名称			真凭实据——把握会计凭证管理流程			
评价维度	一级指标	二级指标	评价标准	分值	评分 自评	评分 师评
知识评价（40分）	重难点知识	掌握会计凭证的基础知识	能答对相关习题，并且能用简洁的话概括原始凭证与记账凭证的概念、种类和基本内容	3		
		掌握填制和审核会计凭证的具体要求	能答对相关习题，并且能用简洁的话概括填制和审核原始凭证与记账凭证的具体要求	5		
		掌握装订和保管会计凭证的方法	能答对相关习题，并且能用简洁的话概括装订和保管会计凭证的方法	3		
	操作技能	能按照具体的填制要求填制各类会计凭证		12		
		能正确审核各类会计凭证		6		
		能正确装订会计凭证		6		
		能按照相关规定保管会计凭证		5		
能力评价（30分）	自主学习能力	预习能力	能概述本项目的主要知识点	6		
		课堂学习能力	认真听讲，积极参与课堂互动	6		
		反思改进能力	反思在预习和课堂学习中出现的问题，巩固所学知识，改进学习方法	6		
	人际交往能力	团队协作能力	积极参与活动，与小组成员配合默契	6		
		沟通能力	与小组成员沟通顺畅	6		
素养评价（30分）	职业素养	主动意识	积极学习，按时完成任务	10		
		合作与竞争意识	能以平和的心态面对同学之间的合作与竞争	10		
		应用意识	能建立所学知识与实际应用场景的联系	10		
合计				100		
总评	自评（30%）+师评（70%）=			教师（签名）：		

项目五

条分缕析——核算企业主要经济业务

在学习本项目前，请思考以下问题。

- 企业计提固定资产折旧的方法有哪些？
- 企业存货的采购成本包括哪些？
- 企业应当在何时确认收入？

扫一扫右边的二维码，从会计相关法律法规中找到答案。

素养目标

（1）培养爱岗敬业的工作作风，做到"干一行，爱一行，专一行"。
（2）提高自学能力和应变能力，快速适应不同的工作环境。

知识目标

（1）了解企业的主要经济业务。
（2）掌握核算企业主要经济业务的账户设置和账务处理方法。

技能目标

能够熟练运用借贷记账法正确核算企业的主要经济业务。

会计讲堂

不同企业的经济业务各有特点，其生产经营业务流程也不尽相同。本项目主要介绍制造业企业的资金筹集、设备购置、材料采购、产品生产、商品销售和利润分配等经济业务。

（1）制造业企业通过各种渠道筹集生产经营所需资金，包括所有者权益筹资和负债筹资。进入生产经营准备阶段后，制造业企业主要使用货币资金购置机器设备等固定资产，购买原材料等生产物质资料，随后进入产品生产过程。

（2）产品生产过程也是成本和费用发生的过程。从外在形态来看，原材料等劳动对象通过加工转化为产成品；从价值形态来看，生产过程中发生的各种耗费形成制造业企业的生产费用，使用机器设备等劳动资料形成折旧费，这些耗费的总和形成了产品的生产成本。

（3）销售过程是产品价值的实现过程。在销售过程中，制造业企业通过销售产品并办理结算等收回货款或者形成债权。各项收入抵偿各项成本、费用之后的差额，形成制造业企业的利润。

（4）利润分配后，一部分资金退出制造业企业，另一部分资金以留存收益等形式继续参与制造业企业的资金流转。

制造业企业的主要经济业务如图5-1所示。

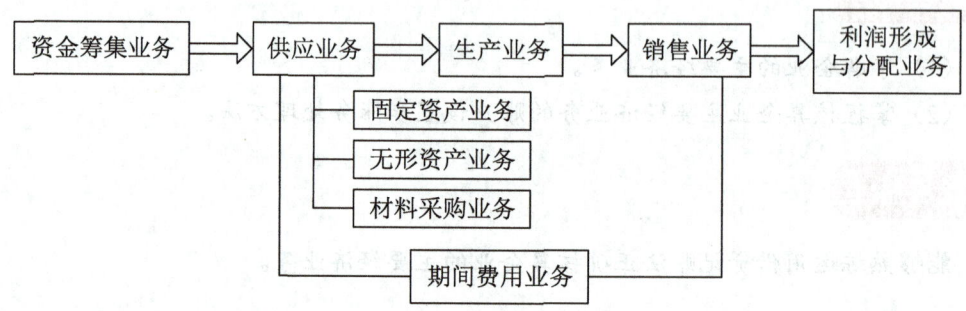

图5-1　制造业企业的主要经济业务

任务一　核算资金筹集业务

任务引航

收到投资款的账务处理

1. 任务情境

2024年5月12日，天华公司收到北京乾信有限责任公司（以下简称"乾信公司"）转来的投资款250 000元，出纳员刘霞已将该笔款项存入了公司的银行账户。该笔业务相关的原始凭证如图5-2和图5-3所示。王勇将审核无误的相关原始凭证交给了李兰，让她对该笔业务进行账务处理。

图5-2　收款收据示意图（乾信公司投资款）

图5-3　进账单的收账通知联示意图（乾信公司投资款）

2. 任务要求

请根据上述经济业务内容及相关的原始凭证编制相应的会计分录。

一、所有者权益筹资

（一）所有者投入资本的构成

我国《公司法》规定，股东可以用货币出资，也可以用实物、知识产权、土地使用权等可以用货币估价并可以依法转让的非货币财产作价出资；但是，法律、行政法规规定不得作为出资的财产除外。所有者投入资本主要包括实收资本（或股本）和资本公积。

（1）实收资本（股本）是指企业的投资者按照企业章程、合同或协议的约定，接受投资者投入企业的资本金，以及按照有关规定由资本公积、盈余公积等转增资本的资金。

（2）资本公积是指企业收到投资者出资额超出其在注册资本（或股本）中所占份额的部分，以及其他资本公积等。资本公积作为企业所有者权益的重要组成部分，主要用于转增资本。

（二）账户设置

1. "实收资本（或股本）"账户

"实收资本"账户（股份有限公司为"股本"账户）属于所有者权益类账户，用以核算企业实际收到的投资者投入的资本。其贷方登记企业收到投资者符合注册资本的出资额，借方登记企业按照法定程序报经批准减少的注册资本额。期末余额在贷方，反映企业实有的资本额。该账户应按投资者设置明细账户，进行明细核算。其账户结构如图5-4所示。

借方	实收资本	贷方
企业按照法定程序报经批准减少的注册资本额	企业收到投资者符合注册资本的出资额	
	企业实有的资本额	

图5-4 "实收资本"账户

2. "资本公积"账户

"资本公积"账户属于所有者权益类账户，用以核算企业资本公积的增减变动情况。其贷方登记资本公积的增加额，借方登记资本公积的减少额。期末余额在贷方，反映企业资本公积的结余额。该账户可按资本公积的来源，设置"资本溢价（或股本溢价）""其他资本公积"明细账户，进行明细核算。其账户结构如图5-5所示。

借方	资本公积	贷方
资本公积的减少额	资本公积的增加额	
	企业资本公积的结余额	

图5-5 "资本公积"账户

3. "银行存款"账户

"银行存款"账户属于资产类账户，用以核算企业银行存款的收入、支出和结存情况。其借方登记企业银行存款的增加额，贷方登记企业银行存款的减少额。期末余额在借方，反映企业期末实际持有的银行存款的金额。该账户可按开户银行、其他金融机构、存款类型等设置明细账户，进行明细核算。其账户结构如图5-6所示。

借方	银行存款	贷方
企业银行存款的增加额	企业银行存款的减少额	
企业期末实际持有的银行存款的金额		

图5-6 "银行存款"账户

（三）账务处理

企业接受投资者投入的资本，借记"银行存款""固定资产""无形资产"等科目，按其在注册资本或股本中所占份额，贷记"实收资本（或股本）"科目，按其差额，贷记"资本公积——资本溢价（或股本溢价）"科目。

> **经典例题**
>
> 【例5-1】 甲、乙共同投资设立A有限责任公司（以下简称"A公司"），注册资本为1 000 000元，甲、乙各出资500 000元。A公司已如期收到各投资者一次缴足的款项。假定不考虑其他因素，A公司应编制如下会计分录。
>
> 借：银行存款　　　　　　　　　　　　　　　　　　1 000 000
> 　　贷：实收资本——甲　　　　　　　　　　　　　　　500 000
> 　　　　　　　　——乙　　　　　　　　　　　　　　　500 000
>
> 【例5-2】 承【例5-1】，一年后，为扩大经营规模，经批准，A公司注册资本增加到1 500 000元，并引入第三方投资者丙。按照投资协议，丙需要缴入现金550 000元，同时享有A公司1/3的股份。A公司已收到该现金投资。假定不考虑其他因素，A公司应编制如下会计分录。
>
> 借：银行存款　　　　　　　　　　　　　　　　　　550 000
> 　　贷：实收资本——丙　　　　　　　　　　　　　　　500 000
> 　　　　资本公积——资本溢价　　　　　　　　　　　　50 000

二、负债筹资

（一）负债筹资的构成

负债筹资主要包括短期借款、长期借款及结算形成的负债等。

（1）短期借款是指企业向银行或其他金融机构等借入的期限在1年以内（含1年）的各种款项。

（2）长期借款是指企业向银行或其他金融机构等借入的期限在1年以上（不含1年）的各种款项。

（3）结算形成的负债主要有应付账款、应付职工薪酬和应交税费等。

（二）账户设置

1."短期借款"账户

"短期借款"账户属于负债类账户，用以核算企业短期借款的取得、偿还等情况。其贷方登记取得短期借款的本金金额，借方登记偿还短期借款的本金金额。期末余额在贷方，反映企业尚未偿还的短期借款金额。该账户可按借款类型、贷款人和币种设置明细账户，进行明细核算。其账户结构如图5-7所示。

借方	短期借款	贷方
偿还短期借款的本金金额		取得短期借款的本金金额
		企业尚未偿还的短期借款金额

图5-7 "短期借款"账户

2."长期借款"账户

"长期借款"账户属于负债类账户，用以核算企业长期借款的取得、偿还等情况。其贷方登记借入的长期借款本金及其利息，借方登记偿还的长期借款本金及其利息。期末余额在贷方，反映企业期末尚未偿还的长期借款金额。该账户可按贷款单位和贷款类型，设置"本金""利息调整"等明细账户，进行明细核算。其账户结构如图5-8所示。

借方	长期借款	贷方
偿还的长期借款本金及其利息		借入的长期借款本金及其利息
		企业期末尚未偿还的长期借款金额

图5-8 "长期借款"账户

3. "应付利息"账户

"应付利息"账户属于负债类账户，用以核算企业应付利息的发生、支付情况。其贷方登记按照合同约定计算的应付利息，借方登记实际支付的利息。期末余额在贷方，反映企业应付未付的利息。该账户可按债权人设置明细账户，进行明细核算。其账户结构如图 5-9 所示。

借方	应付利息	贷方
实际支付的利息	按照合同约定计算的应付利息	
	企业应付未付的利息	

图 5-9 "应付利息"账户

4. "财务费用"账户

"财务费用"账户属于损益类账户，用以核算企业财务费用的发生和结转情况。其借方登记企业发生的各项财务费用，贷方登记期末转入"本年利润"账户的财务费用，结转后，该账户应无余额。该账户可按费用项目设置明细账户，进行明细核算。其账户结构如图 5-10 所示。

借方	财务费用	贷方
企业发生的各项财务费用	期末转入"本年利润"账户的财务费用	

图 5-10 "财务费用"账户

会计小助手

企业为购建或生产满足资本化条件的资产发生的应予资本化的借款费用，通过"在建工程"等账户核算，不通过"财务费用"账户核算。

（三）账务处理

1. 短期借款的账务处理

企业取得短期借款时，借记"银行存款"科目，贷记"短期借款"科目；短期借款到期偿还本金时，做相反的会计分录。

资产负债表日，应按计算确定的短期借款的利息费用，借记"财务费用"科目，贷记"银行存款""应付利息"等科目。

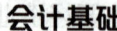

> **经典例题**
>
> 【例 5-3】 2024 年 1 月 1 日,大远公司向银行借入一笔短期借款用于生产经营,共计 120 000 元,期限为 9 个月,年利率为 4%。根据大远公司与银行签署的借款协议,该笔借款的本金到期后一次归还,利息分月计提,按季支付。大远公司应编制如下会计分录。
>
> (1)1 月 1 日,借入短期借款。
>
> 借:银行存款　　　　　　　　　　　　　　　　　　120 000
> 　　贷:短期借款　　　　　　　　　　　　　　　　　120 000
>
> (2)1 月末,计提 1 月份利息。
>
> 本月应计提的利息=120 000×4%÷12=400(元)
>
> 借:财务费用　　　　　　　　　　　　　　　　　　　　400
> 　　贷:应付利息　　　　　　　　　　　　　　　　　　　400
>
> 2 月末,计提 2 月份利息的会计处理与 1 月份相同。
>
> (3)3 月末,支付第一季度银行借款利息。
>
> 借:财务费用　　　　　　　　　　　　　　　　　　　　400
> 　　应付利息　　　　　　　　　　　　　　　　　　　　800
> 　　贷:银行存款　　　　　　　　　　　　　　　　　1 200
>
> 第二、三季度的会计处理同上。
>
> (4)10 月 1 日,偿还银行借款本金。
>
> 借:短期借款　　　　　　　　　　　　　　　　　　120 000
> 　　贷:银行存款　　　　　　　　　　　　　　　　　120 000

2. 长期借款的账务处理

企业借入长期借款,应按实际收到的金额,借记"银行存款"科目,按借款本金贷记"长期借款——本金"科目,若存在差额,则还应借记"长期借款——利息调整"科目。

资产负债表日,应按确定的长期借款的利息费用,借记"在建工程""制造费用""财务费用""研发支出"等科目;按确定的应付未付利息,贷记"应付利息"(分期付息到期一次还本情况下计提的应付未付利息)或"长期借款——应计利息"(到期一次还本付息情况下计提的应付未付利息)科目;按其差额,贷记"长期借款——利息调整"科目。

经典例题

【例 5-4】 2022 年 11 月 30 日，大远公司从银行借入资金 4 000 000 元，借款期限为 2 年，年利率为 8.4%（到期一次还本付息，单利计息，合同利率与实际利率一致），所借款项已存入银行。大远公司应编制如下会计分录。

（1）2022 年 11 月 30 日，取得借款。

借：银行存款　　　　　　　　　　　　　　　　　　4 000 000
　　贷：长期借款——本金　　　　　　　　　　　　　　　　4 000 000

（2）2022 年 12 月 31 日，计提长期借款利息。

2022 年 12 月 31 日计提的长期借款利息 = 4 000 000 × 8.4% ÷ 12 = 28 000（元）

借：财务费用　　　　　　　　　　　　　　　　　　28 000
　　贷：长期借款——应计利息　　　　　　　　　　　　　　28 000

2023 年 1 月至 2024 年 10 月月末计提长期借款利息的会计处理同上。

（3）2024 年 11 月 30 日，偿还银行借款本息。

借：财务费用　　　　　　　　　　　　　　　　　　28 000
　　长期借款——本金　　　　　　　　　　　　　　4 000 000
　　　　　　——应计利息　　　　　（28 000 × 23）644 000
　　贷：银行存款　　　　　　　　　　　　　　　　　　4 672 000

任务实施

李兰根据相关的原始凭证编制了如下会计分录。

借：银行存款　　　　　　　　　　　　　　　　　　250 000
　　贷：实收资本——乾信公司　　　　　　　　　　　　　　250 000

任务二　核算生产准备业务

任务引航

购入材料的账务处理

1. 任务情境

2024 年 5 月 18 日，天华公司从上海衣纺有限责任公司（以下简称"衣纺公司"）购入甲材料 1 000 套，单价为 50 元，价款共计 50 000 元，增值税税额为 6 500 元，以电汇的方式结算货款，材料尚未验收入库。该笔业务相关的原始凭证如图 5-11 和图 5-12 所示。王勇将审核无误的相关原始凭证交给了李兰，让她对该笔业务进行账务处理。

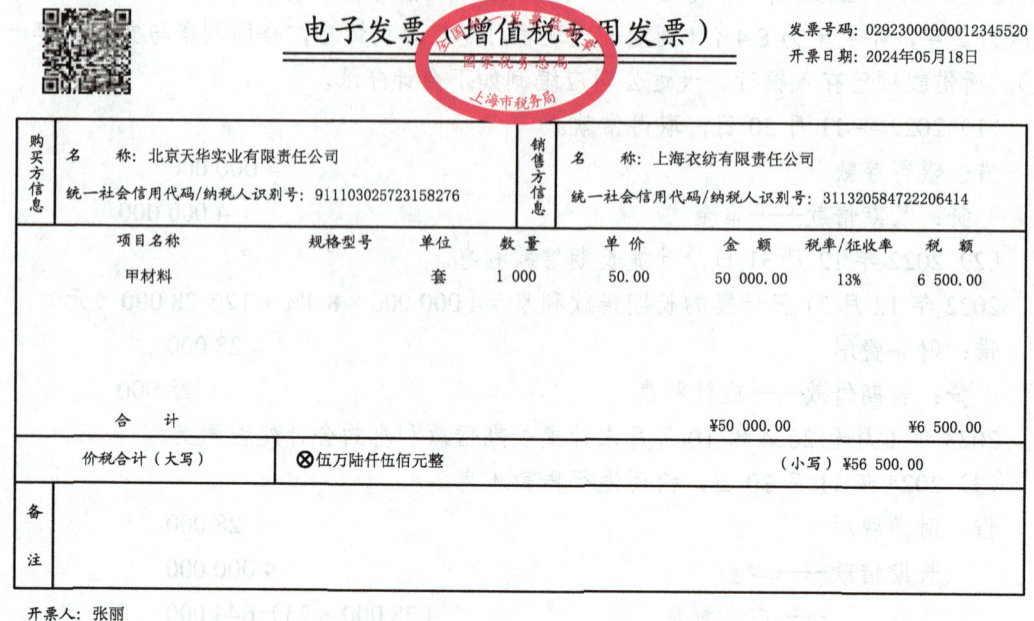

图 5-11 天华公司购入材料所取得的电子发票（增值税专用发票）示意图

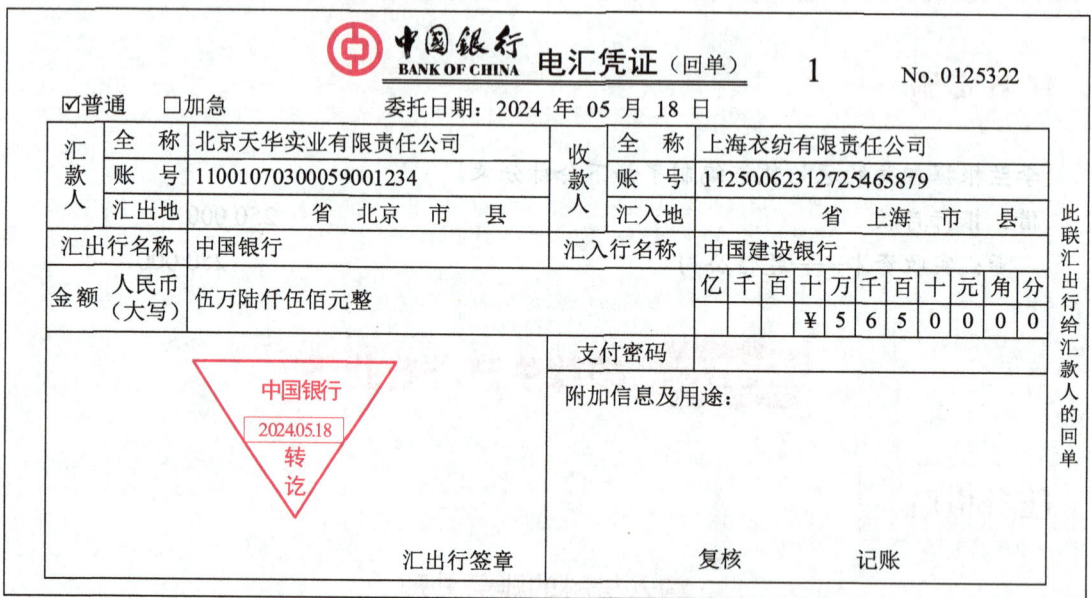

图 5-12 天华公司汇款所取得的电汇凭证（回单）示意图

2. 任务要求

已知天华公司采用实际成本法进行材料日常核算，请根据上述经济业务内容及相关的原始凭证编制相应的会计分录。

一、固定资产业务

（一）固定资产的概念与特征

固定资产是指为生产商品、提供劳务或者经营管理而持有的，且使用寿命超过一个会计年度的有形资产。从固定资产的概念可以看出，作为企业的固定资产，应同时具有以下三个特征。

（1）企业的固定资产属于一种有形资产。这一特征将固定资产与无形资产区别开来。

（2）企业的固定资产是用于生产商品、提供劳务、出租或者经营管理的，而不是直接用于出售。这一特征将固定资产与直接用于出售的存货区别开来。

（3）企业使用固定资产的期限超过一个会计年度。这一特征将其与流动资产区别开来，表明固定资产能在超过一个会计年度的时间里为企业创造经济利益。

（二）固定资产的成本

固定资产的成本是指企业购建某项固定资产达到预定可使用状态前所发生的一切合理的、必要的支出。企业可以通过外购、自行建造、投资者投入、非货币性资产交换、债务重组等方式取得固定资产。不同取得方式下，固定资产成本的具体构成内容及其确认方法也不尽相同。

1. 外购固定资产的成本

企业外购的固定资产，应按实际支付的购买价款、相关税费、使固定资产达到预定可使用状态前所发生的可归属于该项资产的运输费、装卸费、安装费和专业人员服务费等，作为固定资产的取得成本。其中，相关税费不包括按照现行增值税制度规定，可以从销项税额中抵扣的增值税进项税额。

会计小助手

企业以一笔款项购入多项没有单独标价的固定资产，应将各项资产单独确认为固定资产，并按各项固定资产公允价值的比例对总成本进行分配，分别确定各项固定资产的成本。

2. 自行建造固定资产的成本

企业自行建造的固定资产，应按建造该项资产达到预定可使用状态前所发生的必要支出，作为固定资产的成本。

3. 投资者投入固定资产的成本

接受固定资产投资的企业，在办理固定资产移交手续之后，应按投资合同或协议约定的价值加上应支付的相关税费作为固定资产的入账价值，但合同或协议约定价值不公允的除外。

（三）固定资产折旧

固定资产折旧是指企业在固定资产使用寿命内，按照确定的方法对应计折旧额进行系统分摊。其中，应计折旧额是指应当计提折旧的固定资产原价扣除其预计净残值后的金额；已计提减值准备的固定资产，还应当扣除已计提的固定资产减值准备累计金额。

1. 固定资产折旧的影响因素

（1）固定资产原价是指固定资产的成本。

（2）预计净残值是指假定固定资产预计使用寿命已满并处于使用寿命终了时的预期状态，企业目前从该项资产处置中获得的扣除预计处置费用后的金额。

（3）固定资产的使用寿命是指企业使用固定资产的预计期间，或者该固定资产所能生产产品或提供劳务的数量。

（4）固定资产减值准备是指固定资产已计提的固定资产减值准备累计金额。固定资产计提减值准备后，应在剩余使用寿命内根据调整后的固定资产账面价值和预计净残值重新计算折旧率和折旧额。

2. 固定资产的折旧范围

除已提足折旧仍继续使用的固定资产和单独计价入账的土地外，企业应当对所有固定资产计提折旧。在确定固定资产的折旧范围时，还应注意以下几点。

（1）固定资产应当按月计提折旧。当月增加的固定资产，当月不计提折旧，从下月起计提折旧；当月减少的固定资产，当月仍计提折旧，从下月起不计提折旧。

（2）固定资产提足折旧后，不论能否继续使用，均不再计提折旧；提前报废的固定资产，也不再补提折旧。提足折旧是指已经提足该项固定资产的应计折旧额。

> **会计小助手**
>
> 已达到预定可使用状态但尚未办理竣工决算的固定资产，应当按照估计价值确定其成本，并计提折旧；待办理竣工决算后，再按实际成本调整原来的暂估价值，但不需要调整已计提的折旧额。

3. 固定资产的折旧方法

企业可选用的折旧方法有年限平均法、工作量法、双倍余额递减法和年数总和法等。固定资产折旧方法不同，固定资产使用寿命内不同时期的折旧费用也不同。企业应当根据与固定资产有关的经济利益的预期实现方式，合理选择固定资产折旧方法。固定资产折旧方法一经确定，不得随意变更。

1）年限平均法

年限平均法又称"直线法"，是指将固定资产的应计折旧额均衡地分摊到固定资产预计使用寿命内的一种方法。采用这种方法计算的每期折旧额是相等的。

年限平均法的计算公式如下。

年折旧率＝（1－预计净残值率）÷预计使用寿命（年）×100%

月折旧率＝年折旧率÷12

月折旧额＝固定资产原价×月折旧率

年限平均法

年限平均法的优点是计算简便，适用于各个时期使用程度和使用效率大致相同的固定资产。

> **经典例题**
>
> 【例5-5】 某企业外购一台设备，原价为100 000元，预计可使用20年，预计净残值率为4%。该设备的折旧率和月折旧额的计算如下。
>
> 年折旧率＝（1－4%）÷20＝4.8%
>
> 月折旧率＝4.8%÷12＝0.4%
>
> 月折旧额＝100 000×0.4%＝400（元）

2）工作量法

工作量法是指根据实际工作量计算每期应提折旧额的一种方法。其计算公式如下。

单位工作量折旧额＝固定资产原价×（1－预计净残值率）÷预计总工作量

某项固定资产月折旧额＝该项固定资产当月工作量×单位工作量折旧额

工作量法的优点是能够使每期提取的折旧额与固定资产在当期时间的使用程度相一致，使用程度越高，工作量越大，提取的折旧额就越大。因此，该方法较适用于磨损程度与完成工作量成正比例关系的固定资产，或在使用期限内不能均衡使用的固定资产。

> **经典例题**
>
> 【例5-6】 甲公司的一辆运货卡车的原价为600 000元，预计总行驶里程为500 000千米，预计报废时的净残值率为5%，本月行驶4 000千米。该辆汽车的月折旧额计算如下。
>
> 单位里程折旧额＝600 000×（1－5%）÷500 000＝1.14（元/千米）
>
> 本月折旧额＝4 000×1.14＝4 560（元）

3）双倍余额递减法

双倍余额递减法是指在不考虑固定资产预计净残值的情况下，根据每期期初固定资产原价减去累计折旧后的金额和双倍的直线法折旧率计算固定资产折旧额的一种方法。应用这种方法计算折旧额时，由于每年年初固定资产净值没有扣除预计净残值，所以在计算固定资产折旧额时，应在其折旧年限到期前两年内，将固定资产净值扣除预计净残值后的余额平均摊销。其计算公式如下。

$$年折旧率 = 2 \div 预计使用寿命（年）\times 100\%$$

$$月折旧率 = 年折旧率 \div 12$$

$$月折旧额 = （固定资产原价 - 累计折旧）\times 月折旧率$$

经典例题

【例 5-7】 甲公司一项固定资产的原价为 1 000 000 元，预计使用年限 5 年，预计净残值为 4 000 元。按双倍余额递减法计提折旧，每年的折旧额计算如下。

年折旧率 = 2 ÷ 5 × 100% = 40%

第 1 年应计提的折旧额 = 1 000 000 × 40% = 400 000（元）

第 2 年应计提的折旧额 =（1 000 000 - 400 000）× 40% = 240 000（元）

第 3 年应计提的折旧额 =（1 000 000 - 400 000 - 240 000）× 40% = 144 000（元）

从第 4 年起改用年限平均法（直线法）计提折旧：

第 4 年、第 5 年的年折旧额 =（1 000 000 - 400 000 - 240 000 - 144 000 - 4 000）÷ 2 = 106 000（元）

4）年数总和法

年数总和法，又称"年限合计法"，是指将固定资产的原价减去预计净残值后的余额，乘以一个以固定资产尚可使用寿命为分子、以预计使用寿命逐年数字之和为分母的逐年递减的分数计算每年的折旧额。其计算公式如下。

$$年折旧率 = 尚可使用寿命 \div 预计使用寿命的年数总和 \times 100\%$$

$$月折旧率 = 年折旧率 \div 12$$

$$月折旧额 = （固定资产原价 - 预计净残值）\times 月折旧率$$

经典例题

【例 5-8】 承【例 5-7】，若采用年数总和法，计算的各年折旧额如表 5-1 所示。

表 5-1 年数总和法折旧额计算表

单位：元

年份	尚可使用年限	原价 - 净残值	变动折旧率	年折旧额	累计折旧
1	5	996 000	5/15	332 000	332 000
2	4	996 000	4/15	265 600	597 600
3	3	996 000	3/15	199 200	796 800
4	2	996 000	2/15	132 800	929 600
5	1	996 000	1/15	66 400	996 000

会计小助手

固定资产在其使用过程中，因所处经济环境、技术环境及其他环境均有可能发生很大变化，企业至少应当于每年年度终了，对固定资产的使用寿命、预计净残值和折旧方法进行复核。

固定资产使用寿命、预计净残值和折旧方法的改变，应作为会计估计变更进行会计处理。企业应当按照《企业会计准则第28号——会计政策、会计估计变更和差错更正》及其应用指南的规定，披露会计政策和会计估计变更及差错更正的情况。

（四）账户设置

1."工程物资"账户

"工程物资"账户属于资产类账户，用以核算企业为在建工程而准备的各种物资的实际成本。其借方登记企业购入工程物资的成本，贷方登记企业领用工程物资的成本。期末余额在借方，反映企业为在建工程准备的各种物资的成本。其账户结构如图5-13所示。

借方	工程物资	贷方
企业购入工程物资的成本	企业领用工程物资的成本	
企业为在建工程准备的各种物资的成本		

图5-13 "工程物资"账户

2."在建工程"账户

"在建工程"账户属于资产类账户，用以核算企业基建、更新改造等在建工程发生的支出。其借方登记企业各项在建工程的实际支出，贷方登记完工工程转出的成本。期末余额在借方，反映企业尚未达到预定可使用状态的在建工程的成本。其账户结构如图5-14所示。

借方	在建工程	贷方
企业各项在建工程的实际支出	完工工程转出的成本	
企业尚未达到预定可使用状态的在建工程的成本		

图5-14 "在建工程"账户

3."固定资产"账户

"固定资产"账户属于资产类账户，用以核算企业固定资产的原价。其借方登记企业增加的固定资产原价，贷方登记企业减少的固定资产原价。期末余额在借方，反映企业期末固定资产的账面原价。企业应当设置"固定资产登记簿"和"固定资产卡片",按固定资产类别、使用部门和每项固定资产进行明细核算。其账户结构如图 5-15 所示。

借方	固定资产	贷方
企业增加的固定资产原价		企业减少的固定资产原价
企业期末固定资产的账面原价		

图 5-15 "固定资产"账户

4. "累计折旧"账户

"累计折旧"账户属于资产类备抵账户,用以核算企业固定资产的累计折旧。其贷方登记企业计提的固定资产折旧额,借方登记因处置固定资产而转出的累计折旧额。期末余额在贷方,反映企业固定资产的累计折旧额。该账户可按固定资产的类别或项目设置明细账户,进行明细核算。其账户结构如图 5-16 所示。

借方	累计折旧	贷方
因处置固定资产而转出的累计折旧额		企业计提的固定资产折旧额
		企业固定资产的累计折旧额

图 5-16 "累计折旧"账户

(五)账务处理

1. 购入不需要安装的固定资产

企业购入不需要安装的固定资产,按应计入固定资产成本的金额,借记"固定资产"科目;根据可以抵扣的增值税进项税额,借记"应交税费——应交增值税(进项税额)"科目;按实际支付或应付的金额,贷记"银行存款""应付账款"等科目。

> **经典例题**
>
> 【例 5-9】 A 公司(增值税一般纳税人)购入一台不需要安装即可投入使用的设备,取得的增值税专用发票上注明的价款为 100 000 元,增值税税额为 13 000 元,另支付运杂费和包装费共计 4 000 元(不含增值税),款项均以银行存款支付。A 公司应编制如下会计分录。
>
> 借:固定资产　　　　　　　　　　　　　　(100 000 + 4 000) 104 000
> 　　应交税费——应交增值税(进项税额)　　　　　　　　13 000
> 　　贷:银行存款　　　　　　　　　　　　　　　　　　　117 000

2. 购入需要安装的固定资产

企业购入需要安装的固定资产，按应计入固定资产成本的金额（包括固定资产的取得成本、安装调试成本等），借记"在建工程"科目；根据可抵扣的增值税进项税额，借记"应交税费——应交增值税（进项税额）"科目；按实际支付或应付的金额，贷记"银行存款""应付账款"等科目；按实际耗用本企业的材料或人工，贷记"原材料""应付职工薪酬"等科目。待固定资产安装完成达到预定可使用状态时，由"在建工程"科目转入"固定资产"科目，借记"固定资产"科目，贷记"在建工程"科目。

经典例题

【例 5-10】 A 公司（增值税一般纳税人）购入一台需要安装的设备，取得的增值税专用发票上注明的价款为 10 000 元，增值税税额为 1 300 元；另支付安装费并取得增值税专用发票，发票上注明的安装费为 1 000 元，增值税税额为 90 元。全部款项以银行存款支付。A 公司应编制如下会计分录。

（1）支付设备价款。

借：在建工程　　　　　　　　　　　　　　　　　　　10 000
　　　应交税费——应交增值税（进项税额）　　　　　 1 300
　　贷：银行存款　　　　　　　　　　　　　　　　　　11 300

（2）支付安装费。

借：在建工程　　　　　　　　　　　　　　　　　　　 1 000
　　　应交税费——应交增值税（进项税额）　　　　　　 90
　　贷：银行存款　　　　　　　　　　　　　　　　　　 1 090

（3）设备安装完成达到预定可使用状态。

借：固定资产　　　　　　　　　　　　　　　　　　　11 000
　　贷：在建工程　　　　　　　　　　　　　　　　　　11 000

3. 自行建造固定资产

企业自行建造固定资产，主要有自营工程和出包工程两种建造方式。由于采用的建造方式不同，其会计处理也不同。本教材主要介绍自营工程。

自营工程是指企业自行组织工程物资采购、自行组织施工人员施工的建筑工程和安装工程，主要通过"工程物资"和"在建工程"科目进行核算。

自建固定资产的账务处理

（1）购入工程物资时，按价款和运杂费等，借记"工程物资"科目；按增值税专用发票上注明的增值税税额，借记"应交税费——应交增值税（进项税额）"科目；按实际支付或应付的金额，贷记"银行存款""应付账款"等科目。

（2）在建工程领用工程物资时，借记"在建工程"科目，贷记"工程物资"科目。

（3）在建工程领用本企业的原材料时，借记"在建工程"科目，贷记"原材料"等科目。

（4）在建工程领用本企业生产的商品时，借记"在建工程"科目，贷记"库存商品"科目。

（5）在建工程发生的其他费用（如分配工程人员薪酬等），借记"在建工程"科目，贷记"银行存款""应付职工薪酬"等科目。

（6）在建工程达到预定可使用状态时，按其成本，借记"固定资产"科目，贷记"在建工程"科目。

> **经典例题**
>
> 【例 5-11】　2024 年 6 月 7 日，甲公司（增值税一般纳税人）以自营方式建造一条生产线，以银行存款购入为工程准备的各种物资 100 000 元，增值税进项税额为 13 000 元，并将全部物资用于工程建设；该工程应负担工程建筑人员薪酬 80 000 元；另以银行存款支付工程其他费用 20 000 元。7 月 8 日，工程完工并达到预定可使用状态。甲公司应编制如下会计分录。
>
> （1）购入工程物资。
>
> 借：工程物资　　　　　　　　　　　　　　　　　　100 000
>
> 　　应交税费——应交增值税（进项税额）　　　　　 13 000
>
> 　　贷：银行存款　　　　　　　　　　　　　　　　　113 000
>
> （2）领用全部工程物资。
>
> 借：在建工程　　　　　　　　　　　　　　　　　　100 000
>
> 　　贷：工程物资　　　　　　　　　　　　　　　　　100 000
>
> （3）计提工程建筑人员薪酬。
>
> 借：在建工程　　　　　　　　　　　　　　　　　　 80 000
>
> 　　贷：应付职工薪酬　　　　　　　　　　　　　　　 80 000
>
> （4）支付工程其他费用。
>
> 借：在建工程　　　　　　　　　　　　　　　　　　 20 000
>
> 　　贷：银行存款　　　　　　　　　　　　　　　　　 20 000
>
> （5）工程完工并达到预定可使用状态。
>
> 借：固定资产　　　　　　（100 000+80 000+20 000）200 000
>
> 　　贷：在建工程　　　　　　　　　　　　　　　　　200 000

4. 投资者投入固定资产

投资者投入的固定资产，在办理固定资产移交手续之后，应按投资合同或协议约定的价值（约定价值不公允的除外），借记"固定资产"账户，贷记"实收资本"账户。

> **经典例题**
>
> 【例5-12】 甲公司接受乙公司投入的设备一台。该设备在乙公司的账面原价为700 000元，双方确认的价值为600 000元（假设未发生其他税费）。甲公司应编制如下会计分录。
>
>   借：固定资产   600 000
>   贷：实收资本——乙公司   600 000

5. 固定资产的折旧

固定资产应当按月计提折旧，计提的折旧应当记入"累计折旧"科目，并根据固定资产的用途计入相关资产的成本或者当期损益。

企业自行建造固定资产过程中使用的固定资产，其计提的折旧应计入在建工程成本；基本生产车间所使用的固定资产，其计提的折旧应计入制造费用；管理部门所使用的固定资产，其计提的折旧应计入管理费用；销售部门所使用的固定资产，其计提的折旧应计入销售费用；经营租出的固定资产，其计提的折旧应计入其他业务成本。

企业计提固定资产折旧时，借记"在建工程""制造费用""管理费用""销售费用""其他业务成本"等科目，贷记"累计折旧"科目。

二、无形资产业务

（一）无形资产的概念与特征

无形资产是指企业拥有或者控制的没有实物形态的可辨认非货币性资产。与其他资产相比，无形资产具有以下三个主要特征。

（1）无形资产是不具有实物形态的非货币性资产，它们通常表现为某种权利、技术或者获取超额利润的综合能力，如专利权、商标权、土地使用权、非专利技术等。

（2）无形资产具有可辨认性。作为无形资产核算的资产，必须是能够区别于其他资产可单独辨认的。

（3）无形资产属于非货币性长期资产。无形资产在持有过程中为企业带来未来经济利益的情况不确定，不属于以固定或可确定的金额收取的资产，属于非货币性资产。

（二）无形资产的成本

无形资产的成本是指企业为取得无形资产并使之达到预定用途而发生的全部支出。企业可以通过外购、自行开发、投资者投入等方式取得无形资产。对于不同来源取得的无形资产，其初始成本构成也不尽相同。

1. 外购无形资产的成本

企业外购的无形资产，其成本包括购买价款、相关税费及直接归属于使该项资产达到预定用途所发生的其他支出。其中，直接归属于使该项资产达到预定用途所发生的其他支出包括使无形资产达到预定用途所发生的专业服务费用、测试无形资产是否能够正常发挥作用的费用等。

> **会计小助手**
>
> 下列各项不包括在无形资产的初始成本中。
> （1）为引入新产品进行宣传发生的广告费、管理费用及其他间接费用。
> （2）无形资产达到预定用途后所发生的支出，不构成无形资产的成本。

2. 自行开发无形资产的成本

根据企业会计准则的规定，企业内部研究开发项目发生的支出，按下列规定处理。

（1）企业研究阶段的支出全部费用化，计入当期损益（管理费用）。

（2）开发阶段的支出符合资本化条件的，才能确认为无形资产；不符合资本化条件的计入当期损益（管理费用）。

（3）无法区分研究阶段支出和开发阶段支出，应当将其所发生的研发支出全部费用化，计入当期损益（管理费用）。

3. 投资者投入无形资产的成本

投资者投入的无形资产的成本，应当按照投资合同或协议约定的价值确定无形资产的取得成本。如果投资合同或协议约定价值不公允的，应按无形资产的公允价值作为无形资产初始成本入账。

（三）无形资产摊销

使用寿命有限的无形资产，应在其预计的使用寿命内采用系统合理的方法对应摊销金额进行摊销。其中，应摊销金额是指无形资产的成本扣除残值后的金额。已计提减值准备的无形资产还应扣除已计提的无形资产减值准备累计金额。

1. 无形资产使用寿命的确定

企业摊销某项无形资产时，首先应于取得该项无形资产时判断其使用寿命。无形资产的使用寿命有限的，应当估计该使用寿命的年限或者构成使用寿命的产量等类似计量单位数量；无法预见无形资产为企业带来经济利益期限的，应当视为使用寿命不确定的无形资产。

2. 残值的确定

使用寿命有限的无形资产，其残值应当视为零，但下列情况除外。

（1）有第三方承诺在无形资产使用寿命结束时购买该无形资产。

(2) 可以根据活跃市场得到预计残值信息，并且该市场在无形资产使用寿命结束时很可能存在。

3. 无形资产的摊销方法

摊销期限应当自无形资产可供使用时起，至不再作为无形资产确认时止。使用寿命不确定的无形资产不应该进行摊销。无形资产摊销方法包括直线法和生产总量法等。企业选择的无形资产的摊销方法，应当反映与该项无形资产有关的经济利益的预期实现方式。无法可靠确定预期消耗方式的，应当采用直线法摊销。

（四）账户设置

1. "无形资产"账户

"无形资产"账户属于资产类账户，用以核算企业持有无形资产的成本。其借方登记企业取得无形资产的成本，贷方登记企业出售无形资产转出的无形资产账面余额。期末余额在借方，反映企业无形资产的成本。其账户结构如图 5-17 所示。

借方	无形资产	贷方
企业取得无形资产的成本		企业出售无形资产转出的无形资产账面余额
企业无形资产的成本		

图 5-17 "无形资产"账户

2. "累计摊销"账户

"累计摊销"账户属于资产类备抵账户，用以核算企业对使用寿命有限的无形资产计提的累计摊销。其贷方登记企业计提的无形资产摊销额，借方登记因处置无形资产而转出的累计摊销额。期末余额在贷方，反映企业无形资产的累计摊销额。其账户结构如图 5-18 所示。

借方	累计摊销	贷方
因处置无形资产而转出的累计摊销额		企业计提的无形资产摊销额
		企业无形资产的累计摊销额

图 5-18 "累计摊销"账户

此外，无形资产发生减值的，还应当设置"无形资产减值准备"账户进行核算。

（五）账务处理

1. 外购无形资产

外购无形资产时，按照实际支付的价款，根据相关的原始票据，借记"无形资产"

账户,贷记"银行存款""应付账款"等账户。

经典例题

【例 5-13】 甲公司购入一项非专利技术,买价为 100 000 元,增值税税额为 6 000 元,款项以银行存款支付。甲公司应编制如下会计分录。

  借:无形资产——非专利技术品   100 000
    应交税费——应交增值税(进项税额)   6 000
  贷:银行存款   106 000

2. 自行开发无形资产

企业自行开发无形资产发生的研发支出,不满足资本化条件的,借记"研发支出——费用化支出"账户;满足资本化条件的,借记"研发支出——资本化支出"账户,贷记"原材料""银行存款""应付职工薪酬"等账户。

研究开发项目达到预定用途形成无形资产的,应按"研发支出——资本化支出"账户的余额,借记"无形资产"账户,贷记"研发支出——资本化支出"账户。期(月)末,应将"研发支出——费用化支出"账户归集的金额转入"管理费用"账户,借记"管理费用"账户,贷记"研发支出——费用化支出"账户。

如果无法可靠区分研究阶段的支出和开发阶段的支出,应将其所发生的研发支出全部费用化,计入当期损益,记入"管理费用"账户。

3. 投资者投入无形资产

投资者投入的无形资产,按投资合同或协议约定的价值,借记"无形资产"账户,贷记"实收资本(或股本)"账户。如果价值超过受资方占投资方注册份额的,超过部分应该作为资本溢价(或股本溢价)计入资本公积。

经典例题

【例 5-14】 甲企业接受某公司以 B 商标权作为投入资本。该项商标权经评估后,双方确认的价值为 1 600 000 元。甲企业应编制如下会计分录。

  借:无形资产——商标权 B   1 600 000
  贷:实收资本   1 600 000

4. 无形资产的摊销

企业应当按月对无形资产进行摊销。无形资产的摊销额一般应当计入当期损益,企业自用的无形资产,其摊销金额计入管理费用;出租的无形资产,其摊销金额计入其他业务成本;某项无形资产包含的经济利益通过所生产的产品或其他资产实现的,其摊销金额应当计入相关资产成本。

经典例题

【例 5-15】 甲公司购买了一项特许权，成本为 120 000 元，合同规定受益年限为 5 年，甲公司每月应摊销 2 000 元（120 000÷5÷12）。每月摊销时，甲公司应编制如下会计分录。

借：管理费用　　　　　　　　　　　　　　　2 000
　　贷：累计摊销　　　　　　　　　　　　　　　2 000

【例 5-16】 2025 年 1 月 1 日，甲公司将其自行开发完成的非专利技术出租给丁公司，该非专利技术成本为 7 200 000 元，双方约定的租赁期限为 10 年，甲公司每月应摊销 60 000 元（72 000 000÷10÷12）。每月摊销时，甲公司应编制如下会计分录。

借：其他业务成本　　　　　　　　　　　　　60 000
　　贷：累计摊销　　　　　　　　　　　　　　　60 000

三、材料采购业务

（一）材料的采购成本

材料的采购成本是指企业物资从采购到入库前所发生的全部支出，包括购买价款、相关税费、运输费、装卸费、保险费，以及其他可归属于材料采购成本的费用。

（二）账户设置

材料的日常收入、发出及结存可以采用实际成本核算，也可以采用计划成本核算。采用不同的方法核算，应设置不同的账户。

1."原材料"账户

"原材料"账户属于资产类账户，用以核算企业库存的原料及主要材料、辅助材料、外购半成品（外购件）、修理用的备件、包装材料和燃料等的实际成本（在采用计划成本核算材料时为计划成本，下同）。其借方登记入库材料的实际成本（或计划成本），贷方登记发出材料的实际成本（或计划成本）。期末余额在借方，反映企业库存材料的实际成本（或计划成本）。该账户可按材料的保管地点（仓库）、材料的品种、规格等设置明细账户，进行明细核算。其账户结构如图 5-19 所示。

借方	原材料	贷方
入库材料的实际成本（或计划成本）	发出材料的实际成本（或计划成本）	
企业库存材料的实际成本（或计划成本）		

图 5-19 "原材料"账户

2."在途物资"账户

"在途物资"账户属于资产类账户,用以核算企业采用实际成本(进价)进行材料、商品等物资的日常核算,以及货款已付尚未验收入库的在途物资的采购成本。其借方登记企业购入的在途物资的实际成本,贷方登记验收入库的在途物资的实际成本。期末余额在借方,反映企业在途物资的采购成本。该账户可按供应单位和物资品种设置明细账户,进行明细核算。其账户结构如图 5-20 所示。

借方	在途物资	贷方
企业购入的在途物资的实际成本		验收入库的在途物资的实际成本
企业在途物资的采购成本		

图 5-20 "在途物资"账户

3."材料采购"账户

"材料采购"账户属于资产类账户,用以核算企业采用计划成本进行材料日常核算而购入材料的采购成本。其借方登记采购材料的实际成本及材料入库时结转的节约差异,贷方登记入库材料的计划成本及材料入库时结转的超支差异。期末余额在借方,反映企业在途材料的实际采购成本。该账户可按供应单位和材料品种设置明细账户,进行明细核算。其账户结构如图 5-21 所示。

借方	材料采购	贷方
(1)采购材料的实际成本; (2)材料入库时结转的节约差异		(1)入库材料的计划成本; (2)材料入库时结转的超支差异
企业在途材料的实际采购成本		

图 5-21 "材料采购"账户

4."材料成本差异"账户

"材料成本差异"账户属于资产类账户,用以核算企业采用计划成本进行材料日常核算时,已入库各种材料的实际成本与计划成本的差异。其借方登记入库材料形成的超支差异及转出的发出材料应负担的节约差异;贷方登记入库材料形成的节约差异及转出的发出材料应负担的超支差异。期末若为借方余额,则反映企业库存材料的超支差异(实际成本大于计划成本的差异);若为贷方余额,则反映企业库存材料的节约差异(实际成本小于计划成本的差异)。其账户结构如图 5-22 所示。

借方	材料成本差异	贷方
（1）入库材料形成的超支差异； （2）转出的发出材料应负担的节约差异		（1）入库材料形成的节约差异； （2）转出的发出材料应负担的超支差异
企业库存材料的超支差异		企业库存材料的节约差异

图 5-22 "材料成本差异"账户

会计小助手

"材料成本差异"账户（资产类账户）借贷方核算的内容如下。

（1）入库材料的超支差异属于采购成本的增加，即资产的增加，所以在"材料成本差异"账户的借方登记；相反，入库材料的节约差异属于采购成本的减少，即资产的减少，所以在"材料成本差异"账户的贷方登记。

（2）"结转"都是从反方向，所以"材料成本差异"账户的借方登记发出材料应负担（结转）的节约差异，贷方登记发出材料应负担（结转）的超支差异。

5. "应付账款"账户

"应付账款"账户属于负债类账户，用以核算企业因购买材料、商品和接受劳务等经营活动应支付的款项。其贷方登记尚未支付的款项，借方登记支付的款项。期末余额一般在贷方，反映企业期末尚未支付的应付账款余额；如果期末余额在借方，则反映企业期末预付账款余额。该账户可按债权人设置明细账户，进行明细核算。其账户结构如图 5-23 所示。

借方	应付账款	贷方
支付的款项		尚未支付的款项
企业期末预付账款余额		企业期末尚未支付的应付账款余额

图 5-23 "应付账款"账户

6. "应付票据"账户

"应付票据"账户属于负债类账户，用以核算企业因购买材料、商品和接受劳务等而开出、承兑的商业汇票，包括银行承兑汇票和商业承兑汇票。其贷方登记开出、承兑汇票的面值，借方登记支付票据的金额。期末余额在贷方，反映企业尚未到期的商业汇票的票面金额。该账户可按债权人设置明细账户，进行明细核算。其账户结构如图 5-24 所示。

借方	应付票据	贷方
支付票据的金额		开出、承兑汇票的面值
		企业尚未到期的商业汇票的票面金额

图 5-24 "应付票据"账户

7. "预付账款"账户

"预付账款"账户属于资产类账户，用以核算企业按照合同规定预付的款项。其借方登记预付的款项及补付的款项，贷方登记收到所购物资时根据有关发票记入"原材料"等科目的金额及收回多付款项的金额。若期末余额在借方，则反映企业实际预付的款项；若期末余额在贷方，则反映企业应付或应补付的款项。该账户可按供应单位设置明细账户，进行明细核算。其账户结构如图 5-25 所示。

借方	预付账款	贷方
预付的款项及补付的款项		收到所购物资时根据有关发票记入"原材料"等科目的金额及收回多付款项的金额
企业实际预付的款项		企业应付或应补付的款项

图 5-25 "预付账款"账户

会计小助手

预付款项情况不多的，也可以不设置该账户，将预付的款项直接通过"应付账款"账户进行会计处理。

8. "应交税费"账户

"应交税费"账户属于负债类账户，用以核算企业按照税法等规定计算应交的各种税费，包括增值税、消费税、企业所得税、资源税、土地增值税、城市维护建设税、房产税、城镇土地使用税、车船税、教育费附加等。另外，企业代扣代缴的个人所得税等，也通过本账户核算。其贷方登记应交的各种税费，借方登记实交的税费。若期末余额在贷方，则反映企业未交的税费；若期末余额在借方，则反映企业多交或尚未抵扣的税费。该账户可按应交税费项目设置明细账户，进行明细核算。其账户结构如图 5-26 所示。

借方	应交税费	贷方
实交的税费		应交的各种税费
企业多交或尚未抵扣的税费		企业未交的税费

图 5-26 "应交税费"账户

（三）账务处理

1. 采用实际成本核算材料

企业采用实际成本核算材料时，材料的收入、发出及结存均按照实际成本计价，一般通过"原材料"和"在途物资"等科目进行核算。企业外购材料时，按材料是否验收入库分为以下两种情况。

1）材料已验收入库

（1）如果材料已验收入库，发票账单已到，货款已支付，则按实际支付的金额，借记"原材料""应交税费——应交增值税（进项税额）"等科目，贷记"银行存款"等科目。

> **经典例题**
>
> 【例 5-17】 A 公司（增值税一般纳税人）从 B 公司购入 1 000 千克甲材料，每千克价格为 25 元，增值税进项税额为 3 250 元。全部货款以银行存款支付，甲材料已验收入库。A 公司采用实际成本进行材料日常核算，应编制如下会计分录。
>
> 借：原材料——甲材料　　　　　　　　　　　　　25 000
> 　　应交税费——应交增值税（进项税额）　　　　 3 250
> 　　贷：银行存款　　　　　　　　　　　　　　　　　　28 250

（2）如果材料已验收入库，发票账单已到，但货款尚未支付，则按相关发票凭证上应付的金额，借记"原材料""应交税费——应交增值税（进项税额）"等科目，贷记"应付账款"等科目。

> **经典例题**
>
> 【例 5-18】 承【例 5-17】，假设全部货款尚未支付。A 公司应编制如下会计分录。
>
> 借：原材料——甲材料　　　　　　　　　　　　　25 000
> 　　应交税费——应交增值税（进项税额）　　　　 3 250
> 　　贷：应付账款——B 公司　　　　　　　　　　　　28 250

（3）如果材料已验收入库，但货款尚未支付，且月末发票账单仍未到，则按暂估价入账，借记"原材料"科目，贷记"应付账款——暂估应付账款"科目。下月月初，用红字冲销原暂估入账金额，待收到相关发票账单后再按照实际金额记账。

> **经典例题**
>
> 【例 5-19】 A 公司（增值税一般纳税人）收到一批甲材料，材料已验收入库，但月末其发票仍未到达，该批甲材料的暂估价值为 10 000 元。A 公司采用实际成本进行材料日常核算，应编制如下会计分录。

借：原材料——甲材料	10 000	
贷：应付账款——暂估应付账款		10 000

下月月初，用红字冲销原暂估入账金额。

借：原材料——甲材料	10 000	
贷：应付账款——暂估应付账款		10 000

假设下月10日收到发票，增值税专用发票上注明的价款为11 000元，增值税税额为1 430元，货款已用银行存款支付。A公司应编制如下会计分录。

借：原材料——甲材料	11 000	
应交税费——应交增值税（进项税额）	1 430	
贷：银行存款		12 430

2）材料尚未验收入库

如果发票账单已到，但材料尚未验收入库，则按实际支付或应付的金额，借记"在途物资""应交税费——应交增值税（进项税额）"等科目，贷记"银行存款""应付账款"等科目；待材料验收入库时，再根据收料单，由"在途物资"科目转入"原材料"科目核算，借记"原材料"科目，贷记"在途物资"科目。

经典例题

【例5-20】 A公司（增值税一般纳税人）从C公司购入10 000千克丁材料，每千克价格为20元，增值税进项税额为26 000元，材料尚在运输途中。该笔款项事先预付订金5 000元，余款用银行存款支付。A公司采用实际成本进行材料日常核算，应编制如下会计分录。

借：在途物资——丁材料	200 000	
应交税费——应交增值税（进项税额）	26 000	
贷：预付账款——C公司		5 000
银行存款		221 000

【例5-21】 承【例5-20】，上述购入的丁材料已收到并验收入库。A公司应编制如下会计分录。

借：原材料——丁材料	200 000	
贷：在途物资——丁材料		200 000

2. 采用计划成本核算材料

企业采用计划成本核算材料时，材料的收入、发出及结存均按照计划成本计价，一般通过"材料采购""原材料""材料成本差异"等科目进行核算。企业外购材料时，按材料是否验收入库分为以下两种情况。

1）材料已验收入库

（1）如果材料已验收入库，发票账单已到，货款已支付，则按实际支付的金额，借记"材料采购""应交税费——应交增值税（进项税额）"等科目，贷记"银行存款"科目；按计划成本金额，借记"原材料"科目，贷记"材料采购"科目；按计划成本与实际成本之间的差额，借记（或贷记）"材料采购"科目，贷记（或借记）"材料成本差异"科目。

材料采用计划成本

经典例题

【例5-22】 A公司（增值税一般纳税人）购入一批丙材料，取得的增值税专用发票上注明的价款为100 000元，增值税税额为13 000元。该批材料的计划成本为110 000元，款项已通过银行转账支付，材料已验收入库。A公司采用计划成本进行材料日常核算，应编制如下会计分录。

（1）支付货款。

借：材料采购——丙材料　　　　　　　　　　　　　100 000
　　应交税费——应交增值税（进项税额）　　　　　　13 000
　　贷：银行存款　　　　　　　　　　　　　　　　　　　　113 000

（2）材料验收入库。

借：原材料——丙材料　　　　　　　　　　　　　　110 000
　　贷：材料采购——丙材料　　　　　　　　　　　　　　　110 000

（3）结转入库材料成本差异（节约差异）。

借：材料采购——丙材料　　　　　　　　　　　　　　10 000
　　贷：材料成本差异——丙材料　　　　　　　　　　　　　10 000

（2）如果材料已验收入库，发票账单已到，但货款尚未支付，则按相关发票凭证上应付的金额，借记"材料采购""应交税费——应交增值税（进项税额）"等科目，贷记"应付账款"科目；按计划成本金额，借记"原材料"科目，贷记"材料采购"科目；按计划成本与实际成本之间的差额，借记（或贷记）"材料采购"科目，贷记（或借记）"材料成本差异"科目。

（3）如果材料已验收入库，但货款尚未支付，且月末发票账单仍未到，则按计划成本暂估入账，借记"原材料"科目，贷记"应付账款——暂估应付账款"科目。下月月初，用红字予以冲回，待收到相关发票账单后再编制会计分录。

2）材料尚未验收入库

如果发票账单已到，但材料尚未验收入库，则按实际支付或应付的金额，借记"材料采购""应交税费——应交增值税（进项税额）"等科目，贷记"银行存款""应付账款"等科目；待材料验收入库时再编制后续会计分录。

经典例题

【例 5-23】 A 公司（增值税一般纳税人）从甲公司购入一批丁材料，取得的增值税专用发票上注明的价款为 80 000 元，增值税税额为 10 400 元，款项尚未支付，材料尚未验收入库。A 公司采用计划成本进行材料日常核算，应编制如下会计分录。

借：材料采购——丁材料　　　　　　　　　　　　　80 000
　　应交税费——应交增值税（进项税额）　　　　　10 400
　　贷：应付账款——甲公司　　　　　　　　　　　　　90 400

【例 5-24】 承【例 5-23】，上述购入的丁材料已验收入库，计划成本为 79 600 元。A 公司应编制如下会计分录。

（1）材料验收入库。

借：原材料——丁材料　　　　　　　　　　　　　　79 600
　　贷：材料采购——丁材料　　　　　　　　　　　　　79 600

（2）结转材料成本差异（超支差异）。

借：材料成本差异——丁材料　　　　　　　　　　　　400
　　贷：材料采购——丁材料　　　　　　　　　　　　　　400

3. 小规模纳税人的材料采购业务

小规模纳税人购进货物、应税服务或应税行为所取得的增值税专用发票上注明的增值税税额，一律不予抵扣，直接计入相关成本费用或资产。同时，小规模纳税人进行账务处理时，只需要在"应交税费"科目下设置"应交增值税"明细科目即可，该明细科目不再设置增值税专栏。

经典例题

【例 5-25】 B 公司（增值税小规模纳税人）从甲公司购入一批丁材料，取得的增值税专用发票上注明的价款为 50 000 元，增值税税额为 6 500 元，款项尚未支付，材料已验收入库。B 公司采用实际成本进行材料日常核算，应编制如下会计分录。

借：原材料——丁材料　　　　　　　　　　　　　　56 500
　　贷：应付账款——甲公司　　　　　　　　　　　　　56 500

任务实施

李兰根据相关的原始凭证编制了如下会计分录。

借：在途物资——甲材料　　　　　　　　　　　　　50 000
　　应交税费——应交增值税（进项税额）　　　　　6 500
　　贷：银行存款　　　　　　　　　　　　　　　　　56 500

任务三 核算生产业务

任务引航

领用材料的账务处理

1. 任务情境

2024年5月23日,天华公司为生产产品领用了一批原材料,具体材料名称、数量、金额及其用途如表5-2所示。王勇将审核无误的领料单(财务联)交给了李兰,让她对此进行账务处理。

表5-2 领用原材料的具体数据

用途	甲材料(单价20元)		丙材料(单价30元)		丁材料(单价40元)		合计/元
	数量/千克	金额/元	数量/千克	金额/元	数量/千克	金额/元	
生产A产品	500	10 000	300	9 000			19 000
生产B产品	200	4 000			800	32 000	36 000
生产C产品			400	12 000	300	12 000	24 000
车间一般耗用	50	1 000	20	600	10	400	2 000
行政管理部门耗用	50	1 000	40	1 200	20	800	3 000
合计	800	16 000	760	22 800	1 130	45 200	84 000

2. 任务要求

请根据上述资料编制相应的会计分录。

一、生产费用的构成

生产费用是指与企业日常生产经营活动有关的费用,按其经济用途可分为直接材料、直接人工和制造费用。

(1)**直接材料**是指构成产品实体的原材料及有助于产品形成的主要材料和辅助材料,包括原材料、辅助材料、备品备件、外购半成品、包装物、低值易耗品等费用。

(2)**直接人工**是指直接从事产品生产的工人的职工薪酬。职工薪酬是指企业为获得职工提供的服务或解除劳动关系而给予的各种形式的报酬或补偿,具体包括:① 职工工资、奖金、津贴和补偿;② 职工福利费;③ 医疗保险费、养老保险费、失业保险费和工伤保险费等社会保险费;④ 住房公积金;⑤ 工会经费和职工教育经费;⑥ 非货币性福利;⑦ 因解除与职工的劳动关系而给予的补偿;⑧ 其他与获得职工提供的服务相关的支出。

(3) 制造费用是指企业为生产产品和提供劳务而发生的各项间接费用,包括物料消耗,车间管理人员的薪酬,车间管理用房屋和设备的折旧费、租赁费及保险费,车间管理用具摊销,车间管理用的照明费、水费、取暖费、劳动保护费、设计制图费、试验检验费、差旅费、办公费,以及季节性和修理期间的停工损失等。

二、账户设置

(一)"生产成本"账户

"生产成本"账户属于成本类账户,用以核算企业生产各种产品(产成品、自制半成品等)、自制材料、自制工具、自制设备等发生的各项生产成本。其借方登记应计入产品生产成本的各项生产费用,包括直接计入产品生产成本的直接材料、直接人工和其他直接支出,以及期末按照一定方法分配计入产品生产成本的制造费用;贷方登记完工转出的产品成本。期末余额在借方,反映尚未加工完成的各项在产品的成本。该账户可按产品品种等成本核算对象设置基本生产成本和辅助生产成本明细账户,进行明细核算。其账户结构如图 5-27 所示。

借方	生产成本	贷方
应计入产品生产成本的各项生产费用	完工转出的产品成本	
尚未加工完成的各项在产品的成本		

图 5-27 "生产成本"账户

基本生产成本应按基本生产车间和成本核算对象(如产品的品种、类别、批别和生产阶段等)设置明细分类账(或成本计算单),并按规定的成本项目设置专栏。辅助生产成本应按辅助生产车间和提供的产品、劳务设置明细分类账,并按规定的成本项目设置专栏。期末,对共同负担的生产费用按照一定的分配标准分配至各受益对象。

(二)"制造费用"账户

"制造费用"账户属于成本类账户,用以核算企业生产车间(部门)为生产产品和提供劳务而发生的各项间接费用。其借方登记实际发生的各项制造费用,贷方登记期末按照一定标准分配转入"生产成本"账户借方的应计入产品成本的制造费用。期末结转后,该账户一般无余额。该账户可按不同的生产车间、部门和费用项目设置明细账户,进行明细核算。其账户结构如图 5-28 所示。

借方	制造费用	贷方
实际发生的各项制造费用	期末按照一定标准分配转入"生产成本"账户借方的应计入产品成本的制造费用	

图 5-28 "制造费用"账户

(三)"库存商品"账户

"库存商品"账户属于资产类账户,用以核算企业库存的各种商品的实际成本(进价)或计划成本(售价),包括库存产成品、外购商品、存放在门市部准备出售的商品、发出展览的商品及寄存在外的商品等。其借方登记验收入库的库存商品成本,贷方登记发出的库存商品成本。期末余额在借方,反映各种库存商品的实际成本(进价)或计划成本(售价)。该账户可按库存商品的种类、品种和规格等设置明细账户,进行明细核算。其账户结构如图 5-29 所示。

借方	库存商品	贷方
验收入库的库存商品成本	发出的库存商品成本	
各种库存商品的实际成本(进价)或计划成本(售价)		

图 5-29 "库存商品"账户

(四)"应付职工薪酬"账户

"应付职工薪酬"账户属于负债类账户,用以核算企业根据有关规定应付给职工的各种薪酬。其贷方登记已分配计入有关成本费用项目的职工薪酬,借方登记实际发放的职工薪酬(包括扣还的款项等)。期末余额在贷方,反映企业应付未付的职工薪酬。该账户可按"工资""职工福利费""社会保险费""住房公积金""工会经费""职工教育经费""非货币性福利""辞退福利"等设置明细账户,进行明细核算。其账户结构如图 5-30 所示。

借方	应付职工薪酬	贷方
实际发放的职工薪酬(包括扣还的款项等)	已分配计入有关成本费用项目的职工薪酬	
	企业应付未付的职工薪酬	

图 5-30 "应付职工薪酬"账户

三、账务处理

（一）材料费用的归集与分配

在确定材料费用时，应根据领料凭证区分车间、部门和不同用途后，按照发出材料的成本借记"生产成本""制造费用""管理费用"等科目，贷记"原材料"等科目。

对于直接用于某种产品生产的材料，其费用应直接计入该产品生产成本明细分类账中的直接材料项目。对于由多种产品共同耗用的材料，其费用应选择适当的分配标准在这些产品之间进行分配，按分担的金额计入相应的成本计算对象（生产产品的品种、类别等）。对于为提供生产条件等间接消耗的各种材料，其费用应先通过"制造费用"科目进行归集，期末再同其他间接费用一起按照一定的标准分配计入有关产品成本。对于行政管理部门和销售部门领用的材料，其费用应分别记入"管理费用"和"销售费用"科目。

> **经典例题**
>
> 【例5-26】 2024年7月31日，A公司领用材料汇总如下：生产甲产品直接领用40 000元材料，生产乙产品直接领用30 000元材料；生产甲、乙产品共同领用80 000元材料。车间一般耗用3 200元材料，行政管理部门耗用4 800元材料。甲、乙产品共同耗用的材料费用按产品数量进行分配。本月共生产甲产品200件、乙产品600件。A公司应编制如下会计分录。
>
> 材料费用分配率 = 80 000 ÷ （200 + 600） = 100（元/件）
> 甲产品分配负担的材料费用 = 200 × 100 = 20 000（元）
> 乙产品分配负担的材料费用 = 600 × 100 = 60 000（元）
>
> 借：生产成本——甲产品　　　（40 000 + 20 000）60 000
> 　　　　　　——乙产品　　　（30 000 + 60 000）90 000
> 　　制造费用　　　　　　　　　　　　　　　　　3 200
> 　　管理费用　　　　　　　　　　　　　　　　　4 800
> 　　贷：原材料　　　　　　　　　　　　　　　158 000

（二）职工薪酬的归集与分配

对于职工薪酬，企业应在职工为其提供服务的会计期间，按实际发生额确认为负债，并计入当期损益或相关资产成本。企业应当根据职工提供服务的受益对象，分别按下列情况处理。

（1）应由生产产品、提供劳务负担的职工薪酬，计入产品成本或劳务成本。其中，生产工人的职工薪酬属于直接费用，应借记"生产成本"科目，贷记"应付职工薪酬"

科目；生产车间管理人员的职工薪酬属于间接费用，应借记"制造费用"科目，贷记"应付职工薪酬"科目。

当企业采用计件工资制时，生产工人的职工薪酬属于直接费用，应直接计入有关产品的成本。当企业采用计时工资制时，对于只生产一种产品的生产工人的职工薪酬也属于直接费用，应直接计入产品成本；对于同时生产多种产品的生产工人的职工薪酬，则需采用一定的分配标准（实际生产工时或定额生产工时等）分配计入产品成本。

（2）应由在建工程、无形资产负担的职工薪酬，计入建造固定资产或无形资产的成本。

（3）企业行政管理部门人员和专设销售机构销售人员的职工薪酬均属于期间费用，应分别借记"管理费用""销售费用"等科目，贷记"应付职工薪酬"科目。

> **经典例题**
>
> 【例 5-27】 2024 年 7 月 31 日，A 公司的工资汇总如下：生产甲产品的工人工资为 70 000 元，生产乙产品的工人工资为 40 000 元，共同生产甲、乙产品的工人工资为 90 000 元。车间管理人员的工资为 26 000 元，行政管理部门人员的工资为 29 000 元，专设销售机构人员的工资为 34 000 元。共同生产甲、乙产品的工人工资按产品的生产工时进行分配，甲、乙产品的生产工时分别为 1 800 小时和 1 200 小时。A 公司应编制如下会计分录。
>
> 工资费用分配率 = 90 000 ÷ （1 800 + 1 200） = 30 （元/小时）
> 甲产品分配负担的工资费用 = 1 800 × 30 = 54 000 （元）
> 乙产品分配负担的工资费用 = 1 200 × 30 = 36 000 （元）
>
> 借：生产成本——甲产品　　　　　　（70 000 + 54 000）124 000
> 　　　　　　——乙产品　　　　　　（40 000 + 36 000）76 000
> 　　制造费用　　　　　　　　　　　　　　　　　　26 000
> 　　管理费用　　　　　　　　　　　　　　　　　　29 000
> 　　销售费用　　　　　　　　　　　　　　　　　　34 000
> 　　贷：应付职工薪酬——工资　　　　　　　　　　289 000

（三）制造费用的归集与分配

企业发生的制造费用，应当按照合理的分配标准按月分配计入各成本核算对象的生产成本。企业可以采取的分配标准包括机器工时、人工工时和计划分配率等。

企业发生制造费用时，借记"制造费用"科目，贷记"累计折旧""银行存款""应付职工薪酬"等科目；结转或分摊时，借记"生产成本"等科目，贷记"制造费用"科目。

> **经典例题**

【例5-28】 2024年7月31日,A公司归集本月发生的制造费用60 000元。按产品的生产工时进行分配,甲、乙产品的生产工时分别为1 800小时和1 200小时。A公司应编制如下会计分录。

制造费用分配率 = 60 000 ÷ (1 800 + 1 200) = 20（元/小时）
甲产品分配负担的制造费用 = 1 800 × 20 = 36 000（元）
乙产品分配负担的制造费用 = 1 200 × 20 = 24 000（元）

借：生产成本——甲产品　　　　　　　　　　　　36 000
　　　　　　——乙产品　　　　　　　　　　　　24 000
　　贷：制造费用　　　　　　　　　　　　　　　60 000

（四）完工产品生产成本的计算与结转

产品生产成本计算是指将企业生产过程中为制造产品所发生的各种费用按照成本计算对象进行归集与分配,以便计算各种产品的总成本和单位成本。有关产品成本信息是进行库存商品计价和确定销售成本的依据,产品生产成本计算是会计核算的一项重要内容。

企业应设置产品生产成本明细分类账,用来归集应计入各种产品的生产费用。通过对材料费用、职工薪酬和制造费用的归集与分配,企业各月生产产品所发生的生产费用已记入"生产成本"科目中。

如果月末某种产品全部完工,该种产品生产成本明细分类账所归集的费用总额,就是该种完工产品的总成本。用完工产品的总成本除以该种产品的完工总产量,即可计算出该种产品的单位成本。

如果月末某种产品全部未完工,该种产品生产成本明细分类账所归集的费用总额就是该种产品在产品的总成本。

如果月末某种产品一部分完工,一部分未完工,这时归集在产品成本明细分类账中的费用总额还要采取适当的分配方法在完工产品和在产品之间进行分配,然后才能计算出完工产品的总成本和单位成本。本期完工产品成本的基本计算公式如下。

本期完工产品成本 = 期初在产品成本 + 本期发生的生产费用 − 期末在产品成本

当产品生产完成并验收入库时,借记"库存商品"科目,贷记"生产成本"科目。

> **经典例题**

【例5-29】 承【例5-18】至【例5-20】,假设2024年7月1日,A公司甲产品和乙产品均无月初在产品。7月31日,本月生产的甲产品200件全部完工入库；本月生产的乙产品完工400件,200件没有完工,月末在产品成本为50 000元,其中,直接材料为24 000元、直接人工为20 000元、制造费用为6 000元。甲、乙产品成本计算单如表5-3和表5-4所示。

表 5-3 产品成本计算单

产品名称：甲产品　　　　　完工产品数量：200 件　　　　　　　　　　单位：元

成本项目	月初在产品成本	本月生产费用	生产费用合计	本月完工产品成本 总成本	本月完工产品成本 单位成本	月末在产品成本
直接材料	0	60 000	60 000	60 000	300	0
直接人工	0	124 000	124 000	124 000	620	0
制造费用	0	36 000	36 000	36 000	180	0
合计	0	220 000	220 000	220 000	1 100	0

表 5-4 产品成本计算单

产品名称：乙产品　　　　　完工产品数量：400 件　　　　　　　　　　单位：元

成本项目	月初在产品成本	本月生产费用	生产费用合计	本月完工产品成本 总成本	本月完工产品成本 单位成本	月末在产品成本
直接材料	0	90 000	90 000	66 000	165	24 000
直接人工	0	76 000	76 000	56 000	140	20 000
制造费用	0	24 000	24 000	18 000	45	6 000
合计	0	190 000	190 000	140 000	350	50 000

A 公司根据完工产品入库单等资料，编制如下会计分录。

借：库存商品——甲产品　　　　　　　　　　　　　　220 000
　　　　　　——乙产品　　　　　　　　　　　　　　140 000
　贷：生产成本——甲产品　　　　　　　　　　　　　220 000
　　　　　　——乙产品　　　　　　　　　　　　　　140 000

任务实施

李兰根据审核无误的领料单（财务联），编制了如下会计分录。

借：生产成本——A 产品　　　　　　　　　　　　　　19 000
　　　　　　——B 产品　　　　　　　　　　　　　　36 000
　　　　　　——C 产品　　　　　　　　　　　　　　24 000
　　制造费用　　　　　　　　　　　　　　　　　　　2 000
　　管理费用　　　　　　　　　　　　　　　　　　　3 000
　贷：原材料——甲材料　　　　　　　　　　　　　　16 000
　　　　　　——丙材料　　　　　　　　　　　　　　22 800
　　　　　　——丁材料　　　　　　　　　　　　　　45 200

任务四　核算销售业务

任务引航

销售产品的账务处理

1. 任务情境

2024年5月25日，天华公司向河北欣欣有限责任公司（以下简称"欣欣公司"）销售A产品500件，单价为160元，价款共计80 000元，增值税税额为10 400元。产品已发出，收到欣欣公司开来的转账支票，出纳员刘霞已将该笔款项存入了公司的银行账户。该笔业务相关的原始凭证如图5-31和图5-32所示。王勇将审核无误的相关原始凭证交给了李兰，让她对该笔业务进行账务处理。

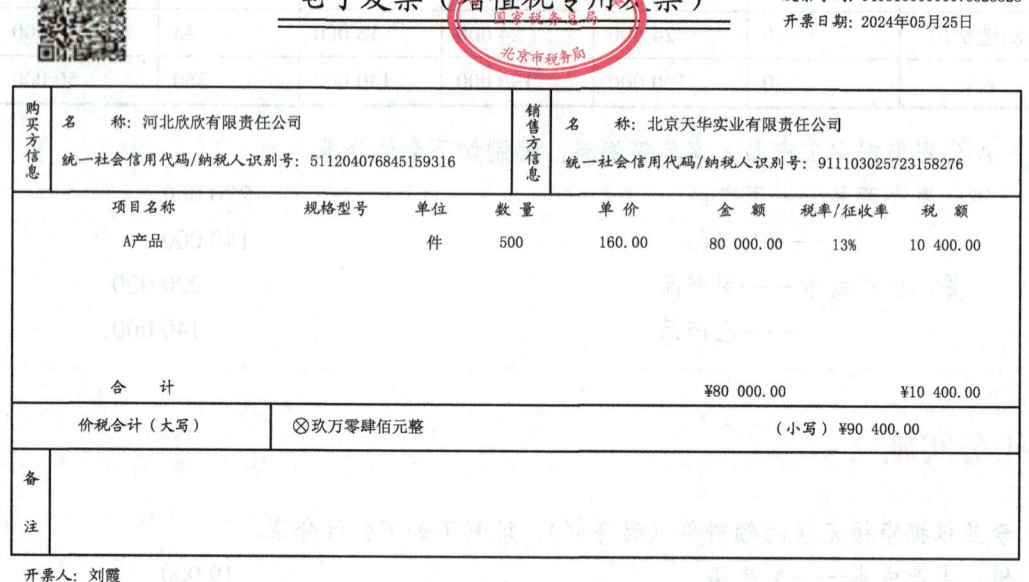

图5-31　天华公司销售产品所开具的电子发票（增值税专用发票）示意图

项目五　条分缕析——核算企业主要经济业务

中国银行 BANK OF CHINA	银行进账单（收账通知）			
	2024年05月25日			No. 14507869
出票人	全　称	河北欣欣有限责任公司	收款人 全　称	北京天华实业有限责任公司
	账　号	11020060400568008976	账　号	11001070300059001234
	开户行	中国建设银行	开户行	中国银行
金额	人民币（大写）	玖万零肆佰元整		亿 千 百 十 万 千 百 十 元 角 分 ¥ 　9 0 4 0 0 0 0
票据种类	转账支票	票据张数	1	中国银行 2024.05.25 转讫
票据号码	09564170			
	复核		记账	开户行签章

图 5-32　进账单的收账通知联示意图（欣欣公司的货款）

2. 任务要求

请根据上述经济业务内容及相关的原始凭证编制相应的会计分录。

企业在确认和计量收入时，应遵循以下基本原则：确认收入的方式应当反映其向客户转让商品或提供服务（以下简称"转让商品"）的模式，收入的金额应当反映企业因转让商品而预期有权收取的对价金额，以如实反映企业的生产经营成果，准确核算企业实现的损益。

除非特别说明，本任务中所称商品，既包括商品，也包括服务。

一、收入的确认和计量

（一）收入确认的原则

企业应当在履行了合同中的履约义务，即在客户取得相关商品控制权时确认收入。取得相关商品控制权是指客户能够主导该商品的使用并从中获得几乎全部经济利益，也包括有能力阻止其他方主导该商品的使用并从中获得经济利益。

企业在判断商品控制权是否发生转移时，应当从客户角度进行分析，即客户是否取得了相关商品控制权及何时取得该控制权。

（二）收入确认的前提条件

当企业与客户之间的合同同时满足下列条件时，企业应当在客户取得相关商品控制权时确认收入。

（1）合同各方已批准该合同并承诺将履行各自义务。

（2）该合同明确了合同各方与所转让商品相关的权利和义务。

（3）该合同有明确的与所转让商品相关的支付条款。

（4）该合同具有商业实质，即履行该合同将改变企业未来现金流量的风险、时间分布或金额。

（5）企业因向客户转让商品而有权取得的对价很可能收回。

（三）收入确认和计量的步骤

收入确认和计量大致分为五步，具体内容如图 5-33 所示。

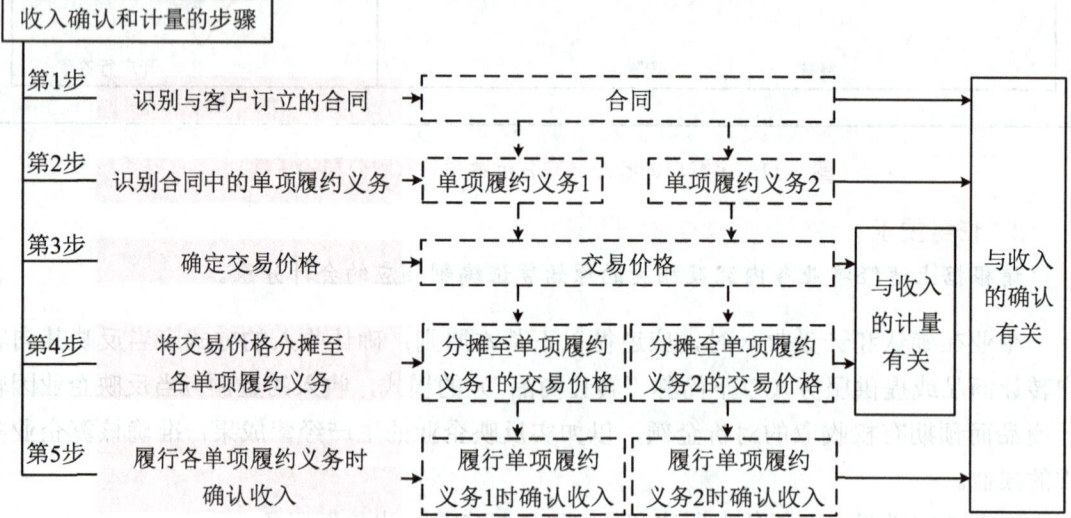

图 5-33　收入确认和计量的步骤

1. 识别与客户订立的合同

收入确认和计量的步骤

合同是指双方或多方之间订立的有法律约束力的权利及义务的协议。合同有书面形式、口头形式及其他形式。合同的存在是企业确认客户合同收入的前提。企业与客户之间的合同一经签订，企业即享有从客户取得与转移商品和服务对价的权利，同时负有向客户转移商品和服务的履约义务。

2. 识别合同中的单项履约义务

履约义务是指合同中企业向客户转让可明确区分商品或服务的承诺。企业应当将向客户转让可明确区分商品或者商品的组合的承诺，以及向客户转让一系列实质相同且转让模式相同的、可明确区分商品的承诺作为单项履约义务。

经典例题

【例 5-30】 某饮料销售公司与客户签订合同,向其提供 10 箱饮料,10 箱饮料即为可明确区分的商品,该合同中提供 10 箱饮料即为单项履约义务。而某婚庆公司与客户签订合同,承诺为其提供价值 1 888 元/桌的婚宴套餐,套餐中包括的饮料、凉菜、热菜等,虽然均为单独的、可明确区分的商品,但站在客户的角度,客户需要的不是套餐中的某一项商品,而是它们组合出的婚宴套餐,所以该合同中应将商品的组合即婚宴套餐作为单项履约义务。

3. 确定交易价格

交易价格是指企业因向客户转让商品而预期有权收取的对价金额。合同条款所承诺的对价,可能是固定金额、可变金额或两者兼有。企业代第三方收取的款项(如增值税)及企业预期将退还给客户的款项,应当作为负债进行会计处理,不计入交易价格。

经典例题

【例 5-31】 甲公司与客户签订合同,为客户建造一栋办公楼,约定的价款为 2 000 万元,5 个月完工,合同中约定若提前 1 个月完工,客户将额外奖励甲公司 10 万元。甲公司对合同估计工程提前 1 个月完工的概率为 95%,甲公司预计有权收取的对价为 2 010 万元,因此,交易价格包括固定金额 2 000 万元和可变金额 10 万元,总计 2 010 万元。

4. 将交易价格分摊至各单项履约义务

当合同中包含两项或多项履约义务时,需要将交易价格分摊至各单项履约义务。分摊的方法是在合同开始日,按照各单项履约义务所承诺商品的单独售价(企业向客户单独销售商品的价格)的相对比例,将交易价格分摊至各单项履约义务。通过分摊交易价格,使企业分摊至各单项履约义务的交易价格能够反映其因向客户转让已承诺的相关商品而有权收取的对价金额。

经典例题

【例 5-32】 甲公司与乙公司签订合同,向乙公司销售 E、F 两种产品,不含增值税的合同总价款为 3 万元。E、F 产品不含增值税的单独售价分别为 2.2 万元和 1.1 万元。该合同包含两项可明确区分的履约义务。不考虑其他因素,按照交易价格分摊原则,E 产品应分摊的交易价格约为 2 万元[3×2.2÷(2.2+1.1)],F 产品应分摊的交易价格约为 1 万元[3×1.1÷(2.2+1.1)]。

5. 履行各单项履约义务时确认收入

当企业将商品转移给客户，客户取得了相关商品的控制权时，这意味着企业履行了合同履约义务，此时，企业应确认收入。企业将商品的控制权转移给客户，该转移可能在某一时段内（履行履约义务的过程中）发生，也可能在某一时点（履约义务完成时）发生。企业应当根据实际情况，首先判断履约义务是否满足在某一时段内履行的条件，若不满足，则该履约义务属于在某一时点履行的履约义务。

> **经典例题**
>
> 【例 5-33】 甲公司为通信服务运营商。2024 年 1 月 1 日，甲公司推出"预存话费送手机"活动，客户只需要预存话费 5 000 元，即可免费获得市价为 2 400 元的某品牌手机一部，并从参加活动的当月起未来 24 个月内每月享受价值 150 元的通话服务。当月共有 1 万名客户参与了此项活动。为简便起见，此处以 1 名客户为例进行分析，应如何应用五步法确认收入。
>
> 第 1 步，识别与客户订立的合同，即预存话费送手机。
>
> 第 2 步，识别合同中的单项履约义务：① 提供手机；② 提供 24 个月的通话服务。
>
> 第 3 步，确定交易价格，即 5 000 元。
>
> 第 4 步，按各单项履约义务所承诺商品的单独售价的相对比例，将交易价格分摊至各单项履约义务（见表 5-5）。

表 5-5　将交易价格分摊至各单项履约义务

单项履约义务	单独售价/元	比例	分摊交易价格/元
提供手机	2 400	40%（2 400÷6 000）	2 000（5 000×40%）
提供 24 个月的通话服务	3 600（24×150）	60%（3 600÷6 000）	3 000（5 000×60%）
合计	6 000	100%	5 000

> 第 5 步，履行各单项履约义务时（某时点或某时段内）确认收入（见表 5-6）。

表 5-6　履行各单项履约义务时确认收入

单项履约义务	履约义务的方式	确认收入的方式	收入确认的金额/元		
			2024 年	2025 年	合计
提供手机	某一时点履行的履约义务	在 2024 年 1 月交付手机时（即客户取得手机控制权的当月）一次性确认收入	2 000		2 000
提供 24 个月的通话服务	某一时段内履行的履约义务	在提供通话服务期间逐期平均确认收入，即从 2024 年 1 月开始的未来 24 个月内平均每月确认收入 125 元（3 000÷24），每年确认收入 1 500 元（125×12）	1 500	1 500	3 000
合计			3 500	1 500	5 000

二、账户设置

（一）"主营业务收入"账户

"**主营业务收入**"**账户**属于损益类账户，用以核算企业确认的销售商品、提供服务等主营业务的收入。其贷方登记企业主营业务活动实现的收入，借方登记期末转入"本年利润"账户的主营业务收入。期末结转后，该账户应无余额。该账户可按主营业务的种类设置明细账户，进行明细核算。其账户结构如图 5-34 所示。

借方	主营业务收入	贷方
期末转入"本年利润"账户的主营业务收入	企业主营业务活动实现的收入	

图 5-34　"主营业务收入"账户

（二）"其他业务收入"账户

"**其他业务收入**"**账户**属于损益类账户，用以核算企业确认的除主营业务活动以外的其他经营活动实现的收入，包括出租固定资产、出租无形资产、出租包装物和商品、销售材料等实现的收入。其贷方登记企业其他业务活动实现的收入，借方登记期末转入"本年利润"账户的其他业务收入。期末结转后，该账户应无余额。该账户可按其他业务的种类设置明细账户，进行明细核算。其账户结构如图 5-35 所示。

借方	其他业务收入	贷方
期末转入"本年利润"账户的其他业务收入	企业其他业务活动实现的收入	

图 5-35　"其他业务收入"账户

（三）"主营业务成本"账户

"**主营业务成本**"**账户**属于损益类账户，用以核算企业确认销售商品、提供服务等主营业务收入时应结转的成本。其借方登记企业应结转的主营业务成本，贷方登记期末转入"本年利润"账户的主营业务成本。期末结转后，该账户应无余额。该账户可按主营业务的种类设置明细账户，进行明细核算。其账户结构如图 5-36 所示。

借方	主营业务成本	贷方
企业应结转的主营业务成本	期末转入"本年利润"账户的主营业务成本	

图 5-36　"主营业务成本"账户

(四)"其他业务成本"账户

"其他业务成本"账户属于损益类账户,用以核算企业确认的除主营业务活动以外的其他经营活动所形成的成本,包括出租固定资产的折旧额、出租无形资产的摊销额、出租包装物的成本或摊销额、销售材料的成本等。其借方登记企业应结转的其他业务成本,贷方登记期末转入"本年利润"账户的其他业务成本。期末结转后,该账户应无余额。该账户可按其他业务的种类设置明细账户,进行明细核算。其账户结构如图5-37所示。

借方	其他业务成本	贷方
企业应结转的其他业务成本		期末转入"本年利润"账户的其他业务成本

图5-37 "其他业务成本"账户

(五)"税金及附加"账户

"税金及附加"账户属于损益类账户,用以核算企业经营活动发生的消费税、城市维护建设税、教育费附加、资源税、房产税、城镇土地使用税、车船税和印花税等相关税费。其借方登记企业按规定计算确定的与经营活动相关的税费,贷方登记期末转入"本年利润"账户的与经营活动相关的税费。期末结转后,该账户应无余额。其账户结构如图5-38所示。

借方	税金及附加	贷方
企业按规定计算确定的与经营活动相关的税费		期末转入"本年利润"账户的与经营活动相关的税费

图5-38 "税金及附加"账户

(六)"应收票据"账户

"应收票据"账户属于资产类账户,用以核算企业因销售商品、提供服务等而收到的商业汇票。其借方登记取得的应收票据的面值,贷方登记到期收回票款或到期前向银行贴现的应收票据的票面金额。期末余额在借方,反映企业持有的商业汇票的票面金额。该账户可按开出、承兑商业汇票的单位设置明细账户,进行明细核算。其账户结构如图5-39所示。

借方	应收票据	贷方
取得的应收票据的面值	到期收回票款或到期前向银行贴现的应收票据的票面金额	
企业持有的商业汇票的票面金额		

图 5-39 "应收票据"账户

(七)"应收账款"账户

"应收账款"账户属于资产类账户,用以核算企业因销售商品、提供服务等经营活动应收取的款项。其借方登记应收账款的增加,贷方登记应收账款的收回及确认的坏账损失。期末余额一般在借方,反映企业尚未收回的应收账款;如果期末余额在贷方,则反映企业预收的账款。该账户可按不同的债务人设置明细账户,进行明细核算。其账户结构如图 5-40 所示。

借方	应收账款	贷方
应收账款的增加	应收账款的收回及确认的坏账损失	
企业尚未收回的应收账款	企业预收的账款	

图 5-40 "应收账款"账户

(八)"合同资产"账户

"合同资产"账户属于资产类账户,用以核算企业已向客户转让商品而有权收取对价的权利,且该权利取决于时间流逝之外的其他因素(如履行合同中的其他履约义务)。其借方登记因已转让商品而有权收取的对价金额,贷方登记取得无条件收款权的金额。期末借方余额反映企业已向客户转让商品而有权收取的对价金额。该账户可按合同设置明细账户,进行明细核算。其账户结构如图 5-41 所示。

借方	合同资产	贷方
因已转让商品而有权收取的对价金额	取得无条件收款权的金额	
企业已向客户转让商品而有权收取的对价金额		

图 5-41 "合同资产"账户

(九)"合同负债"账户

"合同负债"账户属于负债类账户,用以核算企业已收或应收客户对价而应向客户转让商品的义务。其贷方登记企业在向客户转让商品之前,已经收到或已经取得无条件收取合同对价权利的金额,借方登记企业向客户转让商品时冲销的金额。期末贷方余额,反映企业在向客户转让商品之前,已经收到的合同对价或已经取得的无条件收取合同对价权利的金额。该账户可按合同设置明细账户,进行明细核算。其账户结构如图5-42所示。

借方	合同负债	贷方
企业向客户转让商品时冲销的金额	企业在向客户转让商品之前,已经收到或已经取得无条件收取合同对价权利的金额	
		企业在向客户转让商品之前,已经收到的合同对价或已经取得的无条件收取合同对价权利的金额

图5-42 "合同负债"账户

> **会计小助手**
>
> (1)企业因转让商品收到的预收款适用新收入准则进行会计处理时,预收的款项通过"合同负债"账户进行会计处理,不再使用"预收账款"等账户。
>
> (2)适用除收入准则以外的其他准则而预收的款项仍通过"预收账款"账户进行会计处理。

三、账务处理

本任务主要介绍"在某一时点履行履约义务确认收入"的账务处理。

对于在某一时点履行的履约义务,企业应当在客户取得相关商品控制权时点确认收入。在判断客户是否已取得商品控制权时,企业应当考虑下列迹象。

(1)企业就该商品享有现时收款权利,即客户就该商品负有现时付款义务。

(2)企业已将该商品的法定所有权转移给客户,即客户已拥有该商品的法定所有权。

(3)企业已将该商品实物转移给客户,即客户已占有该商品实物。

(4)企业已将该商品所有权上的主要风险和报酬转移给客户,即客户已取得该商品所有权上的主要风险和报酬。

(5)客户已接受该商品。

(6)其他表明客户已取得商品控制权的迹象。

(一)一般销售商品业务的账务处理

企业销售商品实现的收入,应按照已收或应收的合同价款,加上应收取的增值税税额,借记"银行存款""应收账款""应收票据""合同资产"等科目,按应确认的收入金额,贷记"主营业务收入"科目,按应收取的增值税税额,贷记"应交税费——应交增值税(销项税额)"等科目。

在确认销售商品等主营业务收入时，或在期末，企业应根据本期销售各种商品等实际成本，计算应结转的主营业务成本，借记"主营业务成本"科目，贷记"库存商品"等科目。

经典例题

【例5-34】 A公司向B公司销售一批商品，开出的增值税专用发票上注明的售价为100 000元，增值税税额为13 000元；A公司收到B公司开出的不带息银行承兑汇票一张，票面金额为113 000元，期限为6个月；该批商品成本为80 000元。B公司收到商品并验收入库。该项销售业务属于在某一时点履行的履约义务。A公司应编制如下会计分录。

（1）确认商品的销售收入。

借：应收票据——B公司　　　　　　　　　　　　　　113 000
　　贷：主营业务收入　　　　　　　　　　　　　　　　100 000
　　　　应交税费——应交增值税（销项税额）　　　　　13 000

（2）结转商品的销售成本。

借：主营业务成本　　　　　　　　　　　　　　　　　80 000
　　贷：库存商品　　　　　　　　　　　　　　　　　　80 000

【例5-35】 甲公司与客户签订合同，向客户销售A、B两项商品，A商品的合同价款为5 000元，B商品的合同价款为20 000元。合同约定，A商品于合同开始日交付，B商品在一个月之后交付，只有当两项商品全部交付之后，甲公司才有权收取25 000元的合同价款。A、B两项商品的成本分别为4 000元和16 000元。假定A商品和B商品分别构成单项履约义务，其控制权在交付时转移给客户。上述价格均不含增值税，且假定不考虑相关税费影响。甲公司应编制如下会计分录。

（1）交付A商品时。

① 确认商品的销售收入。

借：合同资产　　　　　　　　　　　　　　　　　　　5 000
　　贷：主营业务收入——A商品　　　　　　　　　　　5 000

② 结转商品的销售成本。

借：主营业务成本——A商品　　　　　　　　　　　　4 000
　　贷：库存商品——A商品　　　　　　　　　　　　　4 000

（2）交付B商品时。

① 确认商品的销售收入。

借：应收账款　　　　　　　　　　　　　　　　　　　25 000
　　贷：合同资产　　　　　　　　　　　　　　　　　　5 000
　　　　主营业务收入——B商品　　　　　　　　　　　20 000

② 结转商品的销售成本。

借：主营业务成本——B 商品　　　　　　　　　　　　　　16 000
　　贷：库存商品——B 商品　　　　　　　　　　　　　　　　16 000

会计小助手

合同资产和应收账款都是企业拥有的有权收取对价的合同权利，两者的区别在于（见图 5-43）：应收账款代表的是无条件收取合同对价的权利，即企业仅仅随着时间的流逝即可收款，而合同资产并不是一项无条件收款权，该权利除了取决于时间的流逝，还取决于其他因素（如履行合同中的其他履约义务）才能收取相应的合同对价。

因此，与合同资产和应收账款相关的风险是不同的，应收账款仅承担信用风险，而合同资产除承担信用风险之外，还可能承担其他风险（如履约风险等）。

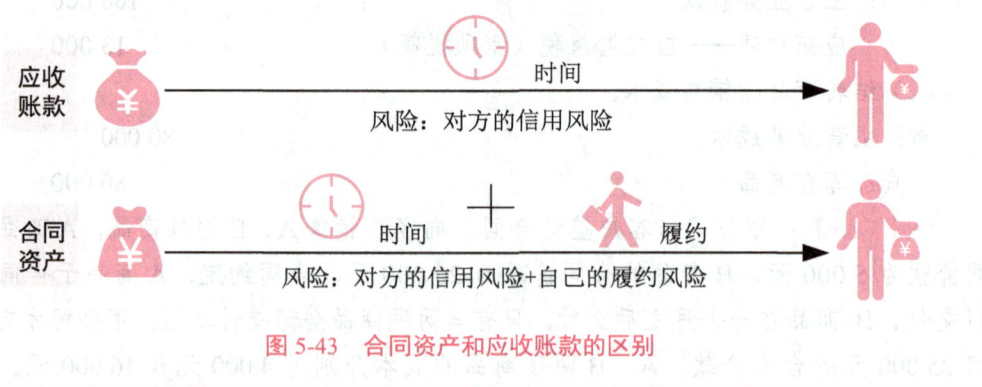

图 5-43　合同资产和应收账款的区别

（二）销售商品涉及商业折扣和现金折扣的账务处理

企业在确定销售商品收入时，应注意区分商业折扣和现金折扣及其不同的账务处理方法。

商业折扣和现金折扣的账务处理

1. 商业折扣

商业折扣是指企业为促进商品销售而给予的价格扣除。例如，企业为鼓励客户多购买商品而给予客户 10% 的价格折扣。此外，企业为了尽快出售一些残次、陈旧、过时的商品，也可能降价（打折）销售。商业折扣在销售前即已发生，并不构成最终成交价格的一部分，企业应当按照扣除商业折扣后的金额确定商品销售价格和销售商品收入金额。

2. 现金折扣

现金折扣是指债权人为鼓励债务人在规定的期限内付款而向债务人提供的债务扣除。现金折扣一般用"折扣率/付款期限"来表示，例如，"2/10，1/20，$N/30$"表示：销货方给予客户最长的付款期限为 30 天，如果客户在 10 天内付款，销货方可按商品售价给予客户 2%的折扣；如果客户在 11~20 天内付款，销货方可按商品售价给予客户 1%的折扣；如果客户在 21~30 天内付款，将不能享受现金折扣。

现金折扣发生在商品销售之后，是否发生及发生多少要视客户的付款情况而定，企业在确认销售商品收入时一般按照最可能发生的现金折扣率预测其有权获取的对价金额。

经典例题

【例 5-36】 甲公司为增值税一般纳税人，2024 年 7 月 1 日销售 M 商品 1 000 件并开具增值税专用发票，每件商品的标价为 10 元（不含增值税），M 商品适用的增值税税率为 13%；每件商品的实际成本为 8 元。由于是成批销售，甲公司给予客户 10%的商业折扣，并在销售合同中规定现金折扣条件为 2/15，$N/30$，且计算现金折扣时不考虑增值税。当日 M 商品发出，客户收到商品并验收入库。甲公司基于对客户的了解，预计客户在 15 天内付款的概率为 90%，在 15 天后付款的概率为 10%。2024 年 7 月 10 日，甲公司收到客户支付的货款。该项销售业务属于在某一时点履行的履约义务。

本例中，对于商业折扣，甲公司从应确认的销售商品收入中予以扣除；对于现金折扣，甲公司认为按照最可能发生金额能够更好地预测其有权获取的对价金额。因此，甲公司应确认的销售商品收入金额 = 10×（1-10%）×1 000×（1-2%）= 8 820（元），增值税销项税额 = 10×（1-10%）×1 000×13% = 1 170（元）。甲公司应编制如下会计分录。

（1）7 月 1 日，确认收入、结转成本。

借：应收账款　　　　　　　　　　　　　　　　　　　　　　　9 990
　　贷：主营业务收入——M 商品　　　　　　　　　　　　　　　8 820
　　　　应交税费——应交增值税（销项税额）　　　　　　　　　1 170
借：主营业务成本——M 商品　　　　　　　　　（1 000×8）8 000
　　贷：库存商品——M 商品　　　　　　　　　　　　　　　　　8 000

（2）7 月 10 日，收到货款。

借：银行存款　　　　　　　　　　　　　　　　　　　　　　　9 990
　　贷：应收账款　　　　　　　　　　　　　　　　　　　　　　9 990

（三）销售材料等存货的账务处理

企业销售材料等存货也视同商品销售，其收入确认和计量原则比照商品销售。企业销售材料等存货实现的收入及结转的相关成本，通过"其他业务收入""其他业务成本"科目核算。

（四）税金及附加的账务处理

当企业计算应缴的税金及附加时，借记"税金及附加"科目，贷记"应交税费"科目;实际缴纳税金及附加时,借记"应交税费"科目,贷记"银行存款"科目。

(五)销售退回的账务处理

对于销售退回,企业应分不同情况进行会计处理。

(1)对于未确认收入的售出商品发生销售退回的,企业应按已记入"发出商品"账户的商品成本金额,借记"库存商品"账户,贷记"发出商品"账户。

(2)对于已确认收入的售出商品发生退回的,企业应在发生时冲减当期商品销售收入,同时冲减当期销售成本。如果该项销售退回已发生现金折扣的,应同时调整相关财务费用的金额;如果该项销售退回允许扣减增值税税额的,应同时调整"应交税费——应交增值税(销项税额)"账户的相应金额。

任务实施

李兰根据相关的原始凭证编制了如下会计分录。

借:银行存款　　　　　　　　　　　　　　　　　　90 400
　　贷:主营业务收入——A产品　　　　　　　　　　80 000
　　　　应交税费——应交增值税(销项税额)　　　　10 400

任务五　核算期间费用业务

任务引航

支付广告费的账务处理

1. 任务情境

2024年5月27日,天华公司签发转账支票一张,向北京悦目文化传媒有限公司(以下简称"悦目公司")支付广告费5 000元。该笔业务相关的原始凭证如图5-44和图5-45所示。王勇将审核无误的相关原始凭证交给了李兰,让她对该笔业务进行账务处理。

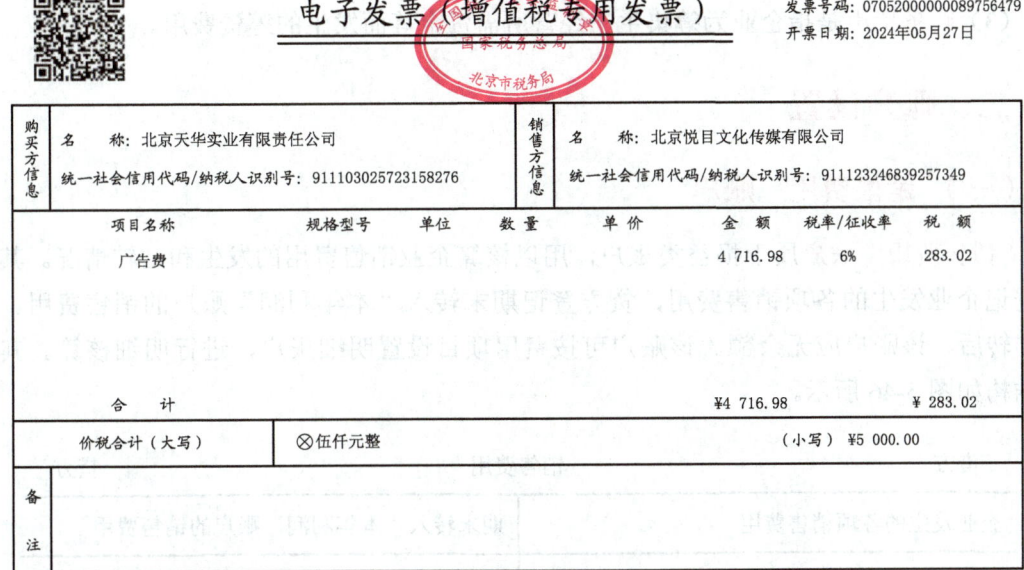

图 5-44　天华公司支付广告费所取得的电子发票（增值税专用发票）示意图

图 5-45　天华公司支付广告费的转账支票存根示意图

2. 任务要求

请根据上述经济业务内容及相关的原始凭证编制相应的会计分录。

一、期间费用的构成

期间费用是指企业日常活动发生的、不能计入特定核算对象的成本，而应计入发生当期损益的费用。期间费用包括销售费用、管理费用和财务费用。

（1）**销售费用**是指企业销售商品和材料、提供服务的过程中发生的各种费用。

（2）**管理费用**是指企业为组织和管理生产经营发生的各种费用。

（3）**财务费用**是指企业为筹集生产经营所需资金等而发生的筹资费用。

二、账户设置

（一）"销售费用"账户

"销售费用"账户属于损益类账户，用以核算企业销售费用的发生和结转情况。其借方登记企业发生的各项销售费用，贷方登记期末转入"本年利润"账户的销售费用。期末结转后，该账户应无余额。该账户可按费用项目设置明细账户，进行明细核算。其账户结构如图 5-46 所示。

借方	销售费用	贷方
企业发生的各项销售费用	期末转入"本年利润"账户的销售费用	

图 5-46 "销售费用"账户

（二）"管理费用"账户

"管理费用"账户属于损益类账户，用以核算企业管理费用的发生和结转情况。其借方登记企业发生的各项管理费用，贷方登记期末转入"本年利润"账户的管理费用。期末结转后，该账户应无余额。该账户可按费用项目设置明细账户，进行明细核算。其账户结构如图 5-47 所示。

借方	管理费用	贷方
企业发生的各项管理费用	期末转入"本年利润"账户的管理费用	

图 5-47 "管理费用"账户

（三）"财务费用"账户

"财务费用"账户属于损益类账户，用以核算企业财务费用的发生和结转情况。其借方登记企业发生的各项财务费用，贷方登记期末转入"本年利润"账户的财务费用。期末结转后，该账户应无余额。该账户可按费用项目设置明细账户，进行明细核算。其账户结构如图 5-48 所示。

借方	财务费用	贷方
企业发生的各项财务费用		期末转入"本年利润"账户的财务费用

图 5-48 "财务费用"账户

三、账务处理

（一）销售费用的账务处理

销售费用具体包括以下内容。

（1）企业在销售商品过程中发生的各项费用，如保险费、包装费、展览费和广告费、商品维修费、预计产品质量保证损失、运输费、装卸费等。

（2）企业为销售本企业商品而专设的销售机构（含销售网点、售后服务网点等）的经营费用，如职工薪酬、业务费、折旧费、与专设销售机构相关的固定资产修理费等后续支出。

> **会计小助手**
>
> 销售费用不包括所销售的商品本身的成本。商品本身的成本属于主营业务成本。

企业发生各项销售费用时，借记"销售费用"科目，贷记"银行存款""应付职工薪酬""累计折旧"等科目。期末将"销售费用"科目余额结转至"本年利润"科目时，借记"本年利润"科目，贷记"销售费用"科目。

经典例题

【例5-37】甲公司销售一批产品，销售过程中发生运输费5 000元，装卸费2 000元，均用银行存款支付。甲公司应编制如下会计分录。

借：销售费用——运输费　　　　　　　　　　5 000
　　　　　　——装卸费　　　　　　　　　　2 000
　贷：银行存款　　　　　　　　　　　　　　7 000

（二）管理费用的账务处理

管理费用具体包括以下内容。

（1）企业在筹建期间内发生的开办费。

（2）董事会和行政管理部门在企业的经营管理中发生的，以及应由企业统一负担的公司经费（包括行政管理部门职工薪酬、物料消耗、低值易耗品摊销、办公费和差旅费等)、行政管理部门负担的工会经费、董事会费（包括董事会成员津贴、会议费和差旅费等)、聘请中介机构费、咨询费（含顾问费)、诉讼费、业务招待费、技术转让费、研究费用等。

(3) 企业行政管理部门发生的固定资产修理费用等后续支出。

> **会计小助手**
>
> 商品流通企业管理费用不多的，可不设"管理费用"科目，相关核算内容可并入"销售费用"科目核算。

企业发生各项管理费用时，借记"管理费用"科目，贷记"银行存款""应付职工薪酬""累计折旧"等科目。期末将"管理费用"科目余额结转至"本年利润"科目时，借记"本年利润"科目，贷记"管理费用"科目。

经典例题

【例5-38】甲公司为拓展产品销售市场发生业务招待费50 000元，向有关专家进行咨询发生咨询费30 000元，均用银行存款支付。甲公司应编制如下会计分录。

借：管理费用——业务招待费　　　　　　　　　50 000
　　　　　　——咨询费　　　　　　　　　　　30 000
　　贷：银行存款　　　　　　　　　　　　　　　　80 000

（三）财务费用的账务处理

财务费用具体包括利息支出（减利息收入)、汇兑损益，以及相关的手续费等。

企业发生财务费用时，借记"财务费用"科目，贷记"银行存款""应付利息"等科目；发生应冲减财务费用的利息收入和汇兑损益时，借记"银行存款"科目，贷记"财务费用"科目。期末应将"财务费用"科目余额结转至"本年利润"科目，若"财务费用"科目为借方余额，则借记"本年利润"科目，贷记"财务费用"科目；若为贷方余额，则做相反的会计分录。

经典例题

【例5-39】甲公司用银行存款支付本月应负担的短期借款利息2 400元。甲公司应编制如下会计分录。

借：财务费用——利息支出　　　　　　　　　　2 400
　　贷：银行存款　　　　　　　　　　　　　　　　2 400

【例5-40】 2024年12月21日,甲公司收到开户银行转来活期存款利息收入4 000元。甲公司应编制如下会计分录。

借：银行存款　　　　　　　　　　　　　　　　　　　　　4 000
　　贷：财务费用——利息收入　　　　　　　　　　　　　　　　4 000

任务实施

李兰根据相关的原始凭证编制了如下会计分录。

借：销售费用　　　　　　　　　　　　　　　　　　　　　4 716.98
　　应交税费——应交增值税（进项税额）　　　　　　　　　　283.02
　　贷：银行存款　　　　　　　　　　　　　　　　　　　　　　5 000

任务六　核算财务成果业务

任务引航

捐款的账务处理

1. 任务情境

2024年5月28日，天华公司通过中国红十字基金会捐款5 000元。该笔业务相关的原始凭证如图5-49和图5-50所示。王勇将审核无误的相关原始凭证交给了李兰，让她对该笔业务进行账务处理。

图5-49　天华公司捐款的转账支票存根示意图

公益事业捐赠统一票据（电子）

票据代码：00020150　　　　　　　　　　　　　　　　票据号码：0002096520
交款人统一社会信用代码：911103025723158276　　　　校验码：a8acd6
交款人：北京天华实业有限责任公司　　　　　　　　　开票日期：2024年05月28日

项目编码	项目名称	单位	数量	标准	金额（元）	备注
991010	捐赠款 小天使基金	元	5 000	5 000.00	5 000.00	

金额合计（大写）伍仟元整　　　　　　　　　　（小写）5 000.00

其他信息：捐赠说明：为小天使点亮希望；捐赠日期：2024-05-28；捐赠项目：为小天使点亮希望

收款单位（章）：中国红十字基金会　　　复核人：邹红　　　收款人：中国红十字基金会

图 5-50　天华公司捐款所取得的电子捐赠票据示意图

2. 任务要求

请根据上述经济业务内容及相关的原始凭证编制相应的会计分录。

一、利润形成

（一）利润的构成

利润包括收入减去费用后的净额、直接计入当期利润的利得和损失等。利润由营业利润、利润总额和净利润三个层次构成。与利润相关的主要计算公式如下。

1. 营业利润

营业利润 = 营业收入 − 营业成本 − 税金及附加 − 销售费用 − 管理费用 − 研发费用 − 财务费用 + 其他收益 + 投资收益（− 投资损失）+ 净敞口套期收益（− 净敞口套期损失）+ 公允价值变动收益（− 公允价值变动损失）− 信用减值损失 − 资产减值损失 + 资产处置收益（− 资产处置损失）

其中：

营业收入 = 主营业务收入 + 其他业务收入

营业成本 = 主营业务成本 + 其他业务成本

2. 利润总额

$$利润总额 = 营业利润 + 营业外收入 - 营业外支出$$

3. 净利润

$$净利润 = 利润总额 - 所得税费用$$

（二）账户设置

1. "本年利润"账户

"本年利润"账户属于所有者权益类账户，用以核算企业当期实现的净利润（或发生的净亏损）。

会计期末，企业应将"主营业务收入""其他业务收入""其他收益""营业外收入"等账户的余额分别转入"本年利润"账户的贷方，将"主营业务成本""其他业务成本""税金及附加""销售费用""管理费用""财务费用""信用减值损失""资产减值损失""营业外支出""所得税费用"等账户的余额分别转入"本年利润"账户的借方。企业还应将"投资收益""公允价值变动损益""资产处置损益"账户的净收益转入"本年利润"账户的贷方，将"投资收益""公允价值变动损益""资产处置损益"账户的净损失转入"本年利润"账户的借方。结转后，"本年利润"账户若为贷方余额，则表示当年实现的净利润；若为借方余额，则表示当年发生的净亏损。

年度终了，企业还应将"本年利润"账户的本年累计余额转入"利润分配——未分配利润"账户。期末结转后，"本年利润"账户应无余额。其账户结构如图 5-51 所示。

借方	本年利润	贷方
会计期末转入的各项费用和损失	会计期末转入的各项收入和利得	
当年发生的净亏损	当年实现的净利润	

图 5-51 "本年利润"账户

2. "营业外收入"账户

"营业外收入"账户属于损益类账户，用以核算企业发生的各项营业外收入，主要包括非流动资产毁损报废收益、与企业日常活动无关的政府补助、盘盈利得和捐赠利得等。其贷方登记企业确认的营业外收入，借方登记期末转入"本年利润"账户的营业外收入。期末结转后，该账户无余额。该账户可按营业外收入项目设置明细账户，进行明细核算。其账户结构如图 5-52 所示。

借方	营业外收入	贷方
期末转入"本年利润"账户的营业外收入	企业确认的营业外收入	

图 5-52 "营业外收入"账户

3. "营业外支出"账户

"营业外支出"账户属于损益类账户，用以核算企业发生的各项营业外支出，主要包括非流动资产毁损报废损失、捐赠支出、盘亏损失、非正常损失和罚款支出等。其借方登记企业确认的营业外支出，贷方登记期末转入"本年利润"账户的营业外支出。期末结转后，该账户无余额。该账户可按营业外支出项目设置明细账户，进行明细核算。其账户结构如图5-53所示。

借方	营业外支出	贷方
企业确认的营业外支出		期末转入"本年利润"账户的营业外支出

图5-53 "营业外支出"账户

4. "所得税费用"账户

"所得税费用"账户属于损益类账户，用以核算企业所得税费用的确认及其结转情况。其借方登记企业应计入当期损益的所得税费用，贷方登记期末转入"本年利润"账户的所得税费用。期末结转后，该账户无余额。其账户结构如图5-54所示。

借方	所得税费用	贷方
企业应计入当期损益的所得税费用		期末转入"本年利润"账户的所得税费用

图5-54 "所得税费用"账户

（三）账务处理

会计期末（月末或年末），企业结转各项收入和利得时，借记"主营业务收入""其他业务收入""营业外收入"等科目，贷记"本年利润"科目；结转各项费用和损失时，借记"本年利润"科目，贷记"主营业务成本""其他业务成本""税金及附加""销售费用""管理费用""财务费用""资产减值损失""营业外支出""所得税费用"等科目。

经典例题

【例5-41】 甲公司对违反本企业管理规定的职工王某罚款100元，会计部门收到王某交来的现金。甲公司应编制如下会计分录。

　　借：库存现金　　　　　　　　　　　　　　　　　　100
　　　　贷：营业外收入——罚款　　　　　　　　　　　　100

【例5-42】 甲公司以银行存款支付税款滞纳金900元。甲公司应编制如下会计分录。

　　借：营业外支出——滞纳金　　　　　　　　　　　　900
　　　　贷：银行存款　　　　　　　　　　　　　　　　900

【例5-43】 2024年12月31日，甲公司将各损益类科目余额结转至"本年利润"科目。本月主营业务收入100 000元，其他业务收入2 800元，营业外收入130元，主营业务成本47 494元，其他业务成本2 000元，税金及附加10 600元，销售费用1 000元，管理费用11 314元，财务费用300元，营业外支出10 000元。甲公司应编制如下会计分录。

借：主营业外收入　　　　　　　　　　　　　100 000
　　其他业务收入　　　　　　　　　　　　　　2 800
　　营业外收入　　　　　　　　　　　　　　　　130
　　贷：本年利润　　　　　　　　　　　　　102 930
借：本年利润　　　　　　　　　　　　　　　82 708
　　贷：主营业务成本　　　　　　　　　　　　47 494
　　　　其他业务成本　　　　　　　　　　　　2 000
　　　　税金及附加　　　　　　　　　　　　 10 600
　　　　销售费用　　　　　　　　　　　　　　1 000
　　　　管理费用　　　　　　　　　　　　　 11 314
　　　　财务费用　　　　　　　　　　　　　　　300
　　　　营业外支出　　　　　　　　　　　　 10 000

企业利润总额＝102 930－82 708＝20 222（元）

假定甲公司适用的企业所得税税率为25%，无纳税调整事项，则本期的应纳税所得额就是本期的利润总额。甲公司应编制如下会计分录。

应纳所得税额＝20 222×25%＝5 055.5（元）

借：所得税费用　　　　　　　　　　　　　　5 055.5
　　贷：应交税费——应交所得税　　　　　　　5 055.5

同时，结转企业的所得税费用：

借：本年利润　　　　　　　　　　　　　　　5 055.5
　　贷：所得税费用　　　　　　　　　　　　　5 055.5

甲公司本期的净利润＝20 222－5 055.5＝15 166.5（元）

二、利润分配

利润分配是指企业根据国家有关规定和企业章程、投资者协议等，对企业当年可供分配的利润所进行的分配。

（一）利润分配的顺序

企业应按一定的顺序向投资者分配利润。按照《中华人民共和国公司法》（以下简称《公司法》）的有关规定，利润分配应按下列顺序进行。

1. 计算可供分配的利润

可供分配的利润＝当年实现的净利润（发生的净亏损）＋年初未分配利润

（－年初未弥补亏损）＋其他转入

如果可供分配的利润为负数（即累计亏损），则不能进行后续分配；如果可供分配的利润为正数（即累计盈利），则可进行后续分配。

2. 提取法定盈余公积

法定盈余公积是指企业按照规定的比例从净利润中提取的盈余公积。按照《公司法》有关规定，公司制企业应按照净利润（减弥补以前年度亏损，下同）的10%提取法定盈余公积。法定盈余公积累计额已达注册资本50%时可以不再提取。

3. 提取任意盈余公积

任意盈余公积是指企业按照股东会或股东大会决议提取的盈余公积。任意盈余公积的提取与否及提取比例由股东会或股东大会根据公司发展的需要和盈余情况决定。

4. 向投资者分配利润（股利）

企业可供分配的利润扣除提取的盈余公积后，形成可供投资者分配的利润，相关公式如下。

可供投资者分配的利润＝可供分配的利润－提取的盈余公积

企业可采用现金股利、股票股利和财产股利等形式向投资者分配利润（股利）。

（二）账户设置

1. "利润分配"账户

"利润分配"账户属于所有者权益类账户，用以核算企业利润的分配（或亏损的弥补）和历年分配（或弥补）后的未分配利润（或未弥补亏损）。

其贷方登记用盈余公积弥补的亏损额等其他转入数，以及年末从"本年利润"账户转入的全年实现的净利润；借方登记实际分配的利润额（包括提取的盈余公积和分配给投资者的利润），以及年末从"本年利润"账户转入的全年发生的净亏损。年末，应将"利润分配"账户下的其他明细账户的余额转入"未分配利润"明细账户，结转后，除"未分配利润"明细账户外，其他明细账户均无余额。"未分配利润"明细账户的贷方余额表示累积未分配的利润金额，借方余额表示累积未弥补的亏损金额。

"利润分配"账户可设置"提取法定盈余公积""提取任意盈余公积""应付现金股利或利润""转作股本的股利""盈余公积补亏""未分配利润"等明细账户，进行明细核算。其账户结构如图 5-55 所示。

借方	利润分配	贷方
实际分配的利润额（包括提取的盈余公积和分配给投资者的利润），以及年末从"本年利润"账户转入的全年发生的净亏损		用盈余公积弥补的亏损额等其他转入数，以及年末从"本年利润"账户转入的全年实现的净利润
累积未弥补的亏损金额		累积未分配的利润金额

图 5-55 "利润分配"账户

2．"盈余公积"账户

"盈余公积"账户属于所有者权益类账户，用以核算企业盈余公积的形成和使用情况。其贷方登记按规定提取的盈余公积数额，借方登记用盈余公积弥补亏损和转增资本的实际数额。期末余额在贷方，反映企业的盈余公积数额。该账户可设置"法定盈余公积""任意盈余公积"明细账户，进行明细核算。其账户结构如图 5-56 所示。

借方	盈余公积	贷方
用盈余公积弥补亏损和转增资本的实际数额		按规定提取的盈余公积数额
		企业的盈余公积数额

图 5-56 "盈余公积"账户

3．"应付股利"账户

"应付股利"账户属于负债类账户，用以核算企业确定或宣告发放但尚未实际支付的现金股利或利润。其贷方登记应支付的现金股利或利润，借方登记实际支付的现金股利或利润。期末余额在贷方，反映企业应付未付的现金股利或利润。该账户可按投资者设置明细账户，进行明细核算。其账户结构如图 5-57 所示。

借方	应付股利	贷方
实际支付的现金股利或利润		应支付的现金股利或利润
		企业应付未付的现金股利或利润

图 5-57 "应付股利"账户

（三）账务处理

1．净利润（或净亏损）转入利润分配

会计期末，企业应将当年实现的净利润转入"利润分配——未分配利润"科目，即借记"本年利润"科目，贷记"利润分配——未分配利润"科目；若为净亏损，则做相反会计分录。

结转前，如果"利润分配——未分配利润"明细科目的余额在借方，上述结转当年所实现净利润的分录同时反映了当年实现的净利润自动弥补以前年度亏损的情况。因此，在用当年实现的净利润弥补以前年度亏损时，不需另行编制会计分录。

2. 提取盈余公积

企业提取的法定盈余公积，借记"利润分配——提取法定盈余公积"科目，贷记"盈余公积——法定盈余公积"科目；提取的任意盈余公积，借记"利润分配——提取任意盈余公积"科目，贷记"盈余公积——任意盈余公积"科目。

3. 向投资者分配股利或利润

企业根据股东大会或类似机构审议批准的利润分配方案，确认应付给投资者的现金股利或利润时，借记"利润分配——应付现金股利或利润"科目，贷记"应付股利"科目；向投资者实际支付现金股利或利润时，借记"应付股利"科目，贷记"银行存款"等科目。

对于股票股利，应在办妥增资手续后，按转作股本的金额，借记"利润分配——转作股本的股利"科目，贷记"股本"等科目。

> **会计小助手**
>
> 董事会或类似机构通过的利润分配方案中拟分配的现金股利或利润，不需要进行账务处理，但应在附注中披露。

4. 盈余公积补亏

企业发生的亏损，除用当年实现的净利润弥补外，还可使用累积的盈余公积弥补。以盈余公积弥补亏损时，借记"盈余公积"科目，贷记"利润分配——盈余公积补亏"科目。

5. 企业未分配利润的形成

年度终了，企业应将"利润分配"科目所辖其他明细科目的余额转入该科目"未分配利润"明细科目，即借记"利润分配——未分配利润""利润分配——盈余公积补亏"等科目，贷记"利润分配——提取法定盈余公积""利润分配——提取任意盈余公积""利润分配——应付现金股利或利润""利润分配——转作股本的股利"等科目。

结转后，"利润分配"科目中除"未分配利润"明细科目外，所辖其他明细科目均无余额。"未分配利润"明细科目的贷方余额表示累积未分配的利润；如果出现借方余额，则表示累积未弥补的亏损。

经典例题

【例 5-44】 2024 年 12 月 31 日,甲公司将本年实现的净利润 500 000 元转入"利润分配"科目。甲公司应编制如下会计分录。

借:本年利润　　　　　　　　　　　　　　　　　500 000
　　贷:利润分配——未分配利润　　　　　　　　　　　　500 000

【例 5-45】 承【例 5-43】,2025 年 1 月 26 日,甲公司股东会决定按上年度实现的净利润 500 000 元的 10%和 5%分别提取法定盈余公积 50 000 元和任意盈余公积 25 000 元。同时,决定向投资者分配利润 300 000 元。甲公司应编制如下会计分录。

借:利润分配——提取法定盈余公积　　　　　　　50 000
　　　　　　——提取任意盈余公积　　　　　　　25 000
　　　　　　——应付现金股利或利润　　　　　　300 000
　　贷:盈余公积——法定盈余公积　　　　　　　　　　50 000
　　　　　　　——任意盈余公积　　　　　　　　　　25 000
　　　应付股利　　　　　　　　　　　　　　　　　300 000

【例 5-46】 承【例 5-44】,利润分配结束后,应将"利润分配"科目所辖其他明细科目的余额结转至"未分配利润"明细科目。甲公司应编制如下会计分录。

借:利润分配——未分配利润　　　　　　　　　　375 000
　　贷:利润分配——提取法定盈余公积　　　　　　　　50 000
　　　　　　　——提取任意盈余公积　　　　　　　　25 000
　　　　　　　——应付现金股利或利润　　　　　　300 000

任务实施

李兰根据相关的原始凭证编制了如下会计分录。

借:营业外支出——捐款　　　　　　　　　　　　5 000
　　贷:银行存款　　　　　　　　　　　　　　　　　　5 000

任务七 核算财产清查业务

任务引航

探银行存款核对之道

1. 任务情境

天华公司开立基本存款户、一般存款户和专门存款户各一个,为保证银行存款金额准确,每月月末由出纳员与相关清查人员对银行存款进行核对。

2024年5月29日,王勇接到公司通知,由他与出纳员一起核对银行存款,李兰在旁协助。这是李兰第一次接触财产清查工作,她显得有点紧张。王勇见状笑着对李兰说:"不要紧张,你可以先回忆一下在学校学过的相关知识,想一想我们该怎样核对银行存款。"听了王勇的话,李兰认真思考起来。

2. 任务要求

请思考天华公司应如何与银行进行对账。

一、财产清查的概念和原因

(一)财产清查的概念

财产清查是指通过对货币资金、实物资产和往来款项等财产物资进行盘点或核对,确定其实存数,查明账存数与实存数是否相符的一种专门方法。其中,货币资金包括库存现金、银行存款和其他货币资金;实物资产包括存货、固定资产等;往来款项包括应收、应付款项和预收、预付款项等。

(二)财产清查的原因

账实不符是财产清查的主要原因。 致使账实不符的情况,一般可归纳为以下几种。

(1)各项财产物资在收发过程中,计量、检验等不准确而造成品种、数量或质量上的差错,从而使账簿发生错记、漏记和重记等情况。

(2)各项财产物资在保管过程中,由于其物理、化学性质等方面的因素,财产物资在数量上发生了自然增减变化。

(3)在财产物资增减变动中,出现手续不齐或计算、登记错误等情况。

(4)管理不善或工作人员失职,不法人员营私舞弊、贪污盗窃等造成财产物资损失、短缺等。

（5）自然灾害等造成的非正常损失。
（6）未达账项引起账账、账实不符等。

二、财产清查的种类

财产清查可以按照清查范围、清查的时间和清查的执行系统进行分类。

（一）按照清查范围分类

1. 全面清查

全面清查是指对所有的财产进行全面盘点和核对的工作。需要进行全面清查的情况通常有以下几种。

（1）年终决算前。
（2）在合并、撤销或改变隶属关系前。
（3）中外合资、国内合资前。
（4）股份制改制前。
（5）开展全面的资产评估、清产核资前。
（6）单位主要领导调离工作前等。

2. 局部清查

局部清查是指根据需要只对部分财产进行盘点和核对的工作。局部清查的范围和对象应根据业务需要和相关具体情况而定。

（1）对于库存现金，每日终了，应由出纳人员进行清点核对。
（2）对于银行存款，每月至少与银行核对一次。
（3）对于贵重财产物资，每月都应进行清查盘点。
（4）对于债权、债务，每年至少核对一至两次。
（5）对于流动性较大的财产物资，如原材料、在产品、产成品，应根据需要随时轮流盘点或重点抽查。

（二）按照清查的时间分类

1. 定期清查

定期清查是指按照预先计划安排的时间对财产进行盘点和核对的工作。定期清查一般在年末、季末和月末进行。定期清查可以是全面清查，也可以是局部清查。

2. 不定期清查

不定期清查是指事前不规定清查日期，而是根据特殊需要临时进行盘点和核对的工作。不定期清查可以是全面清查，也可以是局部清查，主要在以下情况下进行。

（1）财产物资、库存现金更换保管人员时，应对有关人员保管的财产物资、库存现金进行清查。

（2）发生自然灾害和意外损失时，应对受损失的财产物资进行清查。

（3）上级主管、财政、审计和银行等部门对本单位进行会计检查时，应按检查的要求和范围对财产物资进行清查。

（4）开展临时性清产核资时，要对本单位的财产物资进行清查。

（三）按照清查的执行系统分类

1. 内部清查

内部清查是指由本单位内部自行组织清查工作小组所进行的财产清查。大多数财产清查都是内部清查。

2. 外部清查

外部清查是指由上级主管部门、审计机关、司法部门、注册会计师等根据国家有关规定或情况需要对本单位所进行的财产清查。一般来讲，进行外部清查时应有本单位的相关人员参加。

三、财产清查的一般程序

财产清查既是会计核算的一种专门方法，又是财产物资管理的一项重要制度。企业必须有计划、有组织地进行财产清查。财产清查一般包括以下程序。

（1）建立财产清查组织。

（2）组织清查人员学习有关政策规定，掌握有关法律、法规和相关业务知识，以提高财产清查工作的质量。

（3）确定清查对象、范围，明确清查任务。

（4）制订清查方案，具体安排清查内容、时间、步骤、方法，以及必要的准备工作。

（5）清查时，本着先清查数量、核对有关账簿记录等，后认定质量的原则进行。

（6）填制盘存清单。

（7）根据盘存清单，填制实物、往来款项清查结果报告表。

四、财产清查的方法

（一）库存现金的清查

库存现金的清查是采用实地盘点法确定库存现金的实存数，然后与库存现金日记账的账面余额相核对，以查明账实是否相符。

库存现金的清查一般由主管会计或财务负责人和出纳人员共同清点出各种纸币的张

数和硬币的个数,并填制"库存现金盘点报告表"(见表5-7),作为重要的原始凭证,并据以调整库存现金日记账的账面记录。

表5-7 库存现金盘点报告表

单位名称: 年 月 日

实存金额	账存金额	对比结果		备注
		盘盈	盘亏	

现金使用情况:

处理决定:

财务负责人(或主管会计): 出纳: 制表人:

对库存现金进行盘点时,出纳人员必须在场,有关业务必须在库存现金日记账中全部登记完毕。盘点时,一方面要注意账实是否相符;另一方面还要检查库存现金管理制度的遵守情况,如有无白条抵库、挪用舞弊等情况。

(二)银行存款的清查

银行存款的清查是采用与开户银行核对账目的方法来进行的,即将本单位银行存款日记账的账簿记录与开户银行转来的对账单逐笔进行核对,查明银行存款的实有数额。银行存款的清查一般在月末进行。

1. 银行存款日记账与银行对账单不一致的原因

将截止到清查日所有银行存款的收付业务都登记入账后,对发生的错账、漏账应及时查清更正,再与银行的对账单逐笔核对。如果两者余额相符,通常说明没有错误;如果两者余额不相符,则可能是企业或银行一方或双方记账过程中有错误或者存在未达账项。

未达账项是指企业和银行之间,一方收到凭证并已入账,另一方未收到凭证因而未能入账的款项。具体来讲,未达账项一般分为以下四种情况。

(1)企业已收款记账,银行未收款未记账的款项。例如,企业已将销货收到的转账支票入账并且送存银行,但是,银行因尚未办妥转账收款手续而没有入账。

(2)企业已付款记账,银行未付款未记账的款项。例如,企业开出的转账支票已经入账,但是,因收款单位尚未到银行办理转账手续或银行尚未办妥转账付款手续而使银行没有入账。

（3）银行已收款记账，企业未收款未记账的款项。例如，企业委托银行代收的款项，银行已经办妥收款手续并且入账，但是，因收款通知尚未到达企业而使企业没有入账。

（4）银行已付款记账，企业未付款未记账的款项。例如，企业应付给银行的借款利息，银行已经办妥付款手续并且入账，但是，因付款通知尚未到达企业而使企业没有入账。

上述任何一种未达账项的存在，都会使企业银行存款日记账的余额与银行开出的对账单的余额不符。因此，在与银行对账时首先应查明是否存在未达账项，如果存在未达账项，就应编制"银行存款余额调节表"（见表5-8），并将其作为重要的财务资料为后续的追溯和复查提供依据，以明确财务人员在银行账户核对工作中的责任。

> **会计小助手**
>
> "银行存款余额调节表"只是为了核对账目，不能作为调整企业银行存款账面记录的记账依据，即不能根据"银行存款余额调节表"中的未达账项来调整银行存款账面记录；银行存款日记账的登记，必须待收到有关原始凭证后再予以进行。

2. 银行存款清查的步骤

银行存款的清查按以下四个步骤进行。

（1）将本单位银行存款日记账与银行对账单，以经济业务、结算凭证的种类、号码和金额为依据，逐日逐笔核对，凡双方都有记录的，用铅笔在金额旁打上记号"√"。

（2）找出未达账项，即银行存款日记账和银行对账单中没有打"√"的款项。

（3）将银行存款日记账和银行对账单的月末余额及找出的未达账项填入"银行存款余额调节表"，并计算出调整后的余额。

（4）调整平衡的"银行存款余额调节表"经主管会计签章后，呈报开户银行。

"银行存款余额调节表"的编制是以双方账面余额为基础，各自分别加上对方已收款入账而己方尚未入账的数额，减去对方已付款入账而己方尚未入账的数额。其计算公式如下：

调节后的存款余额＝企业银行存款日记账余额＋银行已收企业未收款－银行已付企业未付款
　　　　　　　　＝银行对账单余额＋企业已收银行未收款－企业已付银行未付款

> **会计小助手**
>
> 上述计算公式可以简记为：谁未记、谁补上，加未收、减未付。

经典例题

【例5-47】 某公司2024年6月30日银行存款日记账余额为91 778元，银行对账单余额为89 332元。经逐笔核对，发现存在以下未达账项。

（1）6月20日，银行计算企业存款利息7 648元，已计入企业存款账户，企业尚未接到通知而未入账。

（2）6月28日，企业为支付职工差旅费开出现金支票一张，金额为11 220元，持票人尚未到银行取款。

（3）6月29日，企业收到购货单位转账支票一张，金额为18 854元，已开具进账单送存银行，但银行尚未入账。

（4）6月30日，企业经济纠纷案败诉，银行代扣违约罚金2 460元，企业尚未接到通知而未入账。

根据上述未达账项，编制"银行存款余额调节表"，如表5-8所示。

表5-8 银行存款余额调节表

2024年6月30日　　　　　　　　　　　　　　　　　　　　　　　　单位：元

项目	金额	项目	金额
企业银行存款日记账余额	91 778	银行对账单余额	89 332
加：银行已收、企业未收	7 648	加：企业已收、银行未收	18 854
减：银行已付、企业未付	2 460	减：企业已付、银行未付	11 220
调节后的存款余额	96 966	调节后的存款余额	96 966
主管会计：		出纳：	制表人：

（三）实物资产的清查

实物资产的清查就是对实物资产的数量和质量进行的清查，通常采用以下两种清查方法。

1. 实地盘点法

实地盘点法是指在财产物资存放现场逐一清点数量或用计量仪器（如磅秤、米尺等）进行实地称量，以确定其实有数量。这种方法适用范围广，数字准确可靠，大部分财产物资的清查都采用这种方法，但工作量比较大。

2. 技术推算法

技术推算法又称"估推法"，是指利用一定的技术方法对财产物资的实存数进行推算。这种方法只适用于成堆量大而价值不高，逐一清点的工作量和难度较大的财产物资的清查，如露天堆放的煤炭、砂石等。

在实物清查过程中，实物保管人员和盘点人员必须同时在场。为了明确经济责任，各项财产物资盘点结果，应如实登记在"盘存单"（见图5-58）上，并由盘点人员和实物保管人员同时签章，作为各项财产物资实存数额的书面证明。

盘 存 单

单位名称：　　　　　　　盘点时间：　　　　　　　编号：
财产类别：　　　　　　　存放地点：

编号	名称	计量单位	数量	单价	金额	备注

盘点人：　　　　　　　　　　保管人：

图 5-58　盘存单

盘点结束后，清查人员还需将"盘存单"中所记录的实存数额与账面结存数额进行相互核对，编制"实存账存对比表"（见表 5-9），作为查明原因、调整账簿记录的依据。

表 5-9　实存账存对比表

实存账存对比表

单位名称：　　　　　　　　　____年____月____日

编号	类别及名称	计量单位	单价	实存		账存		对比结果				备注
				数量	金额	数量	金额	盘盈		盘亏		
								数量	金额	数量	金额	

主管负责人：　　　　　　复核人：　　　　　　制表人：

（四）往来款项的清查

往来款项的清查一般采用发函询证的方法进行核对。

（1）将本单位的往来账款核对清楚，确保总分类账户与明细分类账户的余额相等。

（2）在保证往来账户记录准确的基础上，编制"往来款项对账单"（见图 5-59）寄送各往来单位。通过信函、电函和面询等多种方式，请对方企业核对并确定各种应收、应付款的实际情况。

"往来款项对账单"一般分为上、下两联。其中，上联为与往来单位进行的核对函，需要注明对方单位名称、截止日期、应收应付款金额等，并加盖单位印章后送达往来单位；下联为回单，是往来单位核对后的回复函，若核对后的数额相符，则往来单位应在回单上盖章；若核对后的数额不符，则往来单位应在回单上注明不符情况。在核对过程中，若发现未达账项，双方都应采用调节账面余额的方法，核对调整后的余额是否相符。

往来款项对账单

_____公司：

根据我单位账簿记录，贵公司与我单位的往来款项如下：

截止日期	欠贵公司	贵公司欠	备注

请贵公司核对无误后签章证明，将此信寄回，如有不符，请将情况（包括时间、内容、金额、不符原因）告知。

（注：本函仅是核对账目，如结账日期后已付清，仍请函复）

（回函）

××单位：

来函获悉，在来信所述的截止日期，本公司与贵单位的往来账目，经核对 相符／不相符（附清单）

单位（签章）

年 月 日

图 5-59 往来款项对账单

（3）往来款项清查结束后，应根据清查中发现的问题，及时编制"往来款项清查报告单"（见图 5-60）。对于有争议的款项、没有希望收回的款项及无法支付的款项，应在报告单上详细列明情况，并及时采取措施，避免或减少坏账损失。

往来款项清查报告单
年 月 日

总分类账户		明细分类账户		清查结果			核对不符单位及原因				近日到期的票据	
名称	金额	名称	金额	核对相符金额	核对不符金额	核对不符单位	未达款项金额	争执款项金额	无法收回金额	无法支付金额	应收票据	应付票据

清查人员： 往来会计：

图 5-60 往来款项清查报告单

五、财产清查结果的处理

(一)财产清查结果处理的程序

<u>财产清查结果处理</u>是指对账实不符即发生盘盈、盘亏和毁损等情况的处理。当实存数大于账存数时,称为盘盈;当实存数小于账存数时,称为盘亏;实存数虽与账存数一致,但是实存的财产物资在品质上有问题,不能按正常的财产物资使用时,称为毁损。

无论是盘盈、盘亏还是毁损,都是财产清查结果处理的内容,应调查分析产生的原因,按照国家有关法律法规的规定进行相应的处理,保证账实相符。

1. 审批之前的处理

根据清查结果报告表、盘点报告表等已经查实的数据资料,填制记账凭证,记入有关账簿,使账簿记录与实际盘存数相符,同时根据权限将处理建议报股东大会、董事会、经理(厂长)会议或类似机构批准。

2. 审批之后的处理

对于财产清查产生的损溢,应于期末前查明原因,并根据企业的管理权限,经股东大会、董事会、经理(厂长)会议或类似机构批准后,在期末结账前处理完毕。企业应严格按照有关部门对财产清查结果提出的处理意见进行账务处理,填制有关记账凭证,登记有关账簿,并追究造成财产损失的相关人员的责任。

如果在期末结账前尚未经批准,在对外提供财务报表时,先按相关规定进行相应账务处理,并在附注中做出说明;其后如果批准处理的金额与已处理的金额不一致,则应调整财务报表相关项目的期初数。

(二)财产清查结果的账务处理

1. 设置"待处理财产损溢"账户

为了反映和监督企业在财产清查过程中查明的各种财产物资的盘盈、盘亏、毁损及其处理情况,应设置"待处理财产损溢"账户(固定资产的盘盈和毁损分别通过"以前年度损益调整""固定资产清理"账户核算)。

"待处理财产损溢"账户属于双重性质的资产类账户。其借方登记待处理财产物资的盘亏和毁损金额,以及经批准后转销的盘盈金额;贷方登记待处理财产物资的盘盈金额,以及经批准后转销的盘亏和毁损金额;期末结转后无余额。其账户结构如图5-61所示。

借方	待处理财产损溢	贷方
(1)待处理财产物资的盘亏和毁损金额; (2)经批准后转销的盘盈金额		(1)待处理财产物资的盘盈金额; (2)经批准后转销的盘亏和毁损金额

图 5-61 "待处理财产损溢"账户

2. 库存现金清查结果的账务处理

1) 库存现金盘盈的账务处理

库存现金盘盈时，借记"库存现金"科目，贷记"待处理财产损溢"科目。按管理权限报经批准后，借记"待处理财产损溢"科目；按应支付给有关人员或单位的金额，贷记"其他应付款"科目；按无法查明原因的金额，贷记"营业外收入"科目。

经典例题

【例5-48】 某企业在财产清查中，发现库存现金溢余200元，无法查明原因。

（1）在报经批准前。

借：库存现金　　　　　　　　　　　　　　　　200
　　贷：待处理财产损溢　　　　　　　　　　　　　　　200

（2）按管理权限报经批准后。

借：待处理财产损溢　　　　　　　　　　　　　200
　　贷：营业外收入　　　　　　　　　　　　　　　　　200

2) 库存现金盘亏的账务处理

库存现金盘亏时，借记"待处理财产损溢"科目，贷记"库存现金"科目。在按管理权限报经批准后应做如下账务处理：属于应由责任方赔偿的部分，记入"其他应收款"科目；属于无法查明原因的，记入"管理费用"科目。

经典例题

【例5-49】 某企业在财产清查中，盘亏库存现金200元。经查应由出纳员陈红赔偿100元，另外100元无法查明原因。

（1）在报经批准前。

借：待处理财产损溢　　　　　　　　　　　　　200
　　贷：库存现金　　　　　　　　　　　　　　　　　　200

（2）按管理权限报经批准后。

借：其他应收款——陈红　　　　　　　　　　　100
　　管理费用　　　　　　　　　　　　　　　　100
　　贷：待处理财产损溢　　　　　　　　　　　　　　　200

3. 存货清查结果的账务处理

1) 存货盘盈的账务处理

企业发生存货盘盈时，借记"原材料""库存商品"等科目，贷记"待处理财产损溢"科目。按管理权限报经批准后，借记"待处理财产损溢"科目，贷记"管理费用"科目。

经典例题

【例 5-50】 某企业在财产清查中，发现甲材料溢余 50 千克，实际总成本为 1 000 元。经查属于材料收发计量方面的错误。

（1）在报经批准前。

借：原材料——甲材料　　　　　　　　　　　　　　　1 000
　　贷：待处理财产损溢　　　　　　　　　　　　　　　　　1 000

（2）按管理权限报经批准后。

借：待处理财产损溢　　　　　　　　　　　　　　　　1 000
　　贷：管理费用　　　　　　　　　　　　　　　　　　　　1 000

2）存货盘亏的账务处理

企业发生存货盘亏及毁损时，借记"待处理财产损溢"科目，贷记"原材料""库存商品"等科目；材料、产成品、商品采用计划成本（售价）核算的，还应同时结转成本差异（商品进销差价），涉及增值税的，还应进行相应处理。

在按管理权限报经批准后应做如下账务处理：对于入库的残料价值，记入"原材料"等科目；对于应由保险公司和过失人支付的赔款，记入"其他应收款"科目；扣除残料价值和应由保险公司、过失人支付的赔款后的净损失，属于一般经营损失的部分，记入"管理费用"科目，属于非正常损失的部分，记入"营业外支出"等科目。

经典例题

【例 5-51】 某企业在财产清查中，盘亏 A 材料 100 千克，实际总成本为 500 元；B 材料毁损 50 千克，实际总成本为 1 500 元。经查 A 材料属于自然损耗产生的定额内损耗；B 材料系管理不善等原因造成的毁损，预计可收回残料 500 元，应向保管人员刘林索赔 100 元，尚未收到保管人员的赔款。

（1）在报经批准前。

借：待处理财产损溢　　　　　　　　　　　　　　　　2 000
　　贷：原材料——A 材料　　　　　　　　　　　　　　　　 500
　　　　　　——B 材料　　　　　　　　　　　　　　　　1 500

（2）按管理权限报经批准后。

借：管理费用　　　　　　[500＋（1 500－500－100）]1 400
　　其他应收款——刘林　　　　　　　　　　　　　　　　 100
　　原材料　　　　　　　　　　　　　　　　　　　　　　 500
　　贷：待处理财产损溢　　　　　　　　　　　　　　　　2 000

4. 固定资产清查结果的账务处理

1）固定资产盘盈的账务处理

企业在财产清查过程中盘盈的固定资产，经查明确属企业所有，按管理权限报经批准后，应根据盘存单填制固定资产交接凭证，经有关人员签字后送交企业会计部门，填写固定资产卡片账，并作为重要的前期差错进行会计处理，在按管理权限报经批准处理前，应先通过"以前年度损益调整"科目核算。

盘盈的固定资产，应按重置成本确定其入账价值，借记"固定资产"科目，贷记"以前年度损益调整"科目。期末，将"以前年度损益调整"科目余额转入留存收益时，借记"以前年度损益调整"科目，贷记"盈余公积""利润分配——未分配利润"科目。

> **经典例题**
>
> 【例 5-52】 某企业在财产清查过程中发现一台未入账的设备，重置成本为 30 000 元。该企业按净利润的 10% 提取法定盈余公积，不考虑相关税费及其他因素的影响。
>
> （1）盘盈固定资产时。
>
> 借：固定资产　　　　　　　　　　　　　　　　　30 000
>
> 　　贷：以前年度损益调整　　　　　　　　　　　30 000
>
> （2）结转为留存收益时。
>
> 借：以前年度损益调整　　　　　　　　　　　　　30 000
>
> 　　贷：盈余公积　　　　　　　　　（30 000×10%）3 000
>
> 　　　　利润分配——未分配利润　　　　　　　　27 000

2）固定资产盘亏的账务处理

企业在财产清查中盘亏的固定资产，按照盘亏固定资产的账面价值，借记"待处理财产损溢"科目，按照已计提的累计折旧，借记"累计折旧"科目，按照已计提的减值准备，借记"固定资产减值准备"科目，按照固定资产的原价，贷记"固定资产"科目。涉及增值税的，还应按相关规定处理。

在按管理权限报经批准后应做如下账务处理：按照可收回的保险赔偿或过失人赔偿，借记"其他应收款"科目，按照应计入营业外支出的金额，借记"营业外支出"科目。

> **经典例题**
>
> 【例 5-53】 某企业在财产清查中，发现缺失设备一台，账面原价 20 000 元，已提折旧 8 000 元，不考虑相关税费及其他因素的影响。
>
> （1）在报经批准前。
>
> 借：待处理财产损溢　　　　　　　　　　　　　　12 000
>
> 　　累计折旧　　　　　　　　　　　　　　　　　 8 000
>
> 　　贷：固定资产　　　　　　　　　　　　　　　20 000

（2）按管理权限报经批准后。

借：营业外支出　　　　　　　　　　　　　　　　　　　12 000
　　贷：待处理财产损溢　　　　　　　　　　　　　　　　　　12 000

5. 往来款项清查结果的账务处理

1）应收款项的账务处理

在财产清查中，对于确实无法收回的应收款项，按管理权限报经批准后作为坏账予以转销。转销时，不必通过"待处理财产损溢"科目核算，由于企业按期提取坏账准备，因此，在企业实际发生坏账损失时，应冲减坏账准备，即借记"坏账准备"科目，贷记"应收账款"等科目。对于已确认为坏账的应收款项，并不意味着企业放弃了追索权，一旦重新收回，应及时入账。

经典例题

【例5-54】　某企业在财产清查过程中确认实际发生坏账损失30 000元。由于该企业之前已经按期提取坏账准备，应编制如下会计分录。

借：坏账准备　　　　　　　　　　　　　　　　　　　　30 000
　　贷：应收账款　　　　　　　　　　　　　　　　　　　　30 000

2）应付款项的账务处理

在财产清查中，对于确实无法支付的应付款项，可按规定程序报经批准后予以转销。转销时，不必通过"待处理财产损溢"科目核算，直接按其账面余额计入营业外收入，即借记"应付账款"等科目，贷记"营业外收入"科目。

经典例题

【例 5-55】　某企业在财产清查过程中发现，因丁企业已注销，有一笔应付给丁企业的货款50 000元无法支付。按规定程序报经批准后，该企业应编制如下会计分录。

借：应付账款——丁企业　　　　　　　　　　　　　　　50 000
　　贷：营业外收入　　　　　　　　　　　　　　　　　　　50 000

立德立信

会计人员应树立终身学习理念，在做好本职工作的同时，应努力钻研业务，全面熟悉本单位经营活动和业务流程，主动提出合理化建议，积极参与管理，努力维护和提升会计职业的良好社会形象。

任务实施

李兰经过一番思考后，做出了以下回答：天华公司需要针对基本存款账户、一般存款账户和专用存款账户，各设一本银行存款日记账进行分账户序时登记。在与银行进行对账时，也应分三个账户分别进行对账。

岗位能力测试

一、单项选择题

1. 下列各项中，某有限责任公司收到投资者投入的出资额，超出其在注册资本中所占份额的部分应贷记的会计科目是（　　）。
   A. 盈余公积　　　　　　　　B. 实收资本
   C. 其他综合收益　　　　　　D. 资本公积

2. 2024 年 1 月 1 日，某企业向银行借入资金 350 万元用于生产经营，借款期限为 3 个月，年利率为 6%，到期一次还本付息，利息按月计提。下列各项中，关于该借款相关科目的会计处理结果正确的是（　　）。
   A. 借入款项时，借记"短期借款"科目 350 万元
   B. 每月预提借款利息时，贷记"财务费用"科目 5.25 万元
   C. 每月预提借款利息时，借记"应付利息"科目 1.75 万元
   D. 借款到期归还本息时，贷记"银行存款"科目 355.25 万元

3. 某企业为增值税一般纳税人，购入一台不需要安装的设备，取得的增值税专用发票上注明的价款为 50 000 元，增值税税额为 6 500 元。另发生运输费 1 000 元，包装费 500 元（均不考虑增值税）。不考虑其他因素，该设备的入账价值为（　　）元。
   A. 50 000　　B. 56 500　　C. 58 000　　D. 51 500

4. 某企业自行建造厂房购入工程物资一批，取得的增值税专用发票上注明的价款为 100 万元，增值税税额为 13 万元，发票已通过税务机关认证。不考虑其他因素，该企业购买工程物资相关科目会计处理结果表述正确的是（　　）。
   A. 借记"应交税费——应交增值税（进项税额）"科目 13 万元
   B. 借记"原材料"科目 100 万元
   C. 借记"在建工程"科目 100 万元
   D. 借记"固定资产"科目 100 万元

5. 某企业有一项固定资产，该固定资产原价为 100 000 元，预计使用年限为 5 年，预计净残值率为 2%。采用年限平均法计提折旧，不考虑其他因素，该固定资产年折旧额

为（　　）元。

  A. 19 600   B. 20 000   C. 21 560   D. 21 600

6. 下列各项中，不应计入材料采购成本的是（　　）。

  A. 材料采购人员的差旅费   B. 小规模纳税企业购进材料支付的增值税

  C. 负担的运输费   D. 入库前的整理挑选费

7. 某企业采用计划成本进行材料日常核算，下列各项中，采购材料的实际成本应计入的会计科目是（　　）。

  A. 材料采购   B. 原材料   C. 在途物资   D. 材料成本差异

8. 某企业生产 A、B 两种产品共同消耗的材料费用为 6 000 元，2024 年 3 月份生产 A 产品 10 件、B 产品 20 件，每件 A 产品重 20 千克，每件 B 产品重 15 千克。A、B 产品共同耗用的材料费用按产品重量进行分配，则 B 产品应分配负担的材料费用为（　　）元。

  A. 3 600   B. 2 400   C. 4 000   D. 2 000

9. 某企业 2024 年 5 月份生产完工甲产品 200 件、乙产品 300 件，月初月末均无在产品，该企业本月发生直接人工成本 60 000 元，按产品的生产工时比例在甲、乙产品之间分配，甲、乙产品生产工时分别为 1 400 小时和 600 小时，本月甲产品应分配的直接人工成本为（　　）元。

  A. 24 000   B. 18 000   C. 36 000   D. 42 000

10. 某企业 2024 年 6 月份生产甲、乙产品分别耗用机器工时 60 000 小时、40 000 小时，当月车间机物料消耗 12 000 元，车间管理人员工资 20 000 元，车间生产设备折旧费 98 000 元，该企业按照机器工时分配制造费用。不考虑其他因素，当月甲产品应分担的制造费用为（　　）元。

  A. 78 000   B. 52 000   C. 58 800   D. 39 200

11. 下列各项中，关于销售商品并提供商业折扣的会计处理正确的是（　　）。

  A. 应当按照扣除商业折扣前的金额确定应收账款

  B. 应当按照扣除商业折扣前的金额确定销项税额

  C. 应当按照扣除商业折扣后的金额结转销售成本

  D. 应当按照扣除商业折扣后的金额确定销售收入

12. 下列与收入有关的表述，错误的是（　　）。

  A. 企业应当在履行了合同中的履约义务，即客户取得相关商品控制权时确认收入

  B. 企业销售商品涉及商业折扣的，应当按照扣除商业折扣前的金额确定商品销售价格和销售商品收入金额

  C. 合同的存在是企业确认合同收入的前提

  D. 对于在某一时点履行的履约义务，企业应当综合分析控制权转移的迹象，判断其转移时点

13．下列各项中，企业在筹建期间内发生的开办费应记入的会计科目是（　　）。
    A．营业外支出　　B．管理费用　　C．财务费用　　D．销售费用
14．某企业当期发生短期借款利息支出 119 万元，汇兑损失 96 万元，银行手续费支出 1 万元，存款利息收入 15 万元，则当期计入财务费用的金额为（　　）万元。
    A．201　　　　B．216　　　　C．231　　　　D．199
15．某企业 2024 年 6 月份赊购 10 000 元办公用品并交付使用，预付第三季度办公用房租金 45 000 元，支付第二季度短期借款利息 6 000 元，其中 4 月至 5 月已累计计提利息 4 000 元，不考虑其他因素，该企业 6 月份应确认的期间费用为（　　）元。
    A．10 000　　B．6 000　　C．12 000　　D．55 000
16．某企业 2024 年发生如下经济业务：确认销售费用 1 000 万元，公允价值变动损失 60 万元，确认信用减值损失 4 万元，支付税收滞纳金 26 万元。不考虑其他因素，上述业务导致该企业 2024 年营业利润减少的金额为（　　）万元。
    A．1 090　　B．1 064　　C．1 086　　D．1 060
17．某企业 2024 年年初"利润分配——未分配利润"科目借方余额为 100 万元，当年实现净利润 300 万元。不考虑其他因素，该企业年末可供分配利润为（　　）万元。
    A．100　　　　B．400　　　　C．300　　　　D．200
18．法定盈余公积累计额已达注册资本的（　　）时可以不再提取。
    A．30%　　　B．40%　　　C．50%　　　D．60%
19．下列各项中，既属于全面清查，又属于定期清查的是（　　）。
    A．年终决算前的清查　　　　　　B．股份制改制前的清查
    C．单位改变隶属关系前的清查　　D．财产物资保管人员更换时的清查
20．下列各项中，导致银行存款日记账余额大于银行对账单余额的未达账项是（　　）。
    A．银行根据协议支付当月电话费并已入账，企业尚未收到付款通知
    B．银行已代收货款并入账，企业尚未收到收款通知
    C．企业签发现金支票并入账，收款方尚未提现
    D．企业签发转账支票并入账，收款方未办理转账
21．按管理权限经批准后计入营业外支出的是（　　）。
    A．因管理不善造成的原材料盘亏　　B．固定资产盘亏净损失
    C．无法查明原因的现金短缺　　　　D．由过失人赔付的库存商品毁损
22．下列各项中，企业应通过"待处理财产损溢"科目核算的是（　　）。
    A．固定资产毁损　　B．无法支付的应付款项
    C．固定资产盘盈　　D．固定资产盘亏

二、多项选择题

1. 结算形成的负债主要有（　　）。
   A. 短期借款 B. 应付账款
   C. 应付职工薪酬 D. 应交税费

2. 下列各项中，关于制造业企业不采用预提方法按月支付利息，在实际支付短期借款利息时的会计科目处理正确的有（　　）。
   A. 贷记"应付利息"科目 B. 借记"制造费用"科目
   C. 贷记"银行存款"科目 D. 借记"财务费用"科目

3. 下列各项中，企业应计提折旧的有（　　）。
   A. 日常维修期间停工的生产设备
   B. 上月已达到预定可使用状态但尚未办理竣工决算的办公大楼
   C. 非生产经营用的中央空调设施
   D. 已提足折旧仍继续使用的生产线

4. 下列各项中，关于企业固定资产折旧会计处理表述正确的有（　　）。
   A. 自营建造厂房使用自有固定资产，计提的折旧应计入在建工程成本
   B. 基本生产车间使用自有固定资产，计提的折旧应计入制造费用
   C. 经营租出的固定资产，计提的折旧应计入管理费用
   D. 专设销售机构使用的自有固定资产，计提的折旧应计入销售费用

5. 某企业采用计划成本进行材料日常核算，下列各项中，应通过"材料成本差异"科目借方核算的有（　　）。
   A. 发出材料应负担的超支差异 B. 发出材料应负担的节约差异
   C. 入库材料的超支差异 D. 入库材料的节约差异

6. 材料采用计划成本核算时，应设置的会计科目有（　　）。
   A. 材料采购 B. 原材料
   C. 在途物资 D. 材料成本差异

7. 下列通过"制造费用"科目核算的有（　　）。
   A. 生产车间发生的机物料消耗 B. 生产工人的工资
   C. 生产车间管理人员的工资 D. 季节性的停工损失

8. 下列各项中，确认商品销售收入时，企业与客户之间的合同应同时满足的条件有（　　）。
   A. 该合同有明确的与所转让商品相关的支付条款
   B. 该合同明确了合同各方与所转让商品相关的权利和义务
   C. 该合同具有商业实质且企业因向客户转让商品而有权取得的对价很可能收回
   D. 合同各方已批准该合同并承诺将履行各自义务

9. 下列各项中，制造业企业应通过"其他业务收入"科目核算的有（   ）。
   A．销售原材料收入 B．出租固定资产租金收入
   C．出租包装物租金收入 D．出售无形资产净收益

10. 下列有关"合同资产"科目的表述，正确的有（   ）。
    A．该科目借方登记因已转让商品而有权收取的对价金额
    B．该科目核算企业已向客户转让商品而有权收取对价的权利，且该权利取决于时间流逝之外的其他因素
    C．该科目贷方登记取得无条件收款权的金额
    D．该科目期末借方余额反映企业已向客户转让商品而有权收取的对价金额

11. 下列各项中，有关收入确认和计量步骤的表述正确的有（   ）。
    A．当合同中包含两项或多项履约义务时，应当在合同开始日，按照各单项履约义务所承诺商品的单独售价的相对比例，将交易价格分摊至各单项履约义务
    B．履约义务是指合同中企业向客户转让可明确区分商品或服务的承诺
    C．交易价格不包括企业代第三方收取的款项及企业预期将退还给客户的款项
    D．企业应当根据实际情况，首先判断履约义务是否满足在某一时点履行的条件，如不满足，则该履约义务属于在某一时段内履行的履约义务

12. 对于在某一时点履行的履约义务，企业应当在客户取得相关商品控制权时确认收入。在判断客户是否取得商品的控制权时，企业应当考虑的迹象有（   ）。
    A．客户已接受该商品
    B．客户已拥有该商品的法定所有权
    C．客户已取得该商品所有权上的主要风险和报酬
    D．客户就该商品负有现时付款义务

13. 下列各项中，应计入管理费用的有（   ）。
    A．合同违约支付的诉讼费 B．专设销售机构发生的电脑维修费
    C．聘请会计师事务所支付的审计费 D．筹建期间发生的开办费

14. 2024年8月31日，某企业发生有关经济业务如下：书立销售合同支付印花税0.1万元，支付商品展览费4万元，支付银行手续费2万元，支付销售商品保险费1.06万元。不考虑其他因素，下列各项中，该企业相关会计科目处理正确的有（   ）。
    A．借记"销售费用"科目5.06万元 B．借记"税金及附加"科目0.1万元
    C．借记"财务费用"科目2万元 D．借记"管理费用"科目1.06万元

15. 下列各项中，应通过"管理费用"科目核算的有（   ）。
    A．财务人员的薪酬 B．企业专设销售机构的设备折旧费
    C．销售商品发生的运输费 D．中介机构咨询费

16. 下列各项中，导致企业期间费用增加的有（　　）。
    A．确认销售人员的薪酬　　　　　　B．计提行政部门固定资产的折旧费
    C．以银行存款支付生产车间的水费　D．以银行存款偿还短期借款的本金

17. 下列有关企业账务处理的表述，不正确的有（　　）。
    A．为促进商品销售给予客户的商业折扣应计入销售费用
    B．合同违约支付的诉讼费应计入营业外支出
    C．筹建期间短期借款的利息费用应计入财务费用
    D．行政管理部门负担的工会经费应计入管理费用

18. 下列各项中，企业应计入营业外支出的有（　　）。
    A．行政罚款支出　　　　　　　　　B．固定资产毁损报废损失
    C．捐赠支出　　　　　　　　　　　D．发生的诉讼费

19. 下列各项中，不影响企业营业利润的有（　　）。
    A．营业外收入　　　　　　　　　　B．营业外支出
    C．其他收益　　　　　　　　　　　D．所得税费用

20. 下列各项中，年度终了需要转入"利润分配——未分配利润"科目的有（　　）。
    A．本年利润
    B．利润分配——应付现金股利或利润
    C．利润分配——盈余公积补亏
    D．利润分配——提取法定盈余公积

21. 下列各项中，企业必须进行财产全面清查的有（　　）。
    A．清产核资前　　　　　　　　　　B．股份制改制前
    C．单位改变隶属关系前　　　　　　D．单位主要领导人离任交接前

22. 下列各项中，有关局部清查的表述正确的有（　　）。
    A．对于流动性较大的财产物资，应根据需要随时轮流盘点或重点抽查
    B．对于贵重财产物资，每月都要进行清查盘点
    C．对于库存现金，每日终了，应由出纳人员进行清点核对
    D．对于银行存款，企业至少每月同银行核对一次

23. 按照清查的执行系统，财产清查分为（　　）。
    A．全面清查　B．内部清查　C．外部清查　D．不定期清查

24. 下列各项中，关于财产清查的相关表述正确的有（　　）。
    A．银行存款清查应采用与开户银行核对账目的方法
    B．库存现金清查应采用实地盘点法
    C．露天堆放煤炭清查应采用技术推算法
    D．应收账款清查应采用发函询证的方法

25. 下列各项中，采用发函询证方法进行财产清查的有（　　）。
    A．库存现金　　　　　　　　B．应收账款
    C．预付账款　　　　　　　　D．存货
26. 下列各项中，会影响企业"管理费用"科目的有（　　）。
    A．无法查明原因的现金短缺　　B．无法查明原因的现金溢余
    C．发生的存货盘盈　　　　　　D．存货盘亏中属于一般经营净损失的部分

三、判断题

1. 企业应将已达到预定可使用状态但尚未办理竣工决算的固定资产，按照估计价值确定其成本并计提折旧。（　　）
2. 月末货到单未到的入库材料应按暂估价入账，并于下月月初用红字冲销原暂估入账金额，待收到发票账单后再按照实际金额记账。（　　）
3. 预付款项情况不多的，可以不设置"预付账款"账户，将预付的款项直接通过"应收账款"账户进行会计处理。（　　）
4. "预付账款"账户属于负债类账户，用以核算企业按照合同规定预付的款项。（　　）
5. 企业代扣代缴的个人所得税，不通过"应交税费"账户核算。（　　）
6. 企业应当在履行了合同中的履约义务，即在客户取得相关商品控制权时确认收入。（　　）
7. 期间费用是指企业日常活动发生的不能计入特定核算对象成本而应计入发生当期损益的费用。（　　）
8. 企业年末将损益类科目结转后，"本年利润"科目的借方余额表示实现的净利润，贷方余额表示发生的净亏损。（　　）
9. 年度终了，企业应将"本年利润"科目的本年累计余额转入"利润分配——未分配利润"科目。（　　）
10. 在用当年实现的净利润弥补以前年度亏损时，需要另行编制会计分录。（　　）
11. 董事会或类似机构通过的利润分配方案中拟分配的现金股利或利润，不需要进行账务处理，但应在附注中披露。（　　）
12. 定期清查和不定期清查既可以是全面清查，也可以是局部清查。（　　）
13. "银行存款余额调节表"可以作为调整企业银行存款日记账账面余额的记账依据。（　　）
14. 如果不存在未达账项，银行存款日记账账面余额与银行对账单余额之间有差额，说明企业与银行双方或其中一方存在记账错误。（　　）
15. 对于确实无法收回的应收款项，按管理权限报经批准后转作营业外支出处理。（　　）

16．企业在财产清查中盘盈的固定资产，应作为前期差错进行会计处理，在按管理权限报经批准处理前，应先通过"以前年度损益调整"科目核算。（　　）

四、综合题

（一）编制资金筹集业务会计分录

甲、乙公司发生的与资金筹集有关的经济业务资料如下（不考虑相关税费）。

（1）甲公司（有限责任公司）成立于 2024 年 6 月，由 A、B 两个公司投资设立。按照投资协议，A 公司投入不需要安装的设备一台，价值 500 000 元，全部作为其注册资本金，该设备已办理相关手续并投入使用；B 公司投入资金 600 000 元，经协商确认其注册资本金为 500 000 元，其余做资本溢价处理，款项已存入银行。

（2）2024 年 6 月 1 日，乙公司向银行借入一笔生产经营用短期借款 1 000 000 元，期限为 6 个月，年利率为 6%。根据与银行签署的借款协议，该项借款的本金到期后一次归还，利息按季支付。

要求：

1．根据资料（1），编制与甲公司设立相关的会计分录并填入表 5-10 中。

2．根据资料（2），编制与乙公司借入短期借款、计提和支付利息、偿还短期借款相关的会计分录并填入表 5-10 中。

表 5-10　资金筹集业务会计分录编制表

资料	会计分录
（1）	
（2）	

（二）编制固定资产业务会计分录

甲公司和乙公司均为增值税一般纳税人，发生的与固定资产有关的经济业务资料如下。

（1）2024 年 1 月，甲公司自行建造一栋办公楼。以银行存款购入为工程准备的各种物资 10 000 000 元，增值税专用发票注明的增值税税额为 1 300 000 元，全部用于工程建设。领用本企业外购的原材料一批，入账成本为 200 000 元，相关的增值税进项税额为 26 000 元。领用本企业生产的产品一批，实际成本为 500 000 元。应计工程人员工资 1 000 000 元。支付的其他费用并取得增值税专用发票，注明的安装费为 300 000 元，增值税税额为 27 000 元。2024 年 11 月，工程完工并达到预定可使用状态。该办公楼采用年限平均法计提折旧，预计可使用 20 年，预计净残值为 600 000 元。

（2）2024 年 7 月，乙公司计提生产车间机器设备折旧费 500 000 元，车间厂房折旧费 390 000 元，销售部门固定资产折旧费 600 000 元，行政管理部门固定资产折旧费 400 000 元。

要求：

1. 根据资料（1），编制与甲公司自行建造固定资产和计提固定资产折旧相关的会计分录并填入表 5-11 中。

2. 根据资料（2），编制与乙公司计提固定资产折旧相关的会计分录并填入表 5-11 中。

表 5-11 固定资产业务会计分录编制表

资料	会计分录
（1）	
（2）	

（三）编制材料采购业务会计分录

甲公司和乙公司均为增值税一般纳税人，分别采用实际成本和计划成本进行材料日常核算，2024 年发生的与材料采购有关的部分经济业务资料如下。

（1）7 月 26 日，甲公司购入 A 材料一批，材料已验收入库，月末发票账单尚未收到也无法确定其实际成本，暂估价值为 9 000 元。

（2）8 月 8 日，甲公司收到上述购入 A 材料的发票账单，增值税专用发票上注明的价款为 10 000 元，增值税税额为 1 300 元，甲公司开出并经开户银行承兑的一张商业汇票用于支付上述款项，该汇票的面值为 11 300 元，期限为 6 个月。

（3）7 月 16 日，乙公司根据与某钢铁公司的购销合同，为购买 B 材料向该钢铁公司预付 100 000 元价款的 60%，计 60 000 元，已通过汇兑方式汇出。

（4）8 月 1 日，乙公司收到该钢铁公司发运来的 B 材料，已验收入库。取得的增值税专用发票上注明的价款为 100 000 元，增值税税额为 13 000 元，所欠款项以银行存款付讫。该批材料的计划成本为 95 000 元。

要求：根据上述资料，逐项编制与甲公司和乙公司材料采购业务相关的会计分录并填入表 5-12 中。

表 5-12 材料采购业务会计分录编制表

资料	会计分录
（1）	
（2）	
（3）	
（4）	

（四）编制生产业务会计分录

A 公司只生产甲产品，制造费用单独核算。2024 年 7 月初无在产品，7 月份发生的部分经济业务资料如下。

（1）本月耗用材料 3 060 000 元，其中甲产品耗用 3 000 000 元、车间机物料消耗 50 000 元、行政管理部门耗用 10 000 元。

（2）月末分配本月职工薪酬 1 950 000 元，其中车间生产工人 1 000 000 元、车间管理人员 250 000 元、行政管理部门人员 300 000 元、销售部门人员 400 000 元。

（3）本月计提折旧费 320 000 元，其中车间生产设备折旧费 180 000 元、车间一般管理用设备折旧费 120 000 元、行政管理部门折旧费 15 000 元、销售部门折旧费 5 000 元。

（4）本月末完工甲产品 100 件，在产品 50 件；月末在产品成本为 1 150 000 元，其中直接材料 800 000 元、直接人工 200 000 元、制造费用 150 000 元；完工产品已验收入库。

要求：根据上述资料，逐项编制与 A 公司生产业务相关的会计分录并填入表 5-13 中。

表 5-13　生产业务会计分录编制表

资料	会计分录
（1）	
（2）	
（3）	
（4）	

（五）编制销售业务会计分录

甲公司为增值税一般纳税人，在确认销售收入的同时结转其销售成本。甲公司适用的增值税税率为 13%，2024 年发生的与销售有关的经济业务资料如下。

（1）7 月 1 日，甲公司与客户签订合同，向客户销售 A 商品，开具的增值税专用发票上注明的售价为 30 000 元，增值税税额为 3 900 元，款项尚未收到，已办妥托收手续；该批商品成本为 28 000 元；客户已收到商品并验收入库。该销售业务属于在某一时点履行的履约义务。

（2）7 月 2 日，甲公司向客户销售 B 商品 1 000 件并开具增值税专用发票，每件商品的标价为 100 元（不含增值税），每件商品的实际成本为 80 元；由于是成批销售，甲公司给予客户 10% 的商业折扣，并在销售合同中规定现金折扣条件为 1/20，N/30（计算现金折扣不考虑增值税）。当日 B 商品发出，客户收到商品并验收入库。甲公司基于对客户的了解，预计客户 20 天内付款的概率为 90%，20 天后付款的概率为 10%，甲公司认为按照最可能发生金额能够更好地预测其有权获取的对价金额。7 月 15 日，甲公司收到客户支付的货款。该销售业务属于在某一时点履行的履约义务。

（3）7 月 2 日，甲公司与客户签订合同，向其销售一批原材料，开具的增值税专用发票上注明的售价为 20 000 元，增值税税额为 2 600 元；甲公司收到客户支付的款项并存入银行；该批原材料的实际成本为 18 000 元。该销售业务属于在某一时点履行的履约义务。

要求：根据上述资料，逐项编制与甲公司销售业务相关的会计分录并填入表 5-14 中。

表 5-14　销售业务会计分录编制表

资料	会计分录
（1）	
（2）	

续表

资料	会计分录
（3）	

（六）编制财务成果业务会计分录

甲公司 2024 年有关损益类科目的年末余额如表 5-15 所示。该公司采用表结法年末一次结转损益类科目，其适用的企业所得税税率为 25%。

表 5-15　损益类科目年末余额

2024 年　　　　　　　　　　　　　　　　　　　　　单位：元

科目名称	借或贷	结账前余额	科目名称	借或贷	结账前余额
主营业务收入	贷	7 000 000	主营业务成本	借	5 000 000
其他业务收入	贷	600 000	其他业务成本	借	400 000
其他收益	贷	100 000	税金及附加	借	80 000
投资收益	贷	150 000	销售费用	借	500 000
营业外收入	贷	50 000	管理费用	借	270 000
营业外支出	借	10 000	财务费用	借	40 000

要求：

1. 根据上述资料，编制与各损益类科目年末余额结转至"本年利润"科目相关的会计分录并填入表 5-16 中。

2. 假设甲公司 2024 年度不存在所得税纳税调整及递延所得税因素，即利润总额与应纳税所得税额一致。计算甲公司 2024 年度营业利润、利润总额、所得税费用和净利润，同时编制与确认所得税费用、结转所得税费用及将"本年利润"科目年末余额结转至"利润分配"科目相关的会计分录并填入表 5-16 中。

3. 假设甲公司年初未分配利润为 0，本年按净利润的 10%和 5%分别提取法定盈余公积和任意盈余公积，宣告发放现金股利 100 000 元，编制与甲公司提取盈余公积和宣告发放现金股利相关的会计分录并填入表 5-16 中。

4. 编制将"利润分配"科目所辖其他明细科目的余额结转至"未分配利润"明细科目的会计分录并填入表 5-16 中。

表 5-16 财务成果业务会计分录编制表

序号	会计分录
1	
2	
3	
4	

项目考核评价

请各位学生配合指导教师共同完成如表 5-17 所示的项目考核评价表。

表 5-17 项目考核评价表

班级		组号		日期		
姓名		学号		指导教师		
项目名称		条分缕析——核算企业主要经济业务				

评价维度	一级指标	二级指标	评价标准	分值	评分 自评	评分 师评
知识评价（40分）	重难点知识	掌握资金筹集业务的核算方法	能答对相关习题，并且能用简洁的话概括资金筹集业务的类型、账户设置和账务处理方法	3		
		掌握生产准备业务的核算方法	能答对相关习题，并且能用简洁的话概括生产准备业务的类型、账户设置和账务处理方法	3		
		掌握生产业务的核算方法	能答对相关习题，并且能用简洁的话概括生产费用的构成、生产业务的账户设置和账务处理方法	3		
		掌握销售业务的核算方法	能答对相关习题，并且能用简洁的话概括销售业务的账户设置和账务处理方法	3		
		掌握期间费用业务的核算方法	能答对相关习题，并且能用简洁的话概括期间费用的构成、期间费用业务的账户设置和账务处理方法	3		
		掌握财务成果业务的核算方法	能答对相关习题，并且能用简洁的话概括财务成果业务的账户设置和账务处理方法	3		
		掌握财产清查业务的核算方法	能答对相关习题，并且能用简洁的话概括财产清查的一般程序与方法	3		
	操作技能	能正确设置资金筹集业务、生产准备业务、生产业务、销售业务、期间费用业务、财务成果业务和财产清查业务的相关账户		6		
		能正确处理资金筹集业务、生产准备业务、生产业务、销售业务、期间费用业务、财务成果业务和财产清查业务的相关账务		10		
		能采用正确、有效的方法清查企业的各类财产		3		

续表

评价维度	一级指标	二级指标	评价标准	分值	评分	
					自评	师评
能力评价（30分）	自主学习能力	预习能力	能概述本项目的主要知识点	6		
		课堂学习能力	认真听讲，积极参与课堂互动	6		
		反思改进能力	反思在预习和课堂学习中出现的问题，巩固所学知识，改进学习方法	6		
	人际交往能力	团队协作能力	积极参与活动，与小组成员配合默契	6		
		沟通能力	与小组成员沟通顺畅	6		
素养评价（30分）	职业素养	主动意识	积极学习，按时完成任务	10		
		合作与竞争意识	能以平和的心态面对同学之间的合作与竞争	10		
		应用意识	能建立所学知识与实际应用场景的联系	10		
合计				100		
总评	自评（30%）+师评（70%）=			教师（签名）：		

项目六

一丝不苟——管理会计账簿

在学习本项目前，请思考以下问题。

- 什么是会计账簿？登记会计账簿的依据是什么？
- 会计账簿记录发生错误时，可以采用哪些方法进行更正？
- 对账包括哪些内容？

扫一扫右边的二维码，从会计相关法律法规中找到答案。

素养目标

（1）培养认真踏实、一丝不苟、"日清月结"的工作作风。

（2）在工作中力求精益求精，做到真正的"账证相符""账账相符"和"账实相符"。

知识目标

（1）了解会计账簿的概念、基本构成和种类。

（2）熟悉会计账簿的启用与登记要求。

（3）掌握会计账簿的格式与登记方法，以及对账、结账和更正错账的方法。

技能目标

（1）能够根据审核无误的会计凭证登记会计账簿。

（2）能够正确地对账、结账和更正错账。

会计讲堂

一、会计账簿的概念与基本构成

（一）会计账簿的概念

会计账簿简称"账簿"，是指由一定格式的账页组成，以审核无误的会计凭证为依据，全面、系统、连续地记录一个单位各项经济业务的簿籍。

设置和登记会计账簿是会计工作的一个重要环节。根据《会计法》，各单位必须依法设置会计账簿，并保证其真实、完整。科学地设置会计账簿和正确地登记会计账簿对全面完成会计核算工作具有重要意义。

（二）会计账簿的基本构成

会计账簿通常由封面、扉页、账页和封底构成。

1. 封面

封面主要用来标明会计账簿的名称、记账单位的名称和所属会计年度。

2. 扉页

扉页主要用来列明会计账簿的使用信息，包括科目索引（见表 6-1）、账簿启用和经管账簿人员一览表（见表 6-2）等。

表 6-1 科目索引

编号	科目名称	页码	编号	科目名称	页码	编号	科目名称	页码

表 6-2 账簿启用和经管账簿人员一览表

单位名称							
账簿名称							
账簿编号		字第　　号第　　册共　　册					（单位公章）
账簿页数		自第　　页起至第　　页止共　　页					
启用日期		年　　月　　日					
经管人员		接管日期		移交日期		会计机构负责人	印花税票粘贴处
姓名	盖章	年	月　日	年	月　日	姓名　　盖章	

3．账页

账页是账簿中用来记录经济业务的主要载体，一般包括账户的名称、登账日期栏、凭证种类和编号栏、摘要栏、金额栏，以及总页次和分户页次等基本内容。

4．封底

封底一般没有内容，它和封面一样采用硬质纸，起到保护账页的作用。

二、会计账簿的种类

会计账簿可以按用途、账页格式、外形特征等进行分类。

（一）按用途分类

按用途的不同，会计账簿可以分为序时账簿、分类账簿和备查账簿。

1．序时账簿

序时账簿又称"日记账"，是指按照经济业务发生时间的先后顺序逐日、逐笔进行连续登记的账簿。在实务中，库存现金日记账和银行存款日记账是应用比较广泛的日记账。

2．分类账簿

分类账簿简称"分类账"，是指对全部经济业务按照会计要素的具体类别设置分类账户并进行登记的账簿。分类账簿是会计账簿的主体，也是编制财务报表的主要依据。

按所反映内容的详细程度的不同，分类账簿又可分为总分类账簿和明细分类账簿。总分类账簿简称"总分类账""总账"，是指按照总分类账户设置的、总括地反映经济业务的账簿。明细分类账簿简称"明细分类账""明细账"，是指按照明细分类账户设置的、详细地反映经济业务的账簿。总分类账簿对所辖明细分类账簿起统御作用，明细分类账簿对总分类账簿起补充和说明作用。

3．备查账簿

备查账簿又称"辅助登记簿""补充登记簿"，是指对某些在序时账簿和分类账簿中未能记载或记载不全的经济业务进行补充登记的账簿，如代管商品物资登记簿、委托加工材料登记簿等。

备查账簿只是对其他账簿记录的一种补充，不是按照账户登记的，与其他账簿之间不存在严密的钩稽关系。备查账簿通常根据企业的实际需要设置，没有固定的格式要求。

（二）按账页格式分类

按账页格式的不同，会计账簿可以分为三栏式账簿、多栏式账簿和数量金额式账簿。

1. 三栏式账簿

三栏式账簿是指设有借方、贷方和余额三个金额栏目的账簿。这种格式适用于只需要提供价值量信息的账簿。日记账、总分类账，以及债权、债务等明细分类账都可以采用三栏式账簿。

根据是否在摘要栏和借方科目栏之间设置对方科目栏，三栏式账簿又可分为设置对方科目栏的三栏式账簿和不设置对方科目栏的三栏式账簿。

2. 多栏式账簿

多栏式账簿是指根据经济业务的内容和管理的需要，在借方或贷方两个金额栏目下分设若干专栏的账簿。多栏式账簿适用于核算项目较多，且需要提供各核算项目详细信息的明细分类账，如收入、成本、费用等明细分类账。

3. 数量金额式账簿

数量金额式账簿是指在借方、贷方和余额三个金额栏目内再分设数量、单价和金额三小栏，以反映财产物资的实物数量与价值量的账簿。数量金额式账簿适用于既需要提供实物数量信息，又需要提供价值量信息的明细分类账，如原材料、库存商品等明细分类账。

（三）按外形特征分类

按外形特征的不同，会计账簿可以分为订本式账簿、活页式账簿和卡片式账簿。

1. 订本式账簿

订本式账簿简称"订本账"，是指在启用前将编有顺序页码的一定数量的账页装订成册的账簿。采用订本账的优点是能避免账页散失和防止抽换账页；缺点是不能准确地为各账户预留账页。订本账一般适用于重要的和具有统御性的总分类账、库存现金日记账和银行存款日记账。

2. 活页式账簿

活页式账簿简称"活页账"，是指将一定数量的账页置于活页夹内，可根据记账内容的变化随时增加或减少部分账页的账簿。采用活页账的优点是可以根据实际需要随时增添账页，或抽去不需要的空白账页，同时便于会计人员分工记账；缺点是账页容易散失或被抽换。活页式账簿一般适用于明细分类账。

3. 卡片式账簿

卡片式账簿简称"卡片账"，是指将一定数量的卡片式账页按顺序编号并存放于专设的卡片箱中，可根据需要随时取放账页的账簿。卡片账适用于所记录内容比较固定的明细分类账，如固定资产明细分类账。

项目六 一丝不苟——管理会计账簿

任务一 设置和登记会计账簿

> **任务引航**

采购签字笔的账务处理

1. 任务情境

2024年5月29日,天华公司行政部的张峰采购签字笔花了140元,以现金支付。这是天华公司5月份第29笔库存现金付款业务,附带1张原始凭证。王勇让李兰填制该笔业务的记账凭证并登记会计账簿。

2. 任务要求

请根据上述经济业务内容填制相应的付款凭证,并登记管理费用明细分类账和总分类账。

一、会计账簿的启用

启用会计账簿时,会计人员应当遵循以下原则。

(1)在账簿封面上写明账簿名称、单位名称和所属会计年度,并按规定填写账簿扉页上的科目索引、账簿启用和经管账簿人员一览表等。

(2)启用订本式账簿时,应当从第一页到最后一页按顺序编定页码,不得跳页、缺码。

(3)启用活页式账簿时,应当按账户顺序编号,并定期装订成册,装订后再按实际使用的账页顺序编定页码。

(4)年度开始启用新账簿时,应将上年的年末余额结转到新账簿的第一行,并在摘要栏内注明"上年结转"字样。

二、会计账簿的登记要求

为了保证账簿记录的正确性,会计人员应当根据审核无误的会计凭证登记会计账簿。具体来说,会计人员应当按照以下要求登记会计账簿。

(一)准确完整

会计人员登记会计账簿时,应当将会计凭证的日期、编号、业务内容摘要、金额和其他有关资料逐项记入账内,做到数字准确、摘要清楚、登记及时、字迹工整。

（二）注明记账符号

登记完会计账簿后，会计人员要在记账凭证上签名或者盖章，并注明已经登账的符号，如画"√"，表示已经记账，以免重记或漏记。

（三）书写留空

登记会计账簿时，会计人员书写的文字和数字应紧靠底线，不要写满格，一般应占格距的1/2，上面要留有适当空格，便于发生错账时进行更正。

（四）正常记账使用蓝黑墨水或者碳素墨水笔

正常记账使用蓝黑墨水或者碳素墨水笔，不得使用圆珠笔（银行的复写账簿除外）或者铅笔书写。

（五）特殊记账使用红墨水笔

下列情况可以使用红色墨水笔记账。
（1）按照红字冲账的记账凭证，冲销错误记录。
（2）在不设借方栏或贷方栏的多栏式账页中，登记减少数。
（3）在三栏式账户的余额栏前，若未印明余额方向的，在余额栏内登记负数余额。
（4）根据国家统一会计制度的规定可以用红字登记的其他会计记录。

（六）按顺序连续登记

各种账簿应按页次顺序连续登记，不得跳行、隔页。如果发生跳行、隔页，则应当将空行或空页画线注销，或者注明"此行空白"或"此页空白"字样，并由记账人员签名或者盖章。

（七）注明余额方向

凡需要结出余额的账户，结出余额后，应当在"借或贷"等栏内注明"借"或"贷"字样，表明余额的方向。没有余额的账户，应当在"借或贷"等栏内写"平"字，并在余额栏的元位上用"0"表示。库存现金日记账和银行存款日记账必须逐日结出余额。

（八）过次承前

每一页账页登记完毕结转下页时，应当结出本页合计数及余额，写在本页最后一行和下页第一行有关栏内，并在本页最后一行的摘要栏内注明"过次页"字样，在下页第一行的摘要栏内注明"承前页"字样；也可以将本页合计数及余额只写在下页第一行有关栏内，并在摘要栏内注明"承前页"字样，以保持账簿记录的连续性，便于对账和结账。

会计小助手

（1）对需要结计本月累计发生额的账户，结计"过次页"的本页合计数应当为自本月初起至本页末止的发生额合计数。

（2）对需要结计本年累计发生额的账户，结计"过次页"的本页合计数应当为自年初起至本页末止的发生额累计数。

（3）对既不需要结计本月累计发生额，也不需要结计本年累计发生额的账户，可以只将每页页末的余额结转次页。

（九）采用正确的方法更正错账

账簿记录发生错误时，不得涂改、挖补、刮擦或者用药水消除字迹，也不准重新抄写，必须采用正确的方法予以更正。

三、会计账簿的格式与登记方法

（一）日记账的格式与登记方法

在我国，大多数企业一般只设置库存现金日记账和银行存款日记账。

1. 库存现金日记账的格式与登记方法

库存现金日记账是指用来核算和监督库存现金每日的收入、支出和结余情况的序时账簿。库存现金日记账必须采用订本式账簿。库存现金日记账的格式一般为三栏式。三栏式库存现金日记账（见表6-3）设有借方、贷方和余额三个金额栏目，一般将其分别称为收入、支出和结余三个基本栏目。

表6-3 三栏式库存现金日记账

库存现金日记账

2024年		凭证		摘要	对方科目	借方								贷方								借或贷	余额							
月	日	字	号			百	十万	千	百	十	元	角	分	百	十万	千	百	十	元	角	分		百	十万	千	百	十	元	角	分
2	1			期初余额																		借				3	5	1	0	0
2	1	银付	1	取现	银行存款			5	0	0	0	0	0									借				8	5	1	0	0
2	1	现付	1	预支差旅费	其他应收款											3	0	0	0	0	0	借				5	5	1	0	0
2	1	现付	2	购买打印纸	管理费用												2	5	0	0	0	借				5	2	6	0	0
				本日合计				5	0	0	0	0	0			3	2	5	0	0	0	借				5	2	6	0	0
				……																										

三栏式库存现金日记账由出纳人员根据审核无误的库存现金收款凭证、库存现金付款凭证和银行存款付款凭证，按照经济业务发生时间的先后顺序逐日逐笔进行连续登记。具体登记方法如下。

（1）日期栏。登记填制记账凭证的日期，应与库存现金实际收、付日期一致。

（2）凭证栏。登记收、付款凭证的种类和编号，如通常将"库存现金收（付）款凭证"简写为"现收（付）"，将"银行存款付款凭证"简写为"银付"。

（3）摘要栏。登记入账经济业务的简要内容。

（4）对方科目栏。登记库存现金收入的来源科目或支出的用途科目，如从银行提取现金，其来源科目（对方科目）为"银行存款"。

（5）借方栏（或收入栏）。根据库存现金收款凭证和银行存款付款凭证登记库存现金实际收入的金额。

（6）贷方栏（或支出栏）。根据库存现金付款凭证登记库存现金实际支出的金额。

（7）余额栏（或结余栏）。每日收付完毕后，分别计算库存现金收入和支出的合计数，并根据"上日余额＋本日收入－本日支出＝本日余额"的公式，逐日结出库存现金的余额，即通常所说的"日清"，月终同样要结出当月库存现金的余额，也就是"月结"。不管是日清，还是月结，都要将库存现金日记账的账面余额与库存现金实存数进行核对，以检查账实是否相符。如果账实不符，则应及时查明原因并进行相应的处理。

 立德立信

> 库存现金日记账要做到"日清月结"、账实相符，类比做人、做事，同样也要"今日事今日毕"，不能"明日复明日"，并且要经常将自己实际完成的结果与制订的计划相对比，找出差距和原因，力求做到"账实相符"。

2. 银行存款日记账的格式与登记方法

银行存款日记账是指用来核算和监督银行存款每日的收入、支出和结余情况的序时账簿。银行存款日记账应按照企业在银行开立的账户和币种分别设置，每个银行账户应设置一本银行存款日记账。银行存款日记账必须采用订本式账簿。银行存款日记账的格式一般为三栏式，设有借方、贷方和余额三个金额栏目，如表6-4所示。

表 6-4 三栏式银行存款日记账

银行存款日记账

开户银行：中信银行上地支行　　　　　银行账号：1103565923294583761

2024年		凭证		摘要	对方科目	借方	贷方	借或贷	余额
月	日	字	号						
3	1			期初余额				借	2600000.00
3	1	银付	1	提取现金	库存现金		12000.00	借	2588000.00
3	1	银收	1	收回销货款	应收账款	100000.00		借	2688000.00
3	1	银收	2	预收货款	预收账款	320000.00		借	3008000.00
				本日合计		420000.00	12000.00	借	3008000.00
				……					

三栏式银行存款日记账由出纳人员根据审核无误的银行存款收款凭证、银行存款付款凭证和库存现金付款凭证，按照经济业务发生时间的先后顺序逐日逐笔进行连续登记，其登记方法与三栏式库存现金日记账基本相同。

（二）总分类账的格式与登记方法

总分类账的格式一般为三栏式，设有借方、贷方和余额三个金额栏目。按照是否设置对方科目栏，三栏式总分类账又可分为设置对方科目栏和不设置对方科目栏（见表6-5）两种。总分类账一般采用订本式账簿。

表 6-5 不设置对方科目栏的总分类账（银行存款总分类账）

银行存款　总分类账

2024年		凭证		摘要	借方	贷方	借或贷	余额
月	日	字	号					
6	1			期初余额			借	3000000.00
	5	银付	1	提取现金		20000.00	借	2980000.00
	15	银付	2	支付水电费		75000.00	借	2905000.00
	17	银收	1	收回销货款	500000.00		借	3405000.00
	20	银付	3	支付欠款		80000.00	借	3325000.00
				……				

总分类账的登记方法因登记的依据不同而有所不同。一般情况下，经济业务较少的企业可以根据记账凭证逐笔登记总分类账；经济业务较多的企业可以根据记账凭证汇总表（又称"科目汇总表"）或汇总记账凭证等，定期分次或月末一次汇总登记总分类账。

（三）明细分类账的格式与登记方法

1. 明细分类账的格式

明细分类账一般采用活页式账簿或卡片式账簿。根据各种明细分类账所记录经济业务的特点，明细分类账的格式主要有三栏式、多栏式和数量金额式三种。

1）三栏式明细分类账

三栏式明细分类账的格式与三栏式总分类账基本相同，设有借方、贷方和余额三个金额栏目。三栏式明细分类账主要适用于只需要进行金额核算而不需要进行数量核算的账户，如"应收账款""应付账款""短期借款""应付职工薪酬"等债权、债务账户。

2）多栏式明细分类账

多栏式明细分类账（见表6-6）的格式是在同一账页内，在账户的借方或贷方金额栏内按照有关明细项目分设若干专栏，以集中反映该账户明细项目的核算信息。多栏式明细分类账主要适用于收入、成本、费用等账户。

表6-6 多栏式明细分类账（管理费用明细分类账）

管理费用 明细分类账

2024年		凭证字号	摘要	借方				贷方	借或贷	余额
月	日			工资	办公费	折旧费	……			
1	5		购买办公用品		500 00				借	500 00
	31		分配工资	20 000 00					借	20 500 00
	31		计提折旧			1 500 00			借	22 000 00
			……							

3）数量金额式明细分类账

数量金额式明细分类账设有借方（收入）、贷方（发出）和余额（结余）三大栏，在每栏内又分设"数量""单价""金额"三小栏，如表6-7所示。数量金额式明细分类账主要适用于既需要进行金额核算又需要进行数量核算的账户，如"原材料""库存商品""委托加工物资"等各种财产物资账户。

表 6-7　数量金额式明细分类账（原材料明细分类账）

原材料　明细分类账

类别：　　　名称：A材料　　　计量单位：千克　　　规格：　　　编号：

2024年		凭证字号	摘要	借方			贷方			余额		
月	日			数量	单价	金额	数量	单价	金额	数量	单价	金额
4	1		期初余额							1000	100	100000.00
	2		购入	200	100	20000.00				1200	100	120000.00
	3		领用				500	100	50000.00	700	100	70000.00
			……									

2. 明细分类账的登记方法

明细分类账一般由会计人员根据审核无误的记账凭证及其所附原始凭证或原始凭证汇总表进行登记。对于不同类型经济业务的明细分类账，会计人员可根据管理需要，依据记账凭证、原始凭证或汇总记账凭证逐日逐笔或定期汇总登记。一般情况下，固定资产、债权、债务等明细分类账应逐笔登记；种类多、收发频繁的库存商品、原材料等明细分类账可以逐笔登记，也可以定期汇总登记；有关收入、费用和成本等明细分类账可以逐日汇总登记，也可以定期汇总登记。

任务实施

李兰根据任务要求填制了付款凭证（现付字第29号），会计分录如下。

借：管理费用——办公费　　　　　　　　　　　　　140
　　贷：库存现金　　　　　　　　　　　　　　　　　　　140

王勇对付款凭证（现付字第29号）进行了审核，确认无误后交给了李兰。李兰根据审核无误的付款凭证（现付字第29号）登记了管理费用明细分类账和总分类账，如表 6-8 和表 6-9 所示。

表 6-8　管理费用明细分类账（天华公司）

管理费用　明细分类账

2024年		凭证字号	摘要	借方					贷方	借或贷	余额
月	日			工资	办公费	折旧费	……				
			……								
5	29	现付29	采购签字笔		140.00					借	
			……								

表 6-9　管理费用总分类账（天华公司）

管理费用　总分类账

2024年		凭证字号	摘要	借方										贷方										借或贷	余额									
月	日			千	百	十	万	千	百	十	元	角	分	千	百	十	万	千	百	十	元	角	分		千	百	十	万	千	百	十	元	角	分
			……																															
5	29	现付29	采购签字笔					1	4	0	0	0	0											借										
			……																															

任务二　对账和结账

任务引航

对账和结账的关键

1. 任务情境

2024 年 5 月 30 日，财务部需要进行对账与结账工作，主管文慧将这项工作交给了王勇和李兰。王勇对李兰说："公司每个月的月末都会进行对账与结账工作，这项工作十分重要，不过你不要担心，我会带着你好好做，相信我们一定能圆满完成这项工作。"听了王勇的话，李兰顿感信心倍增，同时她也在思考如何将这项工作做好。

2. 任务要求

请简要说明对账与结账的要点，以及如何做好对账与结账工作。

一、对账

（一）对账的概念

对账

对账就是核对账目，是指为保证账簿记录的准确可靠，对账簿记录进行检查与核对的工作。在会计工作中，由于种种原因，难免发生记账或计算方面的差错，从而出现账实不符的情况。为了确保账簿记录真实、正确和完整，在有关经济业务登记入账之后，会计人员必须对账簿记录进行核对。

（二）对账的内容

对账主要包括账证核对、账账核对和账实核对。

1. 账证核对

账证核对是指将账簿记录与会计凭证进行核对，目的是确保账证相符。账证核对主要是核对账簿记录与会计凭证的日期、凭证字号、所记录的经济业务内容、数量、金额、所使用的会计科目及记账方向等是否相符。

2. 账账核对

账账核对是指将不同会计账簿之间的有关记录进行核对，目的是确保账账相符。账账核对主要包括以下内容。

（1）总分类账之间的核对，即核对总分类账各账户的借方期末余额合计数与贷方期末余额合计数是否相符。

（2）总分类账与所辖明细分类账之间的核对，即核对总分类账各账户的期末余额与所辖各明细分类账户的期末余额之和是否相符。

（3）总分类账与日记账之间的核对，即核对总分类账中的"库存现金"账户和"银行存款"账户的期末余额与库存现金日记账和银行存款日记账的期末余额是否相符。

（4）明细分类账之间的核对，即核对会计部门有关财产物资的明细分类账的期末余额与财产物资保管或使用部门登记的明细分类账的期末余额是否相符。

3. 账实核对

账实核对是指将各项财产物资、债权、债务等的账面余额与实有数额进行核对，目的是确保账实相符。账实核对主要包括以下内容。

（1）库存现金日记账账面余额与库存现金实际库存数逐日核对是否相符。

（2）银行存款日记账账面余额与银行对账单的余额定期核对是否相符。

（3）各项财产物资明细分类账账面余额与财产物资的实有数额定期核对是否相符。

（4）各项债权、债务等明细分类账账面余额与有关债权人、债务人的账面余额核对是否相符。

二、结账

（一）结账的概念

结账是指对账簿记录进行定期结算的会计工作，即在会计期末（如月末、季末、年末）将本期内发生的所有经济业务全部登记入账后，计算出本期发生额和期末余额。结账具体分为月结、季结和年结，其内容通常包括两个方面：一是结清各种损益类账户，并据以计算、确定本期利润；二是结出各种资产类、负债类和所有者权益类账户的本期发生额合计和期末余额。

（二）结账的程序

结账通常按以下程序进行。

（1）结账前，将本期发生的经济业务全部登记入账，并保证其正确性。对于发现的错误，应采用适当的方法进行更正。

（2）在本期经济业务全部登记入账的基础上，根据权责发生制的要求，调整有关账项，合理确定应计入本期的收入和费用。

（3）将各损益类账户余额全部转入"本年利润"账户，结平所有损益类账户。

（4）结出资产类、负债类和所有者权益类账户的本期发生额和期末余额，并转入下期。

上述工作完成后，就可以根据总分类账和明细分类账的本期发生额和期末余额，分别进行试算平衡。

（三）结账的方法

结账的方法主要包括月结、季结和年结。

1. 月结

月度终了时，应进行月结。月结时，应根据不同账户的记录采用不同的方法。

（1）对于需要按月结计本月发生额的账户，月末结账时，应先在本月最后一笔经济业务记录下面通栏画单红线，然后在红线下面一行的摘要栏内注明"本月合计"字样，并结出本月发生额合计数和余额，最后在"本月合计"行的下面通栏画单红线。

（2）对于不需要按月结计本月发生额的账户，每次记账以后，都应随时结出余额，每月最后一笔余额就是月末余额。月末结账时，只需要在最后一笔经济业务记录下面通栏画单红线，不需要再次结计余额。

（3）对于需要结计本年累计发生额的明细账户，月末结账时，应先在"本月合计"行的下一行内结出自年初起至本月末止的累计发生额，并在摘要栏内注明"本年累计"字样，然后在"本年累计"行下面通栏画单红线。12月末的"本年累计"就是全年累计发生额，全年累计发生额下面通栏画双红线。

2. 季结

季度终了时，应进行季结。季结时，应先将结算出的本季度3个月的发生额合计数和余额填写到本季度最后一个月月结数的下一行内，并在摘要栏内注明"本季合计"字样，然后在"本季合计"行下面通栏画单红线。

3. 年结

年度终了时，应进行年结。年结时，应先将结算出的全年12个月的发生额合计数和余额(或者全年4个季度的发生额合计数和余额)填写到本年12月份月结数(或者第四季度季结数)的下一行内,并在摘要栏内注明"本年合计"字样,然后在"本年合计"行下面通栏画双红线,表示封账。有余额的账户,应将其余额结转到下年,并在摘要栏内注明"结转下年"字样;在下一会计年度新建有关账户的第一行余额栏内填写上年结转的余额,并在摘要栏内注明"上年结转"字样。

> **会计小助手**
>
> 结账画线的目的是突出有关数字,表示本期的会计记录已经截止或者结束,并将本期与下期的记录明显分开。通常,只有在年终"本年合计"或"本年累计"下才通栏画双红线,其他情况下通栏画单红线。

任务实施

李兰经过一番思考后,得出以下结论。

(1)要想把对账工作做好,必须做好账证核对工作、账账核对工作和账实核对工作,确保账证相符、账账相符和账实相符。

(2)要想把结账工作做好,必须严格遵守结账的程序,并针对不同的账户采用适当的方法进行结账。

任务三　查找和更正错账

任务引航

更正错账

1. 任务情境

2024年5月30日,李兰在结账前发现,王勇在根据转字第156号记账凭证(见图6-1)登记"应付利息"总分类账时将3 560元错记为3 650元,如表6-10所示。李兰将这一发现告诉了王勇,王勇经核对后确认为记账错误,便让李兰对这一错账进行更正。

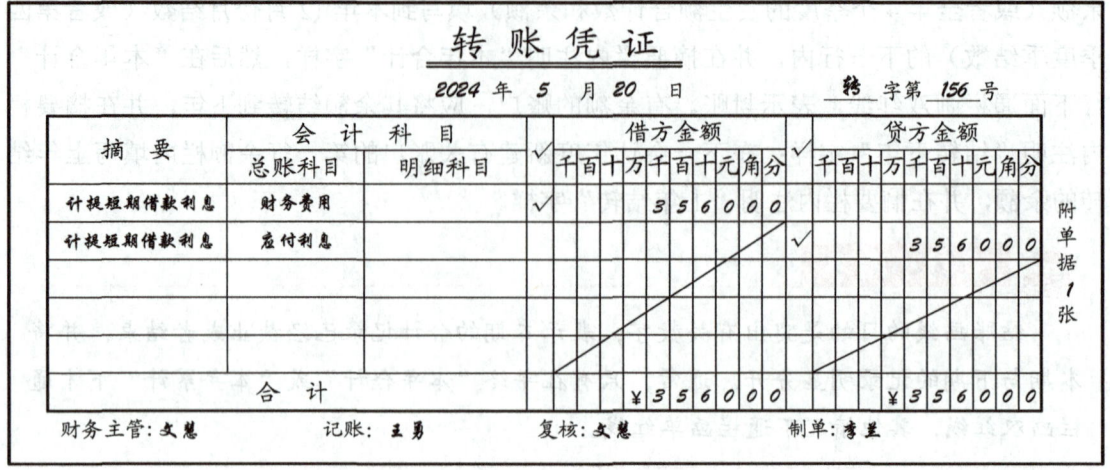

图 6-1 转账凭证（天华公司 2024 年 5 月份转字第 156 号）

表 6-10 应付利息总分类账（天华公司——错账）

应付利息 总分类账

2024年		凭证字号	摘要	借方 千百十万千百十元角分	贷方 千百十万千百十元角分	借或贷	余额 千百十万千百十元角分
月	日						
5			……				
5	20	转156	计提短期借款利息		3 6 5 0 0	贷	6 6 5 0 0
5			……				

2. 任务要求

请采用正确的方法更正错账。

一、错账查找方法

（一）差数法

差数法是指按照错账的差数去查找错账的方法。会计人员记账时如果只登记了会计分录的一方，漏记了另一方，就会出现借方合计金额与贷方合计金额不等的情况。例如，会计人员在进行试算平衡时发现借方合计金额为 20 000 元，贷方合计金额为 60 000 元，由此可知借方漏记 40 000 元，则可以根据双方差额 40 000 这个数字去查找错账。

（二）尾数法

尾数法是指对于发生的错账只查找末位数，以提高查错效率的方法。尾数法适用于借方金额和贷方金额的其他位数都一致，只有末位数出现差错的情况，如只差 0.5 元，则只需要查找一下尾数有 "0.5" 的金额，并确认是否已将其登记入账。

（三）除 2 法

除 2 法是指以差数除以 2 来查找错账的方法。当会计人员将某个借方金额错记入贷方（或相反）时，出现错账的差数为实际差错的 2 倍，用 2 去除此差数，得出的商即是反向的金额。例如，会计人员将借方发生额 8 000 元错记入贷方，导致借方发生额少记 8 000 元，贷方发生额多记 8 000 元，最终导致期末贷方合计金额比借方合计金额多 16 000 元，16 000÷2＝8 000，则可以根据 8 000 这个数字去查找错账。

（四）除 9 法

除 9 法是指以差数除以 9 来查找错账的方法。除 9 法主要适用于以下两种情况。

1. 位数错位

例如，会计人员将 300 错记为 30（属于将数字记小），两者的差是 300－30＝270，270÷9＝30，则 30 为错误的数字，扩大到 10 倍即为正确的数字 300；再如，会计人员将 40 错记为 400（属于将数字记大），两者的差是 400－40＝360，360÷9＝40，则 40 为正确的数字，扩大到 10 倍即为错误的数字 400。

2. 邻数颠倒

例如，会计人员将 8 714 错记为 8 174，两者的差是 8 714－8 174＝540，540÷9＝60，这表明发生数字颠倒在十位与百位之间。根据商的首位是 6，则可以判断颠倒的两个数的差是 6，这样就可以在账簿记录中查找百位数与十位数之间的下列数字，1 与 7、2 与 8、3 与 9，即查找 17，28，39 中哪一个数字颠倒了。当查到 17 这个数字时，就可以结合该项经济业务的会计凭证，核对其是否将 8 714 错记为 8 174。

> **会计小助手**
>
> （1）邻数颠倒的两个数可以用除 9 法查找错账的原因为：以一个两位数为例，假如这个数的十位数是 X，个位数是 Y，那么这个数是 "$10X+Y$"，颠倒后变为 "$10Y+X$"，其差数是 "$9(X-Y)$"；以此类推，三位数、四位数……因此，邻数颠倒的两个数的差是 9 的倍数，运用到会计上，即可采用除 9 法查找错账。
>
> （2）邻数颠倒的两个数的差除以 9 之后得到的商如果是一位数，则表明数字颠倒发生在个位数与十位数之间；如果是二位数，则表明数字颠倒发生在十位数与百位数之间；如果是三位数，则表明数字颠倒发生在百位数与千位数之间；以此类推。

二、错账更正方法

（一）画线更正法

《错账更正的方法》

结账前发现账簿记录有文字或数字错误，而所依据的记账凭证没有错误，应当采用画线更正法更正错误。具体更正方法为：先在错误的文字或数字上画一条红线，然后在红线上方的空白处用蓝色或黑色笔书写正确的文字或数字，并由记账人员和会计机构负责人（会计主管）在更正处盖章，以明确责任。需要注意的是，对于文字错误可以只画个别错字，而对于数字错误不得只画其中一个或几个错误的数字，应将整个数字全部画线，并保持原字迹清晰可辨，以便核查。

> **经典例题**
>
> 【例 6-1】 记账人员张三把金额 2 365.50 元错记为 3 265.50 元（记账凭证上的金额为 2 365.50），此时应做如下更正。
>
> 2 365.50　　李主管
> 3 265.50　　张三
>
>

（二）红字更正法

红字更正法适用于以下两种情形。

（1）记账后发现记账凭证中应借、应贷会计科目有错误所引起的记账错误。具体更正方法为：先用红字填制一张与原错误记账凭证完全相同的记账凭证，在摘要栏内注明"冲销某月某日某号记账凭证"字样，并据此用红字登记入账，以冲销原记账凭证与账簿记录，然后用蓝字填制一张正确的记账凭证，在摘要栏内注明"更正某月某日某号记账凭证"字样，并据此用蓝字登记入账。

> **经典例题**
>
> 【例 6-2】 2024 年 7 月 31 日，甲公司计提生产车间固定资产折旧 30 000 元，会计人员在填制记账凭证时错记入了"管理费用"会计科目，并已经据此登记入账。原错误记账凭证（转字第 21 号）的会计分录如下。
>
> 借：管理费用　　　　　　　　　　　　　　　　　　　30 000
> 　　贷：累计折旧　　　　　　　　　　　　　　　　　　30 000
>
> 此错误属于会计科目用错，更正时，先用红字填制一张与原错误记账凭证完全相同的记账凭证（会计分录如下所示），在摘要栏内注明"冲销 7 月 31 日转 21 号记账凭证"字样，并据此用红字登记入账。

借：管理费用　　　　　　　　　　　　　　　　　　30 000
　　贷：累计折旧　　　　　　　　　　　　　　　　　　30 000

然后用蓝字填制一张正确的记账凭证（会计分录如下所示），在摘要栏内注明"更正7月31日转21号记账凭证"字样，并据此用蓝字登记入账。

借：制造费用　　　　　　　　　　　　　　　　　　30 000
　　贷：累计折旧　　　　　　　　　　　　　　　　　　30 000

注："□"表示红字，即表示冲销该项目金额，下同。

（2）记账后发现记账凭证和账簿记录中应借、应贷会计科目无误，只是所记金额大于应记金额所引起的记账错误。具体更正方法为：按多记的金额用红字填制一张与原记账凭证应借、应贷会计科目完全相同的记账凭证，在摘要栏内注明"冲销某月某日某号记账凭证多记金额"字样，并据此用红字登记入账，以冲销多记的金额。

经典例题

【例 6-3】 2024 年 7 月 31 日，甲公司计提生产车间固定资产折旧 30 000 元，会计人员在填制记账凭证时将金额错记为 300 000 元，并已经据此登记入账。原错误记账凭证（转字第 21 号）的会计分录如下。

借：制造费用　　　　　　　　　　　　　　　　　　300 000
　　贷：累计折旧　　　　　　　　　　　　　　　　　　300 000

此错误属于所记金额大于应记金额，更正时，按多记的金额 270 000 元用红字填制一张与原记账凭证应借、应贷会计科目完全相同的记账凭证（会计分录如下所示），在摘要栏内注明"冲销7月31日转21号记账凭证多记金额"字样，并据此用红字登记入账。

借：制造费用　　　　　　　　　　　　　　　　　　270 000
　　贷：累计折旧　　　　　　　　　　　　　　　　　　270 000

（三）补充登记法

记账后发现记账凭证和账簿记录中应借、应贷会计科目无误，只是所记金额小于应记金额时，应当采用补充登记法。具体更正方法为：按少记的金额用蓝字填制一张与原记账凭证应借、应贷会计科目完全相同的记账凭证，在摘要栏内注明"补记某月某日某号记账凭证少记金额"字样，并据此用蓝字登记入账，以补记少记的金额。

经典例题

【例 6-4】 2024 年 7 月 31 日,甲公司计提生产车间固定资产折旧 30 000 元,会计人员在填制记账凭证时将金额错记为 3 000 元,并已经据此登记入账。原错误记账凭证(转字第 21 号)的会计分录如下。

  借:制造费用   3 000
    贷:累计折旧   3 000

  此错误属于所记金额小于应记金额,更正时,按少记的金额 27 000 元用蓝字填制一张与原记账凭证应借、应贷会计科目完全相同的记账凭证(会计分录如下所示),在摘要栏内注明"补记 7 月 31 日转 21 号记账凭证少记金额"字样,并据此用蓝字登记入账。

  借:制造费用   27 000
    贷:累计折旧   27 000

任务实施

李兰对错账的处理如下。

记账凭证正确但登记"应付利息"总分类账时,将 3 560 元错记为 3 650 元,应采用画线更正法。具体的更正方法是在"应付利息"总分类账中,先在"3 650"上画一条红线以示注销,然后在红线上面空白处用蓝色或黑色笔写上"3 560",并由会计人员李兰和会计主管文慧在更正处盖章,余额的更正方法同上,如表 6-11 所示。

表 6-11 应付利息总分类账(天华公司——更正错账)

应付利息 总分类账

2024年		凭证字号	摘要	借方									贷方									借或贷	余额								
月	日			千	百	十	万	千	百	十	元	角	分	千	百	十	万	千	百	十	元	角	分		千	百	十	万	千	百	十	元	角	分
5			……																															
5	20	转156	计提短期借款利息														3	5	6	0	0	0	贷					6	5	6	0	0	0
																	3	6	5	0	0	0						6	6	5	0	0	0
5			……																															

岗位能力测试

一、单项选择题

1. 下列各项中，适合采用数量金额式账簿的是（   ）。
   A. 管理费用明细分类账
   B. 库存商品明细分类账
   C. 应收账款明细分类账
   D. 主营业务收入明细分类账

2. 下列各项中，不符合会计账簿登记要求的是（   ）。
   A. 各种账簿应按页次顺序连续登记
   B. 登记会计账簿一律使用蓝黑墨水或者碳素墨水笔书写
   C. 库存现金日记账必须逐日结出余额
   D. 发生账簿记录错误时不得涂改、挖补、刮擦

3. 会计人员在结账前发现记账凭证填制无误，但登记入账时误将600元写成6 000元，下列更正方法正确的是（   ）。
   A. 补充登记法　　　　　　　　B. 画线更正法
   C. 横线登记法　　　　　　　　D. 红字更正法

4. 下列不属于错账更正方法的是（   ）。
   A. 补充登记法　　　　　　　　B. 画线更正法
   C. 横线登记法　　　　　　　　D. 红字更正法

5. 如果会计人员在记账时将3 892元错记为3 982元，下列比较合适的查找错账的方法是（   ）。
   A. 差数法　　　　　　　　　　B. 尾数法
   C. 除2法　　　　　　　　　　D. 除9法

二、多项选择题

1. 下列会计账簿中，属于按用途分类的有（   ）。
   A. 序时账簿　　　　　　　　　B. 分类账簿
   C. 备查账簿　　　　　　　　　D. 卡片式账簿

2．订本式账簿一般适用于（　　）。
　　A．总分类账　　　　　　　　　B．明细分类账
　　C．库存现金日记账　　　　　　D．银行存款日记账

3．对账主要包括（　　）。
　　A．账表核对　　　　　　　　　B．账证核对
　　C．账账核对　　　　　　　　　D．账实核对

4．下列各项中，属于账账核对内容的有（　　）。
　　A．总分类账之间的核对
　　B．明细分类账与日记账之间的核对
　　C．总分类账与所辖明细分类账之间的核对
　　D．总分类账与日记账之间的核对

5．下列属于结账程序的有（　　）。
　　A．结账前，将本期发生的经济业务全部登记入账
　　B．根据权责发生制的要求，调整有关账项，合理确定应计入本期的收入和费用
　　C．将各损益类账户余额全部转入"本年利润"账户，结平所有损益类账户
　　D．结出资产类、负债类和所有者权益类账户的本期发生额和余额，并转入下期

三、判断题

1．核对账簿记录与记账凭证记录是否相符属于账账核对。（　　）

2．凡需要结出余额的账户，结出余额后，应当在"借或贷"等栏内注明"借"或"贷"字样，表明余额的方向。没有余额的账户，应当在"借或贷"等栏内写"平"字，并在余额栏的元位上用"θ"表示。（　　）

四、综合题

（一）登记会计账簿

甲公司为增值税一般纳税人，主要销售 A、B、C 三种产品，其基本存款账户的开户银行为招商银行北京大运村支行，银行账号为 110929702710408。2024 年 11 月 30 日，甲公司上述银行存款日记账余额为 185 500.68 元。2024 年 12 月，甲公司发生的相关经济业务资料如下。

（1）1 日，预收客户货款 30 000 元，存入银行（银收字第 1 号）。

（2）1 日，收到应收账款 50 000 元，存入银行（银收字第 2 号）。

（3）1 日，以银行存款偿还应付账款 70 000 元（银付字第 1 号）。

（4）1 日，从银行提取现金 5 000 元备用（银付字第 2 号）。

（5）3 日，销售 A 产品一批，开出的增值税专用发票注明不含税价款为 100 000 元，增值税税额为 13 000 元，款项已收并存入银行（银收字第 3 号）。

（6）3 日，销售 B 产品一批，开出的增值税专用发票注明不含税价款为 50 000 元，增值税税额为 6 500 元，款项已收并存入银行（银收字第 4 号）。

（7）3 日，以银行存款采购材料一批，材料已验收入库，收到的增值税专用发票注明不含税价款为 30 000 元，增值税税额为 3 900 元（银付字第 3 号）。

（8）8 日，销售 C 产品一批，开出的增值税专用发票注明不含税价款为 40 000 元，增值税税额为 5 200 元，款项未收（转字第 15 号）。

（9）9 日，销售 A 产品一批，开出的增值税专用发票注明不含税价款为 50 000 元，增值税税额为 6 500 元，款项已收并存入银行（银收字第 5 号）。

（10）9 日，以银行存款预付材料款 60 000 元（银付字第 4 号）。

（11）9 日，以银行存款支付职工上月工资 58 600 元（银付字第 5 号）。

（12）9 日，以银行存款支付上月应交未交的增值税 1 620.58 元（银付字第 6 号）。

（13）14 日，销售 B 产品一批，开出的增值税专用发票注明不含税价款为 20 000 元，增值税税额为 2 600 元，款项已收并存入银行（银收字第 6 号）。

（14）14 日，以银行存款支付广告费 30 000 元（银付字第 7 号）。

（15）20 日，收到银行结息 523.66 元（银收字第 7 号）。

（16）20 日，以银行存款向当地某学校捐赠 10 000 元（银付字第 8 号）。

（17）31 日，结转本月主营业务收入（转字第 46 号）。

（18）其他资料：该银行存款账户 2024 年全年借方累计发生额 9 652 215.35 元，贷方累计发生额 8 901 325.10 元；主营业务收入账户 2024 年全年借方累计发生额 7 565 000 元，贷方累计发生额 7 565 000 元（其中：销售 A 产品 4 540 000 元、销售 B 产品 2 180 000 元、销售 C 产品 845 000 元）。

要求：

1. 根据上述资料自行填制记账凭证，并根据相关记账凭证登记银行存款日记账，结出"本日合计""本月合计""本年累计"，并进行期末结账（将结果填入表 6-12 中）。

表 6-12　银行存款日记账（甲公司）

银行存款日记账

开户银行：　　　　　　　　　　　　　　　　银行账号：

年		凭证字号	摘要	对方科目	借方									贷方									借或贷	余额								
月	日				百	十	万	千	百	十	元	角	分	百	十	万	千	百	十	元	角	分		百	十	万	千	百	十	元	角	分

2. 根据上述资料自行填制记账凭证，并根据相关记账凭证登记主营业务收入明细分类账（按产品类别进行明细核算），结出"本月合计""本年累计"，并进行期末结账（将

结果填入表 6-13 中）。

表 6-13 主营业务收入明细分类账（甲公司）

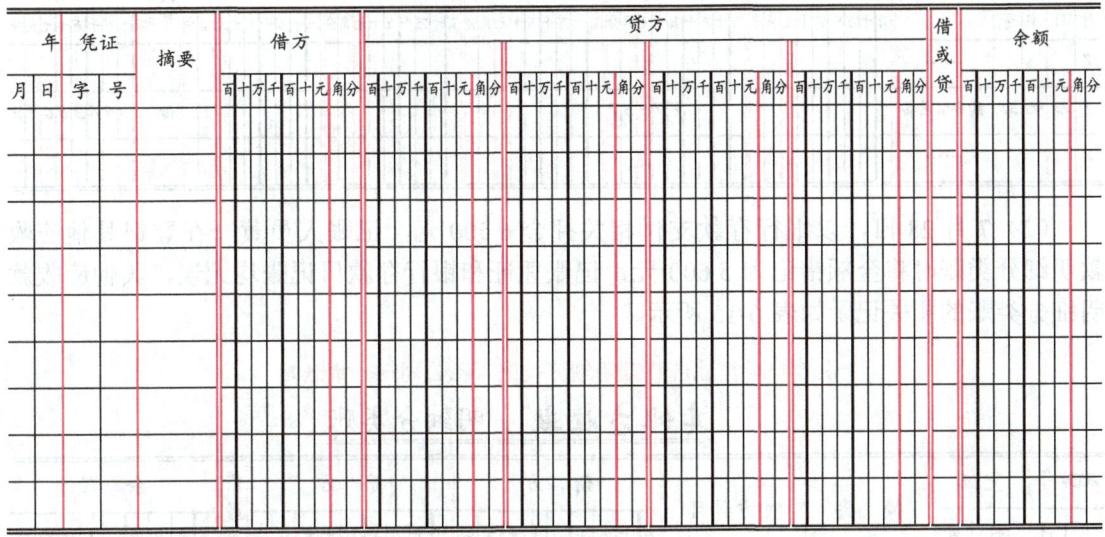

（二）更正错账

2024 年 7 月 31 日，乙公司某会计人员在结账前，将当月账簿记录与记账凭证记录进行了核对，发现了下列错误。

（1）7 月 15 日，生产车间购买一批办公用品，应记入"制造费用"科目，相关人员错记入"管理费用"科目，金额无误，已根据记账凭证登记入账，相关记账凭证和管理费用明细分类账如图 6-2 和表 6-14 所示。

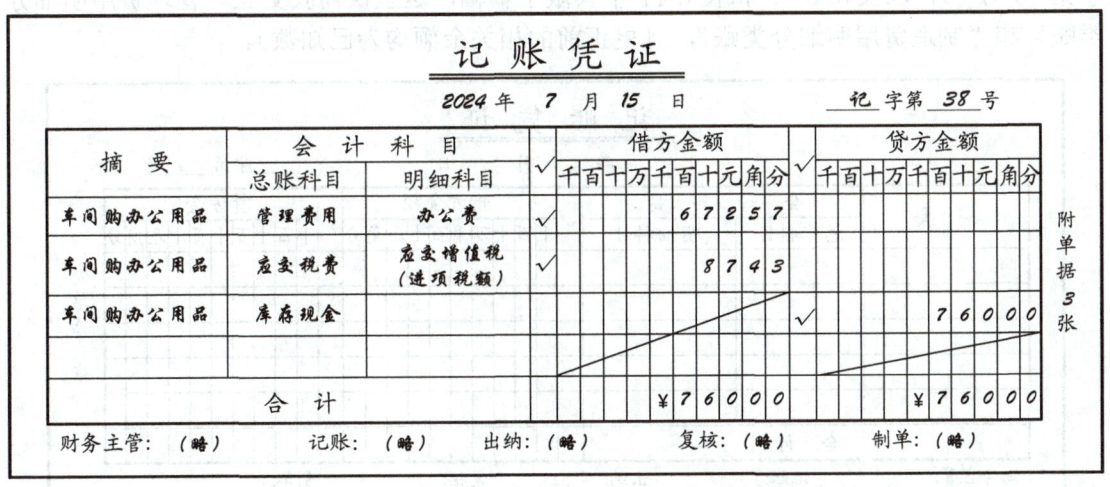

图 6-2 记账凭证（乙公司 2024 年 7 月份记字第 38 号）

表 6-14 管理费用明细分类账（乙公司——错账）

管理费用 明细分类账

2024年		凭证字号	摘要	借方			贷方	借或贷	余额
月	日			工资	办公费	折旧费 ……			
7			……						
7	15	记38	购办公用品		672 57			借	9 636 0 15
7			……						

（2）7月28日，以银行存款支付相关押金6 500元，记账人员黄一在登记其他应收款明细分类账时将金额错记为5 600元，记账凭证和银行存款日记账均无误，其他应收款明细分类账的相关记录如表6-15所示。

表 6-15 其他应收款明细分类账（乙公司——错账）

其他应收款 明细分类账

2024年		凭证字号	摘要	对方科目	借方	贷方	借或贷	余额
月	日							
7			……				借	1 000 00
7	28	记61	支付押金	银行存款	5 600 00		借	6 600 00
			……					

要求：

1. 根据资料（1），采用适当的方法更正错账，并将更正的相关记录填入如图6-3和图6-4所示的记账凭证中（更正错账前，期末最后一笔经济业务的记账凭证的编号为"记字第70号"），以及表6-16和表6-17中（限于篇幅，这里仅需要更正"管理费用明细分类账"和"制造费用明细分类账"，且更正前的相关余额均为已知数）。

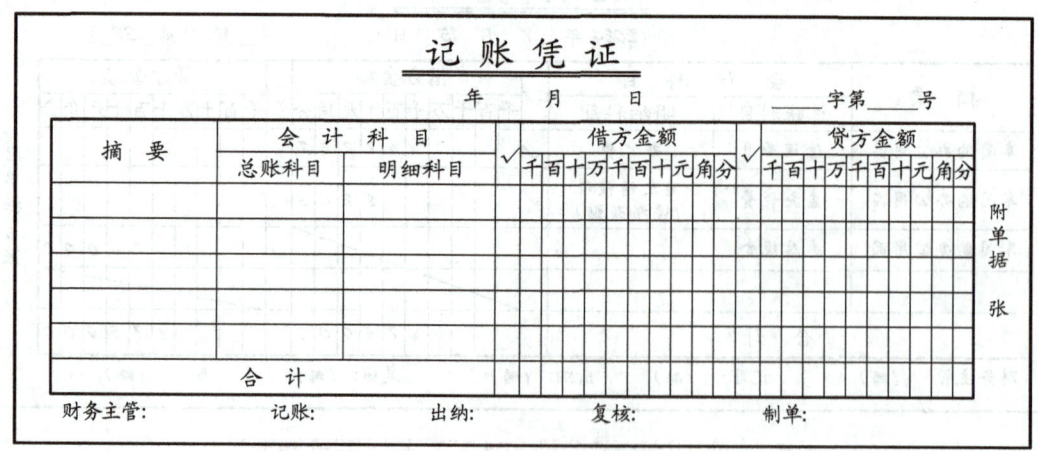

图 6-3 记账凭证（更正1）

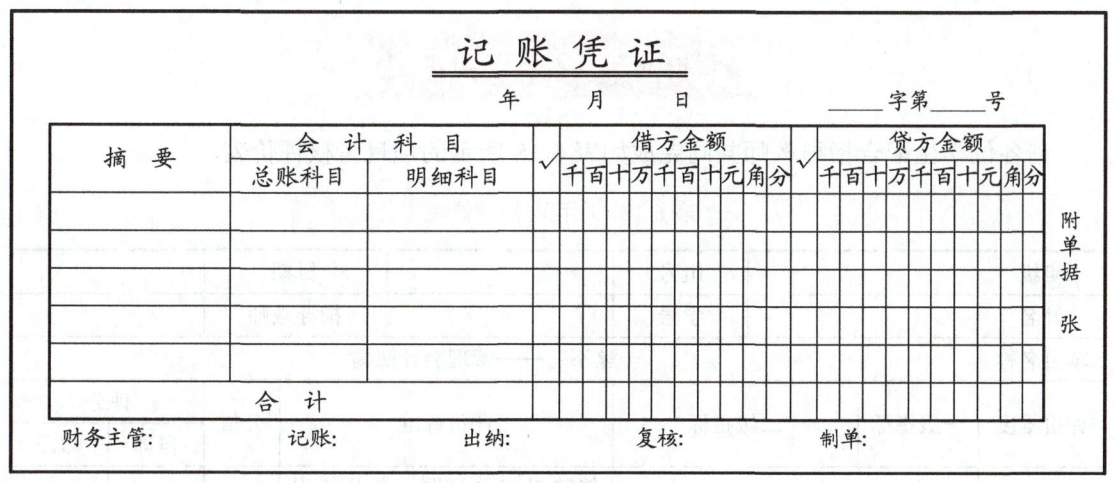

图 6-4 记账凭证（更正 2）

表 6-16 管理费用明细分类账（乙公司——更正错账）

管理费用 明细分类账

2024年		凭证字号	摘要	借方				贷方	借或贷	余额
月	日			工资	办公费	折旧费	……			
7	31		……						借	281 460 00

表 6-17 制造费用明细分类账（乙公司——更正错账）

制造费用 明细分类账

2024年		凭证字号	摘要	借方				贷方	借或贷	余额
月	日			工资	办公费	折旧费	……			
7	31		……						借	40 121 85 0

2. 根据资料（2），采用适当的方法更正错账，并将结果填入表 6-15 中。

项目考核评价

请各位学生配合指导教师共同完成如表 6-18 所示的项目考核评价表。

表 6-18 项目考核评价表

班级		组号		日期		
姓名		学号		指导教师		
项目名称			一丝不苟——管理会计账簿			
评价维度	一级指标	二级指标	评价标准	分值	评分 自评	师评
知识评价（40分）	重难点知识	掌握会计账簿的基础知识	能答对相关习题，并且能用简洁的话概括会计账簿的概念、基本构成和种类	3		
		掌握会计账簿的设置和登记方法	能答对相关习题，并且能用简洁的话概括会计账簿的启用、登记要求和登记方法	4		
		掌握对账、结账和更正错账的方法	能答对相关习题，并且能用简洁的话概括对账、结账和更正错账的方法	3		
	操作技能	能正确地设置和登记会计账簿		10		
		能正确地对账、结账		10		
		能采用正确的方法更正错账		10		
能力评价（30分）	自主学习能力	预习能力	能概述本项目的主要知识点	6		
		课堂学习能力	认真听讲，积极参与课堂互动	6		
		反思改进能力	反思在预习和课堂学习中出现的问题，巩固所学知识，改进学习方法	6		
	人际交往能力	团队协作能力	积极参与活动，与小组成员配合默契	6		
		沟通能力	与小组成员沟通顺畅	6		
素养评价（30分）	职业素养	主动意识	积极学习，按时完成任务	10		
		合作与竞争意识	能以平和的心态面对同学之间的合作与竞争	10		
		应用意识	能建立所学知识与实际应用场景的联系	10		
			合计	100		
总评	自评（30%）+ 师评（70%）=			教师（签名）：		

项目七

有的放矢——编制财务报表

在学习本项目前，请思考以下问题。

- 什么是财务报表？
- 财务报表包括哪些内容？
- 编制财务报表的依据是什么？

扫一扫右边的二维码，从会计相关法律法规中找到答案。

素养目标

（1）培养实事求是、注重实践的工作作风。
（2）提高服务意识，努力提升会计职业的良好社会形象。

知识目标

（1）了解财务报表的概念和分类。
（2）熟悉财务报表编制的基本要求，以及财务报表编制前的准备工作。
（3）掌握资产负债表、利润表、现金流量表、所有者权益变动表的结构和编制方法。

技能目标

能够做好财务报表编制前的准备工作，并根据相关会计资料编制资产负债表和利润表。

会计讲堂

一、财务报表的概念

财务报表是对企业财务状况、经营成果和现金流量的结构性表述。一套完整的财务报表应当包括"四表一注",即资产负债表、利润表、现金流量表、所有者权益(或股东权益,下同)变动表及附注。财务报表的这些组成部分具有同等的重要程度。

(1) 资产负债表是反映企业在某一特定日期财务状况的财务报表,是根据"资产=负债+所有者权益"这一平衡公式,依照一定的分类标准和顺序,将企业某一特定日期的资产、负债和所有者权益的具体项目予以适当的排列编制而成。它可以反映企业在某一特定日期所拥有或控制的经济资源、所承担的现时义务和所有者对净资产的要求权,能够帮助财务报表使用者全面了解企业的财务状况、分析企业的偿债能力等情况,从而为其做出经济决策提供依据。

(2) 利润表又称"损益表",是反映企业在一定会计期间的经营成果的财务报表。利润表是根据"收入-费用=利润"的会计平衡公式和收入与费用的配比原则编制的,属于动态报表。它可以反映企业在一定会计期间的收入实现情况、费用耗费情况、净利润实现情况等,有助于财务报表使用者全面了解企业的经营成果,分析企业的资金周转情况和盈利能力,进而判断企业未来的盈利增长和发展趋势,做出相应经济决策。

(3) 现金流量表是反映企业在一定会计期间的现金及现金等价物流入和流出的财务报表。它可以反映企业在特定会计期间现金及现金等价物的流动情况,清晰揭示企业资金的来源与去向,帮助财务报表使用者预测企业未来的发展趋势,以便其更好地做出决策。

(4) 所有者权益变动表是反映构成所有者权益各组成部分当期增减变动情况的财务报表。它可以反映所有者权益总量的增减变化及内部各项目的变动结构,有助于报表使用者评估企业的盈利能力和财务实力,进而为其做出经济决策提供依据。

(5) 附注是对资产负债表、利润表、现金流量表和所有者权益变动表等报表中列示项目的文字描述或明细资料的补充,以及对未能在这些报表中列示项目的说明等,是财务报表不可或缺的组成部分。它能够增强财务报表的可读性和可理解性,提高财务信息的完整性和透明度,为报表使用者做出经济决策提供依据。

二、财务报表的分类

财务报表可根据编报期间、编报主体等进行分类。

（一）按编报期间分类

按编报期间的不同，财务报表可分为中期财务报表和年度财务报表。

1. 中期财务报表

中期财务报表是以短于一个完整会计年度（自公历 1 月 1 日起至 12 月 31 日止）的报告期间为基础编制的财务报表。中期财务报表又可分为月度财务报表（简称"月报"）、季度财务报表（简称"季报"）和半年度财务报表（简称"半年报"）。

中期财务报表至少应当包括资产负债表、利润表、现金流量表和附注。中期资产负债表、利润表和现金流量表应当是完整报表，其格式和内容应当与年度财务报表相一致。与年度财务报表相比，中期财务报表中的附注披露可适当简略。

2. 年度财务报表

年度财务报表（简称"年报"）是以一个完整的会计年度为基础编制的财务报表。年度财务报表一般包括资产负债表、利润表、现金流量表、所有者权益变动表和附注等内容。

（二）按编报主体分类

按编报主体的不同，财务报表可分为个别财务报表和合并财务报表。

1. 个别财务报表

个别财务报表是由企业在自身会计核算基础上对会计账簿记录进行加工而编制的财务报表。它主要用以反映企业自身的财务状况、经营成果和现金流量。

2. 合并财务报表

合并财务报表是以母公司和其全部子公司组成的企业集团为会计主体，根据母公司和所属子公司的财务报表，由母公司编制的反映企业集团整体财务状况、经营成果及现金流量的财务报表。

三、财务报表编制的基本要求

（一）以持续经营为基础编制

企业应当以持续经营为基础，根据实际发生的交易和事项，按照企业会计准则的规定进行确认和计量，在此基础上编制财务报表。以持续经营为基础编制财务报表不再合理时，企业应当采用其他基础编制财务报表，并在附注中声明财务报表未以持续经营为基础编制的事实，披露未以持续经营为基础编制的原因和财务报表的编制基础。

（二）按正确的会计核算基础编制

除现金流量表按照收付实现制编制外，企业应当按照权责发生制编制其他财务报表。

（三）至少按年编制财务报表

企业至少应当按年编制财务报表。年度财务报表涵盖的期间短于一年的，应当披露年度财务报表的涵盖期间、短于一年的原因及报表数据不具可比性的事实。

（四）项目列报遵守重要性原则

重要性是指在合理预期下，财务报表某项目的省略或错报会影响使用者据此做出经济决策的，则该项目具有重要性。

重要性应当根据企业所处的具体环境，从项目的性质和金额两方面予以判断：一方面应当考虑该项目在性质上是否属于企业的日常活动，是否显著影响企业的财务状况、经营成果和现金流量等；另一方面应当考虑该项目金额占资产总额、负债总额、所有者权益总额、营业收入总额、营业成本总额、净利润总额、综合收益总额等直接相关项目金额的比重或所属报表单列项目金额的比重。企业对各项目重要性的判断标准一经确定，不得随意变更。

（1）性质或功能不同的项目，应当在财务报表中单独列报，但不具有重要性的项目除外。

（2）性质或功能类似的项目，其所属类别具有重要性的，应当按其类别在财务报表中单独列报。例如，原材料、在产品等项目性质类似，均通过生产过程形成企业的产成品，因此，可以将其汇总列报，汇总之后的类别统称为"存货"在资产负债表上列报。

（3）某些项目的重要性程度不足以在资产负债表、利润表、现金流量表或所有者权益变动表中单独列报，但对附注却具有重要性，应当在附注中单独披露。

（4）无论是财务报表列报准则规定单独列报的项目，还是其他具体会计准则规定单独列报的项目，企业都应当予以单独列报。

会计小助手

原材料、在产品、半成品、产成品、商品、包装物、低值易耗品和委托代销商品等统称为企业的"存货"。扫一扫右边的二维码，了解在资产负债表日，存货应以什么价值反映在资产负债表中。

存货的期末计价

（五）保持项目列报的一致性

财务报表项目的列报应当在各个会计期间保持一致，不得随意变更。这一要求不仅针对财务报表中的项目名称，还包括财务报表项目的分类、排列顺序等方面。

在以下规定的特殊情况下，财务报表项目的列报是可以改变的。
（1）会计准则要求改变财务报表项目的列报。
（2）企业经营业务的性质发生重大变化或对企业经营影响较大的交易或事项发生后，变更财务报表项目的列报能够提供更可靠、更相关的会计信息。

（六）以总额列报

财务报表项目应当以总额列报，资产项目和负债项目、收入项目和费用项目、直接计入当期利润的利得项目和损失项目的金额不得相互抵销，即不得以净额列报，但企业会计准则另有规定的除外。

以下三种情况不属于抵销，可以以净额列示。
（1）资产或负债项目按扣除备抵项目后的净额列示，不属于抵销。
（2）非日常活动产生的利得和损失，以同一交易形成的收益扣减相关费用后的净额列示更能反映交易实质的，不属于抵销。
（3）一组类似交易形成的利得和损失以净额列示的，不属于抵销。但是，如果相关利得和损失具有重要性，则应当单独列报。

（七）至少应当提供一个比较数据

当期财务报表的列报，至少应当提供所有列报项目上一个可比会计期间的比较数据，以及与理解当期财务报表相关的说明。

财务报表的列报项目发生变更的，应当至少对可比期间的数据按照当期的列报要求进行调整，并在附注中披露调整的原因和性质，以及调整的各项目金额。对可比数据进行调整不切实可行的，应当在附注中披露不能调整的原因。

（八）在显著位置披露重要信息

企业应当在财务报表的显著位置（如表首）至少披露以下各项信息。
（1）编报企业的名称。
（2）资产负债表日或财务报表涵盖的会计期间。
（3）人民币金额单位。
（4）财务报表若为合并财务报表，应当予以标明。

四、财务报表编制前的准备工作

在编制财务报表前，企业需要完成以下工作。
（1）严格审核会计账簿的记录和有关资料。
（2）进行全面财产清查，并按规定程序报批后进行相应的会计处理。

（3）按规定的结账日进行结账，结出有关会计账簿的余额和发生额，并核对各会计账簿之间的余额。

（4）检查相关的会计核算是否按照国家统一的会计准则的规定进行。

（5）检查是否存在因会计差错、会计政策变更等而需要调整前期或本期相关项目的情况。

任务一　编制资产负债表

任务引航

编制天华公司 2024 年 12 月 31 日的资产负债表

1. 任务情境

临近年末，天华公司财务部主管文慧安排王勇和李兰一起整理相关财务资料，为编制财务报表做准备。2024 年 12 月 31 日，天华公司总账科目和明细科目余额表如表 7-1 所示。

已知，天华公司上年末资产负债表中各项目的期末余额如下："货币资金"370 000 元、"应收账款"260 000 元、"固定资产"3 170 000 元、"长期待摊费用"60 000 元、"应付账款"400 000 元、"应付债券"1 500 000 元、"实收资本（或股本）"600 000 元、"盈余公积"60 000 元、"未分配利润"1 300 000 元。

表 7-1　天华公司总账科目和明细科目余额表

2024 年 12 月 31 日　　　　　　　　　　　　　　　　单位：元

总账科目	明细科目	借方余额	贷方余额	总账科目	明细科目	借方余额	贷方余额
库存现金		4 000		应付账款			230 000
银行存款		536 000			衣纺公司		45 000
应收账款		680 000			通达公司	100 000	
	盛茂公司	200 000			昌源公司		285 000
	高美公司	480 000		应付债券			1 100 000
原材料		120 000		实收资本			2 200 000
生产成本		84 000		盈余公积			185 000
库存商品		336 000		利润分配	未分配利润		1 875 000
固定资产		4 380 000		累计折旧			490 000
长期待摊费用		40 000					

2. 任务要求

请根据上述资料，编制天华公司 2024 年 12 月 31 日的资产负债表。

一、资产负债表的结构

资产负债表一般由表头、表体两部分组成。表头部分应列明报表名称、编制单位名称、资产负债表日、报表编号和计量单位；表体部分是资产负债表的主体和核心，列示了用于说明企业财务状况的各个项目。

资产负债表的表体格式分为报告式和账户式两种。报告式资产负债表是上下结构，上半部分列示资产各项目，下半部分列示负债和所有者权益各项目。账户式资产负债表是左右结构，左边列示资产各项目，反映全部资产的分布及存在状态；右边列示负债和所有者权益各项目，反映全部负债和所有者权益的内容及构成情况。不管采取什么格式，资产各项目的合计金额一定等于负债和所有者权益各项目的合计金额。

我国企业的资产负债表采用账户式结构，分为左右两方，左方为资产项目，大体按资产的流动性强弱排列，流动性强的资产排在前面，流动性弱的资产排在后面。右方为负债及所有者权益项目，一般按要求清偿时间的先后顺序排列，流动负债排在前面，非流动负债排在中间，在企业清算之前不需要偿还的所有者权益项目排在后面。我国一般企业资产负债表格式如下文表7-2所示。

二、资产负债表的编制

（一）资产负债表项目的填列方法

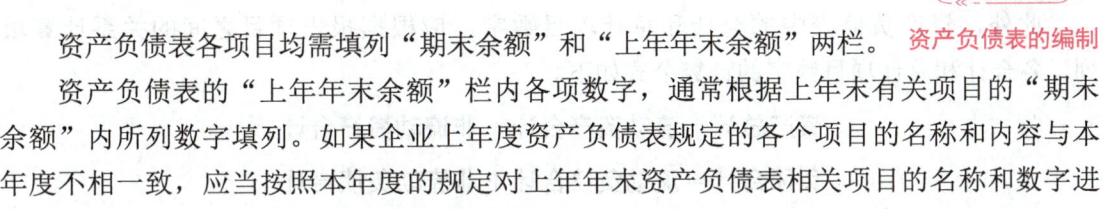

资产负债表的编制

资产负债表各项目均需填列"期末余额"和"上年年末余额"两栏。

资产负债表的"上年年末余额"栏内各项数字，通常根据上年末有关项目的"期末余额"内所列数字填列。如果企业上年度资产负债表规定的各个项目的名称和内容与本年度不相一致，应当按照本年度的规定对上年年末资产负债表相关项目的名称和数字进行调整，然后填入"上年年末余额"栏。

资产负债表的"期末余额"栏主要有以下几种填列方法。

1. 根据总账科目期末余额填列

根据总账科目期末余额填列。例如，"短期借款""实收资本（股本）""资本公积""盈余公积"等项目，应根据有关总账科目的期末余额直接填列。有些项目则应根据几个总账科目的期末余额计算填列。例如，"货币资金"项目应根据"库存现金""银行存款""其他货币资金"三个总账科目的期末余额的合计数填列；"其他应付款"项目应根据"其他应付款""应付利息""应付股利"三个总账科目的期末余额的合计数填列。

2. 根据明细科目期末余额计算填列

根据明细科目期末余额计算填列。例如，"开发支出"项目应根据"研发支出"科目中所属的"资本化支出"明细科目期末余额计算填列；"应付账款"项目应根据"应付账款""预付账款"两个科目所属的相关明细科目的期末贷方余额计算填列;"预收款项"项目应根据"预收账款""应收账款"两个科目所属的相关明细科目的期末贷方余额计算填列;"应付职工薪酬"项目应根据"应付职工薪酬"科目的明细科目期末余额计算填列。

3. 根据总账科目和明细科目的期末余额计算填列

根据总账科目和明细科目的期末余额计算填列。例如,"长期借款"项目应根据"长期借款"总账科目期末余额扣除"长期借款"科目所属明细科目中将在一年内到期且企业不能自主地将清偿义务展期的长期借款后的金额计算填列。

4. 根据总账科目期末余额减去备抵科目余额后的净额填列

根据总账科目期末余额减去备抵科目余额后的净额填列。例如,"固定资产"项目应根据"固定资产"科目的期末余额,减去"累计折旧""固定资产减值准备"等备抵科目的期末余额,以及"固定资产清理"科目期末余额后的净额填列;"无形资产"项目应根据"无形资产"科目的期末余额,减去"累计摊销""无形资产减值准备"等备抵科目的期末余额后的净额填列。

5. 综合运用上述填列方法分析填列

综合运用上述填列方法分析填列。例如,"存货"项目需要根据"原材料""库存商品""生产成本""委托加工物资""周转材料""材料采购""在途物资""发出商品""材料成本差异"等总账科目期末余额的分析汇总数,减去"存货跌价准备"科目余额后的净额填列。

此外,资产负债表中的合计和总计项目数字,应根据报表项目之间的关系计算填列。各合计和总计项目数字的计算公式如下:

资产总计 = 流动资产合计 + 非流动资产合计

负债合计 = 流动负债合计 + 非流动负债合计

负债和所有者权益(或股东权益)总计 = 负债合计 + 所有者权益(或股东权益)合计

会计小助手

注意区分会计科目和报表项目:在编制会计分录时,一般情况下用到的都是会计科目,而报表项目是在财务报表上列示的项目,一般是通过会计科目计算填列的。两者之间既有区别,又有一定的联系。例如,"存货"是报表项目,但不是会计科目,它包含"原材料""库存商品"等多个会计科目;"未分配利润"是报表项目,但它只是"利润分配"科目的一个二级明细科目。

（二）资产负债表主要项目的填列说明

1. 资产项目的填列说明

（1）"**货币资金**"项目应根据"库存现金""银行存款""其他货币资金"科目期末余额的合计数填列。

（2）"**交易性金融资产**"项目应根据"交易性金融资产"科目的相关明细科目的期末余额填列。自资产负债表日起超过一年到期且预期持有超过一年的以公允价值计量且其变动计入当期损益的非流动金融资产，在"其他非流动金融资产"项目中填列。

（3）"**应收票据**"项目应根据"应收票据"科目的期末余额，减去"坏账准备"科目中相关坏账准备期末余额后的金额分析填列。

（4）"**应收账款**"项目应根据"应收账款""预收账款"科目所属各明细科目的期末借方余额合计数，减去"坏账准备"科目中相关坏账准备期末余额后的金额填列。

（5）"**预付款项**"项目应根据"预付账款""应付账款"科目所属各明细科目的期末借方余额合计数，减去"坏账准备"科目中相关坏账准备期末余额后的金额填列。

（6）"**其他应收款**"项目应根据"应收利息""应收股利""其他应收款"科目的期末余额合计数，减去"坏账准备"科目中相关坏账准备期末余额后的金额填列。

（7）"**存货**"项目应根据"材料采购""原材料""在途物资""周转材料""库存商品""发出商品""委托加工物资""受托代销商品""生产成本"等总账科目的期末余额合计数，减去"受托代销商品款""存货跌价准备"科目余额后的金额填列。材料采用计划成本核算，以及库存商品采用计划成本核算或售价核算的企业，还应按加或减材料成本差异、商品进销差价后的金额填列。

会计小助手

（1）属于"存货"列报项目的，期末借方余额都是"+"，期末贷方余额都是"-"。注意，"工程物资"不在本项目列示。

（2）受托代销商品不属于受托方的存货。为保证受托代销商品的安全，受托方收到受托代销商品时，应借记"受托代销商品"科目，贷记"受托代销商品款"科目，将受托代销商品纳入账内核算。在编制资产负债表时，"受托代销商品"科目与"受托代销商品款"科目余额均填入"存货"项目。两者借贷方金额相互抵减，不影响受托方资产负债表中"存货"项目的期末余额。

（8）"**合同资产**"项目应根据"合同资产"科目的相关明细科目的期末余额分析填列。同一合同下的合同资产和合同负债应当以净额列示，净额为借方余额的，应当根据其流动性在"合同资产"或"其他非流动资产"项目中填列，已计提减值准备的，还应以减去"合同资产减值准备"科目中相关的期末余额后的金额填列；净额为贷方余额的，应当根据其流动性在"合同负债"或"其他非流动负债"项目中填列。

（9）"持有待售资产"项目应根据"持有待售资产"科目的期末余额，减去"持有待售资产减值准备"科目的期末余额后的金额填列。

（10）"一年内到期的非流动资产"项目应根据有关科目的期末余额分析填列。

（11）"债权投资"项目应根据"债权投资"科目的相关明细科目的期末余额，减去"债权投资减值准备"科目中相关减值准备的期末余额后的金额分析填列。自资产负债表日起一年内到期的长期债权投资的期末账面价值，在"一年内到期的非流动资产"项目反映。企业购入的以摊余成本计量的一年内到期的债权投资的期末账面价值，在"其他流动资产"项目反映。

（12）"其他债权投资"项目应根据"其他债权投资"科目的相关明细科目的期末余额分析填列。自资产负债表日起一年内到期的长期债权投资的期末账面价值，在"一年内到期的非流动资产"项目反映。企业购入的以公允价值计量且其变动计入其他综合收益的一年内到期的债权投资的期末账面价值，在"其他流动资产"项目反映。

（13）"长期应收款"项目应根据"长期应收款"科目的期末余额，减去相应的"未实现融资收益"科目和"坏账准备"科目所属相关明细科目的期末余额后的金额填列。

（14）"长期股权投资"项目应根据"长期股权投资"科目的期末余额，减去"长期股权投资减值准备"科目期末余额后的金额填列。

（15）"其他权益工具投资"项目应根据"其他权益工具投资"科目的期末余额填列。

（16）"投资性房地产"项目，企业采用成本模式计量投资性房地产的，应根据"投资性房地产"科目的期末余额，减去"投资性房地产累计折旧（摊销）""投资性房地产减值准备"科目的期末余额后的金额填列；企业采用公允价值模式计量投资性房地产的，应根据"投资性房地产"科目的期末余额填列。

（17）"固定资产"项目应根据"固定资产"科目的期末余额，减去"累计折旧""固定资产减值准备"科目的期末余额后的金额，以及"固定资产清理"科目的期末余额填列。

（18）"在建工程"项目应根据"在建工程"科目的期末余额，减去"在建工程减值准备"科目的期末余额后的金额，加上"工程物资"科目的期末余额，减去"工程物资减值准备"科目的期末余额后的金额填列。

（19）"使用权资产"项目应根据"使用权资产"科目的期末余额，减去"使用权资产累计折旧""使用权资产减值准备"科目的期末余额后的金额填列。

（20）"无形资产"项目应根据"无形资产"科目的期末余额，减去"累计摊销""无形资产减值准备"科目的期末余额后的金额填列。

（21）"开发支出"项目应根据"研发支出"科目所属的"资本化支出"明细科目的期末余额填列。

（22）"长期待摊费用"项目应根据"长期待摊费用"科目的期末余额，减去将于一年内（含一年）摊销的金额后的余额分析填列。

> **会计小助手**
>
> （1）在会计核算时，自行研发无形资产发生的费用化支出记入"研发费用——费用化支出"科目，期末转入"管理费用"科目；在填列时，单独在利润表"研发费用"项目中列示。
>
> （2）"长期待摊费用"项目中摊销年限只剩一年或不足一年的，或者预计在一年内（含一年）进行摊销的部分，仍在"长期待摊费用"项目中列示，不转入"一年内到期的非流动资产"项目。

2. 负债项目的填列说明

（1）"短期借款"项目应根据"短期借款"科目的期末余额填列。

（2）"交易性金融负债"项目应根据"交易性金融负债"科目的相关明细科目的期末余额填列。

（3）"应付票据"项目应根据"应付票据"科目的期末余额填列。

（4）"应付账款"项目应根据"应付账款"和"预付账款"科目所属各明细科目的期末贷方余额合计数填列。

（5）"预收款项"项目应根据"预收账款"和"应收账款"科目所属各明细科目的期末贷方余额合计数填列。

（6）"合同负债"项目应根据"合同负债"科目的相关明细科目的期末余额填列。

（7）"应付职工薪酬"项目应根据"应付职工薪酬"科目所属各明细科目的期末余额填列。

（8）"应交税费"项目应根据"应交税费"科目的期末余额分析填列。其中，"应交税费"科目下的"应交增值税""未交增值税""待抵扣进项税额""待认证进项税额""增值税留抵税额"等明细科目的期末借方余额，应当根据其流动性在"其他流动资产"或"其他非流动资产"项目中填列；"应交税费"科目下的"待转销项税额"等明细科目的期末贷方余额，应当根据其流动性在"其他流动负债"或"其他非流动负债"项目中填列；"应交税费"科目下的"未交增值税""简易计税""转让金融商品应交增值税""代扣代交增值税"等明细科目的期末贷方余额，应当在"应交税费"项目中填列。

（9）"其他应付款"项目应根据"应付利息""应付股利"和"其他应付款"科目的期末余额合计数填列。

（10）"持有待售负债"项目应根据"持有待售负债"科目的期末余额填列。

（11）"一年内到期的非流动负债"项目应根据有关科目的期末余额分析填列。

（12）"长期借款"项目应根据"长期借款"科目的期末余额，扣除"长期借款"科目所属明细科目中将在资产负债表日起一年内到期且企业不能自主地将清偿义务展期的长期借款后的金额计算填列。

（13）"应付债券"项目应根据"应付债券"科目的期末余额分析填列。

（14）"租赁负债"项目应根据"租赁负债"科目的期末余额分析填列。自资产负债表日起一年内到期应予以清偿的租赁负债的期末账面价值，在"一年内到期的非流动负债"项目反映。

（15）"长期应付款"项目应根据"长期应付款"科目的期末余额，减去"未确认融资费用"科目的期末余额后的金额，以及"专项应付款"科目的期末余额填列。

（16）"预计负债"项目应根据"预计负债"科目的期末余额填列。

（17）"递延收益"项目应根据"递延收益"科目的期末余额填列。

3．所有者权益项目的填列说明

（1）"实收资本（或股本）"项目应根据"实收资本（或股本）"科目的期末余额填列。

（2）"资本公积"项目应根据"资本公积"科目的期末余额填列。

（3）"其他综合收益"项目应根据"其他综合收益"科目的期末余额填列。

（4）"专项储备"项目应根据"专项储备"科目的期末余额填列。

（5）"盈余公积"项目应根据"盈余公积"科目的期末余额填列。

（6）"未分配利润"项目应根据"本年利润"科目和"利润分配"科目的期末余额计算填列。未弥补的亏损在本项目内以"－"号填列。

 立德立信

企业在经营过程中会遇到各类风险，会计人员应当具备较强的风险管理意识。除此之外，会计人员还应当具备风险预估能力，能够从企业的财务数据中发现企业经营管理中的潜在风险，从而帮助企业实现更好的经营与发展。

 **任务实施**

（1）计算资产负债表中有关项目的期末余额。

"货币资金"项目＝"库存现金"总分类账期末余额＋"银行存款"总分类账期末余额
＝4 000＋536 000＝540 000（元）

"应收账款"项目="应收账款"明细分类账期末借方余额
= 200 000 + 480 000 = 680 000（元）

"存货"项目="原材料"总分类账期末余额+"生产成本"总分类账期末余额+"库存商品"总分类账期末余额 = 120 000 + 84 000 + 336 000 = 540 000（元）

"固定资产"项目="固定资产"总分类账期末余额－"累计折旧"总分类账期末余额 = 4 380 000 − 490 000 = 3 890 000（元）

"长期待摊费用"项目="长期待摊费用"总分类账期末余额 = 40 000（元）

"应付账款"项目="应付账款"明细分类账期末贷方余额
= 45 000 + 285 000 = 330 000（元）

"应付债券"项目="应付债券"总分类账期末余额 = 1 100 000（元）

"实收资本"项目="实收资本"总分类账期末余额 = 2 200 000（元）

"盈余公积"项目="盈余公积"总分类账期末余额 = 185 000（元）

"未分配利润"项目="利润分配——未分配利润"明细分类账期末余额 = 1 875 000（元）

（2）编制资产负债表，如表7-2所示。

表7-2 资产负债表

会企01表

编制单位：天华公司　　　　　2024年12月31日　　　　　单位：元

资产	期末余额	上年年末余额	负债和所有者权益（或股东权益）	期末余额	上年年末余额
流动资产：			流动负债：		
货币资金	540 000	370 000	短期借款		
交易性金融资产			交易性金融负债		
衍生金融资产			衍生金融负债		
应收票据			应付票据		
应收账款	680 000	260 000	应付账款	330 000	400 000
应收款项融资			预收款项		
预付款项			合同负债		
其他应收款			应付职工薪酬		
存货	540 000		应交税费		
合同资产			其他应付款		
持有待售资产			持有待售负债		
一年内到期的非流动资产			一年内到期的非流动负债		
其他流动资产			其他流动负债		
流动资产合计	1 760 000	630 000	流动负债合计	330 000	400 000

续表

资产	期末余额	上年年末余额	负债和所有者权益（或股东权益）	期末余额	上年年末余额
非流动资产：			非流动负债：		
债权投资			长期借款		
其他债权投资			应付债券	1 100 000	1 500 000
长期应收款			其中：优先股		
长期股权投资			永续债		
其他权益工具投资			租赁负债		
其他非流动金融资产			长期应付款		
投资性房地产			预计负债		
固定资产	3 890 000	3 170 000	递延收益		
在建工程			递延所得税负债		
生产性生物资产			其他非流动负债		
油气资产			非流动负债合计	1 100 000	1 500 000
使用权资产			负债合计	1 430 000	1 900 000
无形资产			所有者权益（或股东权益）：		
开发支出			实收资本（或股本）	2 200 000	600 000
商誉			其他权益工具		
长期待摊费用	40 000	60 000	其中：优先股		
递延所得税资产			永续债		
其他非流动资产			资本公积		
非流动资产合计	3 930 000	3 230 000	减：库存股		
			其他综合收益		
			专项储备		
			盈余公积	185 000	60 000
			未分配利润	1 875 000	1 300 000
			所有者权益（或股东权益）合计	4 260 000	1 960 000
资产总计	5 690 000	3 860 000	负债和所有者权益（或股东权益）总计	5 690 000	3 860 000

任务二 编制利润表

任务引航

编制天华公司2024年度利润表

1. 任务情境

2024年，天华公司损益类科目的本年累计发生额如表7-3所示。

表7-3 天华公司损益类科目的本年累计发生额

2024年　　　　　　　　　　　　　　　　　　　　　　　　　　单位：元

科目名称	本年借方累计发生额	本年贷方累计发生额
主营业务收入		8 800 000
其他业务收入		100 000
主营业务成本	4 600 000	
其他业务成本	50 000	
管理费用	2 210 000	
财务费用	120 000	
营业外支出	20 000	
所得税费用	650 000	

2. 任务要求

请根据上述资料，编制天华公司2024年度利润表。

一、利润表的结构

利润表一般由表头、表体两部分组成。表头部分应列明报表名称、编制单位名称、编制日期、报表编号和计量单位；表体部分为利润表的主体，列示了形成经营成果的各个项目和计算过程。

利润表的表体结构分为单步式和多步式两种。**单步式利润表**：将当期所有的收入列在一起，所有的费用列在一起，然后将两者相减得出当期净损益。**多步式利润表**：通过对当期的收入、费用、支出项目按性质加以归类，按利润形成的主要环节列示一些中间性利润指标，分步计算当期净损益。**我国企业采用多步式利润表**，便于财务报表使用者理解企业经营成果的不同来源。

为了使财务报表使用者通过比较不同期间利润的实现情况，判断企业经营的未来发展趋势，企业需要提供比较利润表。为此，利润表金额栏分为"本期金额""上期金额"两栏分别填列。我国一般企业利润表（简表）的格式如下文表 7-4 所示。

二、利润表的编制

（一）利润表项目的填列方法

我国一般企业利润表的主要编制步骤和内容如下。

第一步，以营业收入为基础，减去相关费用，计算出营业利润。具体计算公式如下：

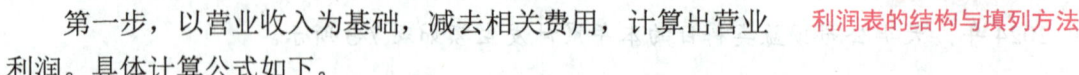

利润表的结构与填列方法

营业收入－营业成本－税金及附加－销售费用－管理费用－研发费用－财务费用＋
其他收益＋投资收益（－投资损失）＋净敞口套期收益（－净敞口套期损失）＋
公允价值变动收益（－公允价值变动损失）－信用减值损失－资产减值损失＋
资产处置收益（－资产处置损失）＝营业利润

第二步，以营业利润为基础，加上营业外收入，减去营业外支出，计算出利润总额。具体计算公式如下。

营业利润＋营业外收入－营业外支出＝利润总额

第三步，以利润总额为基础，减去所得税费用，计算出净利润（净亏损）。具体计算公式如下。

利润总额－所得税费用＝净利润（净亏损）

第四步，以净利润（净亏损）为基础，计算出每股收益。

第五步，以净利润（净亏损）和其他综合收益为基础，计算出综合收益总额。

利润表各项目均需填列"本期金额""上期金额"两栏。"上期金额"栏内各项数字应根据上年该期利润表的"本期金额"栏内所列数字填列；"本期金额"栏内各期数字，除"基本每股收益""稀释每股收益"项目外，应按相关科目的发生额分析填列。

（二）利润表主要项目的填列说明

利润表的"本期金额"栏的填列方法，一般应根据损益类科目和所有者权益类有关科目的发生额填列，具体如下。

（1）"营业收入"项目应根据"主营业务收入""其他业务收入"科目的发生额分析填列。

（2）"营业成本"项目应根据"主营业务成本""其他业务成本"科目的发生额分析填列。

（3）"税金及附加"项目应根据"税金及附加"科目的发生额分析填列。

（4）"销售费用"项目应根据"销售费用"科目的发生额分析填列。

（5）"管理费用"项目应根据"管理费用"科目的发生额分析填列。

（6）"研发费用"项目应根据"管理费用"科目下的"研发费用"明细科目的发生额，以及"管理费用"科目下的"无形资产摊销"明细科目的发生额分析填列。

> **会计小助手**
>
> 　　列入"研发费用"项目中的"无形资产摊销"是指计入管理费用的自行开发无形资产的摊销（不包括外购等其他方式取得的无形资产的摊销）。

（7）"财务费用"项目应根据"财务费用"科目的相关明细科目的发生额分析填列。

（8）"其他收益"项目应根据"其他收益"科目的发生额分析填列。

（9）"投资收益"项目应根据"投资收益"科目的发生额分析填列。若为投资损失，则本项目以"–"号填列。

（10）"净敞口套期收益"项目应根据"净敞口套期收益"科目的发生额分析填列。若为套期损失，则本项目以"–"号填列。

（11）"公允价值变动收益"项目应根据"公允价值变动损益"科目的发生额分析填列。若为净损失，则本项目以"–"号填列。

（12）"信用减值损失"项目应根据"信用减值损失"科目的发生额分析填列。

（13）"资产减值损失"项目应根据"资产减值损失"科目的发生额分析填列。

（14）"资产处置收益"项目应根据"资产处置损益"科目的发生额分析填列。若为处置损失，则本项目以"–"号填列。

（15）"营业利润"项目反映企业实现的营业利润。若为亏损，则本项目以"–"号填列。

（16）"营业外收入"项目应根据"营业外收入"科目的发生额分析填列。

（17）"营业外支出"项目应根据"营业外支出"科目的发生额分析填列。

（18）"利润总额"项目反映企业实现的利润。若为亏损，则本项目以"–"号填列。

（19）"所得税费用"项目应根据"所得税费用"科目的发生额分析填列。

（20）"净利润"项目反映企业实现的净利润。若为亏损，则本项目以"–"号填列。

（21）"其他综合收益的税后净额"项目反映企业根据企业会计准则规定未在损益中确认的各项利得和损失扣除所得税影响后的净额。

（22）"综合收益总额"项目反映企业净利润与其他综合收益（税后净额）的合计金额。

（23）"每股收益"项目包括基本每股收益和稀释每股收益两项指标，反映普通股或潜在普通股已公开交易的企业，以及正处在公开发行普通股或潜在普通股过程中的企业的每股收益信息。

任务实施

（1）计算利润表中有关项目的本期金额。

"营业收入"项目＝"主营业务收入"贷方累计发生额＋"其他业务收入"贷方累计发生额＝8 800 000＋100 000＝8 900 000（元）

"营业成本"项目＝"主营业务成本"借方累计发生额＋"其他业务成本"借方累计发生额＝4 600 000＋50 000＝4 650 000（元）

"管理费用"项目＝"管理费用"借方累计发生额＝2 210 000（元）

"财务费用"项目＝"财务费用"借方累计发生额＝120 000（元）

"营业外支出"项目＝"营业外支出"借方累计发生额＝20 000（元）

"所得税费用"项目＝"所得税费用"借方累计发生额＝650 000（元）

"营业利润"项目＝营业收入－营业成本－管理费用－财务费用
＝8 900 000－4 650 000－2 210 000－120 000＝1 920 000（元）

"利润总额"项目＝营业利润＋"营业外收入"贷方累计发生额－"营业外支出"借方累计发生额＝1 920 000－20 000＝1 900 000（元）

"净利润"项目＝利润总额－"所得税费用"借方累计发生额
＝1 900 000－650 000＝1 250 000（元）

"综合收益总额"项目＝净利润＋其他综合收益的税后净额＝1 250 000（元）

（2）编制利润表（仅填写本期金额），如表7-4所示。

表7-4 利润表（简表）

会企02表

编制单位：天华公司　　　　　　　2024年12月　　　　　　　　　　单位：元

项　目	本期金额	上期金额（略）
一、营业收入	8 900 000	
减：营业成本	4 650 000	
税金及附加		
销售费用		
管理费用	2 210 000	
研发费用		
财务费用	120 000	
其中：利息费用		
利息收入		
加：其他收益		
投资收益（损失以"－"号填列）		

续表

项　目	本期金额	上期金额（略）
净敞口套期收益（损失以"-"号填列）		
公允价值变动收益（损失以"-"号填列）		
信用减值损失（损失以"-"号填列）		
资产减值损失（损失以"-"号填列）		
资产处置收益（损失以"-"号填列）		
二、营业利润（亏损以"-"号填列）	1 920 000	
加：营业外收入		
减：营业外支出	20 000	
三、利润总额（亏损总额以"-"号填列）	1 900 000	
减：所得税费用	650 000	
四、净利润（净亏损以"-"填列）	1 250 000	
五、其他综合收益的税后净额		
六、综合收益总额	1 250 000	
七、每股收益		

任务三　编制现金流量表和所有者权益变动表

任务引航

编制天华公司2024年12月31日的现金流量表

1. 任务情境

天华公司的其他资料如下。

（1）本年度支付550 000元的现金股利。

（2）管理费用的组成：① 以现金支付给职工的工资1 600 000元；② 折旧费用330 000元；③ 长期待摊费用摊销20 000元；④ 以现金支付其他管理费用260 000元。

（3）以现金支付利息费用120 000元。

（4）以现金购买固定资产1 660 000元。

（5）出售一台固定资产，取得银行存款590 000元。该固定资产的账面原值为660 000元，已提折旧50 000元。

（6）以账面价值赎回应付债券400 000元，以银行存款支付。

（7）平价增发股票1 600 000元。

（8）按净利润的10%提取法定盈余公积。

（9）"累计折旧"账户上年年末余额为210 000元，期末余额为490 000元。

（10）缴纳所得税650 000元。

2. 任务要求

请根据天华公司2024年12月31日的资产负债表、2024年度的利润表及上述资料，编制天华公司2024年12月31日的现金流量表。

一、现金流量表的结构和编制

（一）现金流量表的结构

我国企业现金流量表采用报告式结构，通过主表和补充资料两部分进行完整详细地列报，分类反映经营活动、投资活动、筹资活动产生的现金流量，最后汇总反映企业某一期间现金及现金等价物的净增加额，其基本格式如下文表7-7所示。

（二）现金流量表的编制

1. 现金流量表的编制方法

我国《企业会计准则》规定，企业应当采用直接法编报现金流量表。直接法是指按现金收入和现金支出的主要类别直接反映企业经营活动产生的现金流量。采用直接法具体编制现金流量表时，可以采用工作底稿法或"T"形账户法，也可采用分析填列法。本教材重点介绍工作底稿法。

工作底稿法是以工作底稿为手段，以利润表和资产负债表数据为基础，结合有关会计账户的记录，对现金流量表的每一项目进行分析并编制调整分录，从而编制出现金流量表的一种方法。采用工作底稿法编制现金流量表的具体步骤如下。

第一步，将资产负债表项目的"上年年末余额"和"期末余额"过入工作底稿的相应部分。

第二步，对当期业务进行分析并编制调整分录。在调整分录中，有关现金及现金等价物的事项分别计入"经营活动产生的现金流量""投资活动产生的现金流量""筹资活动产生的现金流量"等项目，借记表明现金流入，贷记表明现金流出。

第三步，将调整分录过入工作底稿的相应部分。

第四步，核对调整分录，借贷合计应当相等，资产负债表项目期初数加减调整分录中的借贷金额以后，应当等于期末数。

第五步，根据工作底稿中的现金流量表项目部分编制正式的现金流量表。

2. 现金流量表主要项目的填列说明

1）经营活动产生的现金流量

（1）"**销售商品、提供劳务收到的现金**"项目反映企业本期销售商品、提供劳务收到

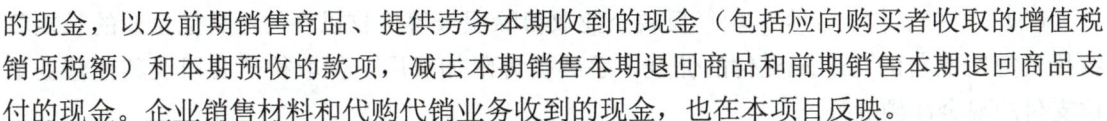

的现金,以及前期销售商品、提供劳务本期收到的现金(包括应向购买者收取的增值税销项税额)和本期预收的款项,减去本期销售本期退回商品和前期销售本期退回商品支付的现金。企业销售材料和代购代销业务收到的现金,也在本项目反映。

(2)"收到的税费返还"项目反映企业收到返还的所得税、增值税、消费税、关税和教育费附加等各种税费返还款。

(3)"收到其他与经营活动有关的现金"项目反映企业经营租赁收到的租金等其他与经营活动有关的现金流入,金额较大的应当单独列示。

(4)"购买商品、接受劳务支付的现金"项目反映企业本期购买商品、接受劳务实际支付的现金(包括增值税进项税额),以及本期支付前期购买商品、接受劳务的未付款项和本期预付款项,减去本期发生的购货退回收到的现金。企业购买材料和代购代销业务支付的现金,也在本项目反映。

(5)"支付给职工以及为职工支付的现金"项目反映企业实际支付给职工的工资、奖金、各种津贴和补贴等职工薪酬(包括代扣代缴的职工个人所得税)。

(6)"支付的各项税费"项目反映企业发生并支付、前期发生本期支付及预缴的各项税费,包括所得税、增值税、消费税、印花税、房产税、土地增值税、车船税、教育费附加等。

(7)"支付其他与经营活动有关的现金"项目反映企业除上述各项目外,支付的差旅费、业务招待费、保险费、罚款支出等其他与经营活动有关的现金流出,金额较大的应当单独列示。

2)投资活动产生的现金流量

(1)"收回投资收到的现金"项目反映企业出售、转让或到期收回除现金等价物以外的对其他企业长期股权投资等收到的现金,但处置子公司及其他营业单位收到的现金净额除外。

(2)"取得投资收益收到的现金"项目反映企业除现金等价物以外的对其他企业的长期股权投资等分回的现金股利和利息等。

(3)"处置固定资产、无形资产和其他长期资产收回的现金净额"项目反映企业出售、报废固定资产、无形资产和其他长期资产所取得的现金(包括因资产毁损而收到的保险赔偿收入),减去为处置这些资产而支付的有关费用后的净额。

(4)"处置子公司及其他营业单位收到的现金净额"项目反映企业处置子公司及其他营业单位所取得的现金,减去相关处置费用,以及子公司及其他营业单位持有的现金和现金等价物后的净额。

(5)"收到其他与投资活动有关的现金"项目反映企业除上述(1)~(4)项目外,收到的其他与投资活动有关的现金。其他与投资活动有关的金额,如果金额较大,应单列项目反映。

(6)"购建固定资产、无形资产和其他长期资产支付的现金"项目反映企业购买、建造固定资产、取得无形资产和其他长期资产所支付的现金(含增值税税额等),以及用现金支付的应由在建工程和无形资产负担的职工薪酬。

（7）"投资支付的现金"项目反映企业取得除现金等价物以外的对其他企业的长期股权投资等所支付的现金及支付的佣金、手续费等附加费用，但取得子公司及其他营业单位支付的现金净额除外。

（8）"取得子公司及其他营业单位支付的现金净额"项目反映企业购买子公司及其他营业单位购买出价中以现金支付的部分，减去子公司及其他营业单位持有的现金和现金等价物后的净额。

（9）"支付其他与投资活动有关的现金"项目反映企业除上述（6）~（8）项目外，支付的其他与投资活动有关的现金。其他与投资活动有关的现金，如果金额较大，应单列项目反映。

3）筹资活动产生的现金流量

（1）"吸收投资收到的现金"项目反映企业以发行股票、债券等方式筹集资金实际收到的款项（发行收入减去支付的佣金等发行费用后的净额）。

（2）"取得借款收到的现金"项目反映企业举借各种短期、长期借款而收到的现金。

（3）"收到的其他与筹资活动有关的现金"项目反映企业除上述（1）（2）项目外，收到的其他与筹资活动有关的现金。其他与筹资活动有关的现金，如果金额较大的，应单列项目反映。

（4）"偿还债务支付的现金"项目反映企业偿还债务本金所支付的现金，包括偿还金融企业的借款本金、偿还债券本金等。企业支付的借款利息和债券利息在"分配股利、利润或偿付利息支付的现金"项目反映，不包括在本项目内。

（5）"分配股利、利润或偿付利息支付的现金"项目反映企业实际支付的现金股利、支付给其他投资单位的利润或用现金支付的借款利息、债券利息。不同用途的借款，其利息的开支渠道不一样，如在建工程、制造费用、财务费用等，均在本项目中反映。

（6）"支付其他与筹资活动有关的现金"项目反映企业除上述（4）（5）项目外，支付的其他与筹资活动有关的现金。其他与筹资活动有关的现金，如果金额较大，应单列项目反映。

二、所有者权益变动表的结构和编制

（一）所有者权益变动表的结构

为了清楚地表明构成所有者权益的各组成部分当期的增减变动情况，所有者权益变动表应以矩阵的形式列示。一方面，列示导致所有者权益变动的交易或事项，即所有者权益变动的来源，对一定时期所有者权益的变动情况进行全面反映；另一方面，按照所有者权益各组成部分（即实收资本、资本公积、其他综合收益、盈余公积、未分配利润和库存股）列示交易或事项对所有者权益各部分的影响。

我国企业所有者权益变动表的格式如表7-5所示。

表7-5　所有者权益变动表

会企04表

编制单位：　　　　　　　　　年度　　　　　　　　　单位：元

项目	本年金额											上年金额										
	实收资本（或股本）	其他权益工具			资本公积	减：库存股	其他综合收益	专项储备	盈余公积	未分配利润	所有者权益合计	实收资本（或股本）	其他权益工具			资本公积	减：库存股	其他综合收益	专项储备	盈余公积	未分配利润	所有者权益合计
		优先股	永续债	其他									优先股	永续债	其他							
一、上年年末余额																						
加：会计政策变更																						
前期差错更正																						
其他																						
二、本年年初余额																						
三、本年增减变动金额（减少以"－"号填列）																						
（一）综合收益总额																						
（二）所有者投入和减少资本																						
1. 所有者投入普通股																						
2. 其他权益工具持有人投入资本																						
3. 股份支付计入所有者权益的金额																						
4. 其他																						
（三）利润分配																						
1. 提取盈余公积																						
2. 对所有者（或股东）的分配																						
3. 其他																						
（四）所有者权益内部结转																						
1. 资本公积转增资本（或股本）																						
2. 盈余公积转增资本（或股本）																						
3. 盈余公积弥补亏损																						
4. 设定受益计划变动额结转留存收益																						
5. 其他																						
四、本年年末余额																						

（二）所有者权益变动表的编制

1. 所有者权益变动表的填列方法

所有者权益变动表各项目均需填列"本年金额"和"上年金额"两栏。

1)"上年金额"的填列方法

所有者权益变动表"上年金额"栏内各项数字，应根据上年度所有者权益变动表"本年金额"栏内所列数字填列。上年度所有者权益变动表规定的各个项目的名称和内容同本年度不一致的，应对上年度所有者权益变动表各项目的名称和数字按照本年度的规定进行调整，填入所有者权益变动表的"上年金额"栏内。

2)"本年金额"的填列方法

所有者权益变动表"本年金额"栏内各项数字一般应根据"实收资本（或股本）""资本公积""其他综合收益""盈余公积""利润分配""库存股""以前年度损益调整"账户的发生额分析填列。

企业的净利润及其分配情况作为所有者权益变动的组成部分，不需要单独编制利润分配表列示。

2. 所有者权益变动表主要项目的填列说明

1)"上年年末余额"项目

"上年年末余额"项目反映企业上年资产负债表中实收资本（或股本）、资本公积、库存股、其他综合收益、盈余公积、未分配利润的年末余额。

2)"会计政策变更""前期差错更正"项目

"会计政策变更""前期差错更正"项目分别反映企业采用追溯调整法处理的会计政策变更的累积影响金额和采用追溯重述法处理的会计差错更正的累积影响金额。为了体现会计政策变更和前期差错更正的影响，企业应当在上期期末所有者权益余额的基础上进行调整得出本期期初所有者权益，根据"盈余公积""利润分配""以前年度损益调整"等账户的发生额分析填列。

3)"本年增减变动金额"项目

（1）"综合收益总额"项目反映净利润和其他综合收益扣除所得税影响后的净额相加后的合计金额。

（2）"所有者投入和减少资本"项目反映企业当年所有者投入的资本和减少的资本。其中，"所有者投入资本"项目，反映企业接受投资者投入形成的实收资本（或股本）和资本溢价或股本溢价；"股份支付计入所有者权益的金额"项目，反映企业处于等待期中的权益结算的股份支付当年计入资本公积的金额。

（3）"利润分配"项目反映企业当年对所有者（或股东）分配的利润（或股利）金额和按照规定提取的盈余公积金额，并对应列在"未分配利润"和"盈余公积"栏。其中，"提取盈余公积"项目，反映企业按照规定提取的盈余公积；"对所有者（或股东）的分配"项目,反映对所有者(或股东)分配的利润(或股利)金额。

(4)"**所有者权益内部结转**"项目反映企业构成所有者权益的组成部分之间的增减变动情况。其中,"资本公积转增资本(或股本)"项目,反映企业以资本公积转增资本或股本的金额;"盈余公积转增资本(或股本)"项目,反映企业以盈余公积转增资本或股本的金额;"盈余公积弥补亏损"项目,反映企业以盈余公积弥补亏损的金额。

 立德立信

> 编制财务报表的基本要求就是报表项目之间的钩稽关系无误。通过编制财务报表,会计人员应主动培养严谨的思维,树立严肃认真、一丝不苟、精益求精的精神,不断提升自身的专业水平。

任务实施

第一步,将天华公司 2024 年 12 月 31 日的资产负债表(见表 7-2)和利润表(见表 7-4)的"上年年末余额"和"期末余额"过入工作底稿(见表 7-6)的相应部分。

第二步,对当期业务进行分析并编制调整分录。

(1)分析调整营业收入。

借:经营活动现金流量——销售商品收到的现金　　　8 480 000
　　应收账款　　　　　　　　　　　　　　　　　　 420 000
　贷:营业收入　　　　　　　　　　　　　　　　　　8 900 000

(2)分析调整营业成本。

借:营业成本　　　　　　　　　　　　　　　　　　4 650 000
　　应付账款　　　　　　　　　　　　　　　　　　　 70 000
　　存货　　　　　　　　　　　　　　　　　　　　 540 000
　贷:经营活动现金流量——购买商品支付的现金　　　5 260 000

(3)分析调整管理费用。

借:管理费用　　　　　　　　　　　　　　　　　　2 210 000
　贷:经营活动现金流量——支付给职工的现金　　　　1 600 000
　　　累计折旧　　　　　　　　　　　　　　　　　　 330 000
　　　长期待摊费用　　　　　　　　　　　　　　　　 20 000
　　　经营活动现金流量——支付其他与经营活动有关的现金　260 000

（4）分析调整财务费用。

借：财务费用　　　　　　　　　　　　　　　　　　　　　　120 000
　　贷：筹资活动现金流量——分配股利、利润或偿还利息支付的现金 120 000

（5）分析调整营业外支出。

借：营业外支出　　　　　　　　　　　　　　　　　　　　　 20 000
　　累计折旧　　　　　　　　　　　　　　　　　　　　　　 50 000
　　投资活动现金流量——处置固定资产收回的现金净额　　　 590 000
　　贷：固定资产　　　　　　　　　　　　　　　　　　　　 660 000

（6）分析调整所得税费用。

借：所得税费用　　　　　　　　　　　　　　　　　　　　　650 000
　　贷：经营活动现金流量——支付的各项税费　　　　　　　650 000

（7）分析调整固定资产。

借：固定资产　　　　　　　　　　　　　　　　　　　　　1 660 000
　　贷：投资活动现金流量——购建固定资产支付的现金　　1 660 000

（8）分析调整应付债券。

借：应付债券　　　　　　　　　　　　　　　　　　　　　 400 000
　　贷：筹资活动现金流量——偿还债务支付的现金　　　　 400 000

（9）分析调整股本。

借：筹资活动现金流量——吸收投资收到的现金　　　　　 1 600 000
　　贷：股本　　　　　　　　　　　　　　　　　　　　　1 600 000

（10）提取盈余公积。

借：利润分配——未分配利润　　　　　　　　　　　　　　 125 000
　　贷：盈余公积　　　　　　　　　　　　　　　　　　　 125 000

（11）分析调整应付股利。

借：利润分配——未分配利润　　　　　　　　　　　　　　 550 000
　　贷：筹资活动现金流量——分配股利支付的现金　　　　 550 000

（12）结转净利润。

借：净利润　　　　　　　　　　　　　　　　　　　　　 1 250 000
　　贷：利润分配——未分配利润　　　　　　　　　　　　1 250 000

（13）分析调整现金净变化额。

借：货币资金　　　　　　　　　　　　　　　　　　　　　 170 000
　　贷：现金净增加额　　　　　　　　　　　　　　　　　 170 000

第三步，将调整分录过入工作底稿的相应部分，如表7-6所示。

表 7-6 工作底稿

单位：元

项目	期初数	调整分录 借方	调整分录 贷方	期末数
一、利润表项目				
营业收入			(1) 8 900 000	8 900 000
营业成本		(2) 4 650 000		4 650 000
管理费用		(3) 2 210 000		2 210 000
财务费用		(4) 120 000		120 000
营业外支出		(5) 20 000		20 000
所得税费用		(6) 650 000		650 000
净利润（净亏损以"-"号填列）		(12) 1 250 000		1 250 000
二、资产负债表项目				
货币资金	370 000	(13) 170 000		540 000
应收账款	260 000	(1) 420 000		680 000
存货		(2) 540 000		540 000
固定资产	3 170 000	(5) 50 000 (7) 1 660 000	(3) 330 000 (5) 660 000	3 890 000
长期待摊费用	60 000		(3) 20 000	40 000
应付账款	400 000	(2) 70 000		330 000
应付债券	1 500 000	(8) 400 000		1 100 000
实收资本（或股本）	600 000		(9) 1 600 000	2 200 000
盈余公积	60 000		(10) 125 000	185 000
未分配利润	1 300 000	(10) 125 000 (11) 550 000	(12) 1 250 000	1 875 000
三、现金流量表项目				
（一）经营活动产生的现金流量				
销售商品、提供劳务收到的现金		(1) 8 480 000		
购买商品、接受劳务支付的现金			(2) 5 260 000	
支付给职工以及为职工支付的现金			(3) 1 600 000	
支付的各项税费			(6) 650 000	
支付其他与经营活动有关的现金			(3) 260 000	
（二）投资活动产生的现金流量				
处置固定资产、无形资产和其他长期资产收回的现金净额		(5) 590 000		

续表

项目	期初数	调整分录 借方	调整分录 贷方	期末数
购建固定资产、无形资产和其他长期资产支付的现金			（7）1 660 000	
（三）筹资活动产生的现金流量				
吸收投资收到的现金		（9）1 600 000		
偿还债务支付的现金			（8）400 000	
分配股利、利润或偿付利息支付的现金			（4）120 000 （11）550 000	
（四）汇率变动对现金等价物的影响				
（五）现金及现金等价物净增加额			（13）170 000	170 000
调整分录借贷合计		10 670 000	10 670 000	

第四步，核对调整分录，借方、贷方合计数均已经相等，资产负债表项目年初余额加减调整分录中的借贷金额以后，也已等于期末数。

第五步，根据表 7-6 中的现金流量表项目部分，编制正式的现金流量表（见表 7-7）。

表 7-7　现金流量表

会企 03 表

编制单位：天华公司　　　　　　2024 年 12 月 31 日　　　　　　单位：元

项目	本期金额	上期金额（略）
一、经营活动产生的现金流量：		
销售商品、提供劳务收到的现金	8 480 000	
收到的税费返还		
收到其他与经营活动有关的现金		
经营活动现金流入小计	8 480 000	
购买商品、接受劳务支付的现金	5 260 000	
支付给职工以及为职工支付的现金	1 600 000	
支付的各项税费	650 000	
支付其他与经营活动有关的现金	260 000	
经营活动现金流出小计	7 770 000	
经营活动产生的现金流量净额	710 000	

续表

项目	本期金额	上期金额（略）
二、投资活动产生的现金流量：		
收回投资收到的现金		
取得投资收益收到的现金		
处置固定资产、无形资产和其他长期资产收回的现金净额	590 000	
处置子公司及其他营业单位收到的现金净额		
收到其他与投资活动有关的现金		
投资活动现金流入小计	590 000	
购建固定资产、无形资产和其他长期资产支付的现金	1 660 000	
投资支付的现金		
取得子公司及其他营业单位支付的现金净额		
支付其他与投资活动有关的现金		
投资活动现金流出小计	1 660 000	
投资活动产生的现金流量净额	-1 070 000	
三、筹资活动产生的现金流量：		
吸收投资收到的现金	1 600 000	
取得借款收到的现金		
收到其他与筹资活动有关的现金		
筹资活动现金流入小计	1 600 000	
偿还债务支付的现金	400 000	
分配股利、利润或偿付利息支付的现金	670 000	
支付其他与筹资活动有关的现金		
筹资活动现金流出小计	1 070 000	
筹资活动产生的现金流量净额	530 000	
四、汇率变动对现金及现金等价物的影响		
五、现金及现金等价物净增加额	170 000	
加：期初现金及现金等价物余额		
六、期末现金及现金等价物余额	170 000	

岗位能力测试

一、单项选择题

1. 企业应当按照收付实现制编制的财务报表是（　　）。
   A. 资产负债表　　　　　　　　B. 利润表
   C. 现金流量表　　　　　　　　D. 所有者权益变动表

2. 下列资产负债表项目中，根据有关科目余额减去其备抵科目余额后的净额填列的是（　　）。
   A. 预收款项　　　　　　　　　B. 短期借款
   C. 无形资产　　　　　　　　　D. 长期借款

3. 2024年12月31日，某企业有关会计科目期末借方余额如下：原材料55万元，库存商品35万元，生产成本65万元，材料成本差异8万元。不考虑其他因素，2024年12月31日，该企业资产负债表中"存货"项目的期末余额为（　　）万元。
   A. 163　　　　B. 155　　　　C. 90　　　　D. 147

4. 2024年12月31日，某公司有关会计科目期末余额如下："固定资产"科目的借方余额为1 000万元，"累计折旧"科目的贷方余额为400万元，"固定资产减值准备"科目的贷方余额为80万元，"固定资产清理"科目的借方余额为20万元。不考虑其他因素，2024年12月31日，该公司资产负债表中"固定资产"项目的期末余额为（　　）万元。
   A. 620　　　　B. 540　　　　C. 600　　　　D. 520

5. 2024年12月31日，某企业"应付账款——甲企业"明细科目的贷方余额为40 000元，"应付账款——乙企业"明细科目的借方余额为10 000元，"预付账款——丙企业"明细科目的借方余额为30 000元，"预付账款——丁企业"明细科目的贷方余额为6 000元。不考虑其他因素，该企业2024年12月31日资产负债表中"应付账款"项目的期末余额为（　　）元。
   A. 36 000　　　B. 40 000　　　C. 30 000　　　D. 46 000

6. 下列各项中，不属于企业利润表项目的是（　　）。
   A. 综合收益总额　　　　　　　B. 未分配利润
   C. 每股收益　　　　　　　　　D. 公允价值变动收益

7. 2024年8月，某企业"主营业务收入"科目的贷方发生额为2 000万元，"其他业务收入"科目的贷方发生额为500万元，"其他收益"科目的贷方发生额为800万元，在结转本年利润前上述科目均没有借方发生额。不考虑其他因素，该企业2024年8月利润表中"营业收入"项目的本期金额为（　　　）万元。

A．2 800　　　　B．2 500　　　　C．800　　　　D．2 000

8．2024 年 9 月，某企业发生的财务费用如下：收到开户银行转来的活期存款利息收入 300 元，发生汇兑收益 400 元，计提本月短期借款利息费用 2 000 元。不考虑其他因素，该企业 2024 年 9 月利润表中"财务费用"项目的本期金额为（　　　）元。

A．2 100　　　　B．1 700　　　　C．1 300　　　　D．1 600

二、多项选择题

1．下列属于财务报表编制基本要求的有（　　　）。

　A．以持续经营为基础编制　　　　B．至少按年编制财务报表
　C．保持项目列报的一致性　　　　D．项目列报遵守重要性原则

2．下列属于中期财务报表的有（　　　）。

　A．月度财务报表　　　　　　　　B．季度财务报表
　C．半年度财务报表　　　　　　　D．年度财务报表

3．以下情况不属于抵销的有（　　　）。

　A．资产或负债项目按扣除备抵项目后的净额列示
　B．非日常活动产生的利得和损失，以同一交易形成的收益扣减相关费用后的净额列示更能反映交易实质
　C．一组类似交易形成的利得和损失以净额列示
　D．营业收入按扣除相关营业成本后的净额列示

4．在编制资产负债表时，可以直接根据有关总账科目的余额填列的项目有（　　　）。

　A．短期借款　　　　　　　　　　B．其他应付款
　C．资本公积　　　　　　　　　　D．货币资金

5．下列各项中，应在资产负债表"在建工程"项目中列报的有（　　　）。

　A．工程物资　　　　　　　　　　B．在建工程减值准备
　C．在建工程　　　　　　　　　　D．固定资产清理

6．下列各项中，关于利润表项目本期金额填列方法表述正确的有（　　　）。

　A．"管理费用"项目应根据"管理费用"科目的本期发生额分析填列
　B．"营业利润"项目应根据"本年利润"科目的本期发生额分析填列
　C．"税金及附加"项目应根据"应交税费"科目的本期发生额分析填列
　D．"营业收入"项目应根据"主营业务收入""其他业务收入"科目的本期发生额分析填列

三、判断题

1. 一套完整的财务报表应当包括资产负债表、利润表、现金流量表、所有者权益（或股东权益）变动表。（   ）

2. 长期待摊费用的摊销年限只剩一年或不足一年的部分，仍在"长期待摊费用"项目填列，不转入"一年内到期的非流动资产"项目。（   ）

3. 企业利润表中的"综合收益总额"项目应根据企业当年的"净利润"和"其他综合收益的税后净额"的合计数计算填列。（   ）

四、综合题

甲公司 2024 年 12 月 31 日有关总账科目和明细科目余额表如表 7-8 所示，2024 年损益类科目的本年累计发生额如表 7-9 所示。

表 7-8 甲公司总账科目和明细科目余额表

2024 年 12 月 31 日   单位：元

总账科目	明细科目	借方余额	贷方余额	总账科目	明细科目	借方余额	贷方余额
库存现金		4 000		短期借款			150 000
银行存款		700 000		应付票据			200 000
其他货币资金		100 000		应付账款			500 000
交易性金融资产		50 000			C 公司		300 000
应收票据		100 000			D 公司	200 000	
应收账款		337 400			E 公司		400 000
	A 公司	137 400		其他应付款			900
	B 公司	200 000		应付职工薪酬			65 000
其他应收款		500		应交税费			6 000
原材料		55 000		应付利息			2 000
生产成本		10 000		长期借款			200 000
材料成本差异		30 000		实收资本			3 500 000
库存商品		57 000		资本公积			50 000
长期股权投资		300 000		盈余公积			20 000
固定资产		2 000 000		利润分配	未分配利润		150 000
工程物资		80 000		本年利润		50 000	
在建工程		1 000 000		累计折旧			170 000
无形资产		200 000		固定资产减值准备			30 000
固定资产清理		20 000		累计摊销			50 000

项目七 有的放矢——编制财务报表

表7-9 甲公司损益类科目本年累计发生额

2024年 单位：元

科目名称	本年借方累计发生额	本年贷方累计发生额
主营业务收入		3 750 000
其他业务收入		80 000
主营业务成本	3 000 000	
其他业务成本	55 000	
税金及附加	6 500	
销售费用	200 000	
管理费用	480 000	
财务费用	41 800	
信用减值损失	12 000	
资产减值损失	25 000	
投资收益		60 000
营业外收入		12 000
营业外支出	5 000	
所得税费用	19 175	

其他资料如下。

（1）"管理费用"科目下"研发费用"明细科目的发生额为50 000元，"无形资产摊销"明细科目的发生额为55 000元，其中自行开发无形资产的摊销额为30 000元。

（2）"财务费用"科目下"利息费用"明细科目的发生额为45 000元，"利息收入"明细科目的发生额为3 200元。

要求：根据上述资料，编制甲公司2024年12月31日的资产负债表（见表7-10）、2024年的利润表（见表7-11），仅填列期末余额与本期金额。

表7-10 资产负债表

会企01表

编制单位： 年 月 日 单位：元

资产	期末余额	上年年末余额	负债和所有者权益（或股东权益）	期末余额	上年年末余额
流动资产：			流动负债：		
货币资金			短期借款		
交易性金融资产			交易性金融负债		
衍生金融资产			衍生金融负债		
应收票据			应付票据		
应收账款			应付账款		
应收款项融资			预收款项		

续表

资产	期末余额	上年年末余额	负债和所有者权益（或股东权益）	期末余额	上年年末余额
预付款项			合同负债		
其他应收款			应付职工薪酬		
存货			应交税费		
合同资产			其他应付款		
持有待售资产			持有待售负债		
一年内到期的非流动资产			一年内到期的非流动负债		
其他流动资产			其他流动负债		
流动资产合计			流动负债合计		
非流动资产：			非流动负债：		
债权投资			长期借款		
其他债权投资			应付债券		
长期应收款			其中：优先股		
长期股权投资			永续债		
其他权益工具投资			租赁负债		
其他非流动金融资产			长期应付款		
投资性房地产			预计负债		
固定资产			递延收益		
在建工程			递延所得税负债		
生产性生物资产			其他非流动负债		
油气资产			非流动负债合计		
使用权资产			负债合计		
无形资产			所有者权益（或股东权益）：		
开发支出			实收资本（或股本）		
商誉			其他权益工具		
长期待摊费用			其中：优先股		
递延所得税资产			永续债		
其他非流动资产			资本公积		
非流动资产合计			减：库存股		
			其他综合收益		
			专项储备		
			盈余公积		
			未分配利润		
			所有者权益（或股东权益）合计		
资产总计			负债和所有者权益（或股东权益）总计		

表 7-11 利润表（简表）

会企 02 表

编制单位：　　　　　　　　年度　　　　　　　　单位：元

项目	本期金额	上期金额（略）
一、营业收入		
减：营业成本		
税金及附加		
销售费用		
管理费用		
研发费用		
财务费用		
其中：利息费用		
利息收入		
加：其他收益		
投资收益（损失以"-"号填列）		
净敞口套期收益（损失以"-"号填列）		
公允价值变动收益（损失以"-"号填列）		
信用减值损失（损失以"-"号填列）		
资产减值损失（损失以"-"号填列）		
资产处置收益（损失以"-"号填列）		
二、营业利润（亏损以"-"号填列）		
加：营业外收入		
减：营业外支出		
三、利润总额（亏损总额以"-"号填列）		
减：所得税费用		
四、净利润（净亏损以"-"填列）		
五、其他综合收益的税后净额		
六、综合收益总额		
七、每股收益		

项目考核评价

请各位学生配合指导教师共同完成如表 7-12 所示的项目考核评价表。

表 7-12 项目考核评价表

班级			组号		日期	
姓名			学号		指导教师	
项目名称			有的放矢——编制财务报表			
评价维度	一级指标	二级指标	评价标准	分值	评分 自评	师评
知识评价（40 分）	重难点知识	掌握财务报表的基础知识	能答对相关习题，并且能用自己的话概括财务报表的概念、分类、编制要求等	6		
		掌握资产负债表和利润表的编制方法	能答对相关习题，并且能用简洁的话概括资产负债表和利润表的结构、填列方法等	7		
		掌握现金流量表和所有者权益变动表的编制方法	能答对相关习题，并且能用简洁的话概括现金流量表和所有者权益变动表的结构、填列方法等	7		
	操作技能	能正确编制资产负债表		10		
		能正确编制利润表		10		
能力评价（30 分）	自主学习能力	预习能力	能概述本项目的主要知识点	6		
		课堂学习能力	认真听讲，积极参与课堂互动	6		
		反思改进能力	反思在预习和课堂学习中出现的问题，巩固所学知识，改进学习方法	6		
	人际交往能力	团队协作能力	积极参与活动，与小组成员配合默契	6		
		沟通能力	与小组成员沟通顺畅	6		
素养评价（30 分）	职业素养	主动意识	积极学习，按时完成任务	10		
		合作与竞争意识	能以平和的心态面对同学之间的合作与竞争	10		
		应用意识	能建立所学知识与实际应用场景的联系	10		
		合计		100		
总评	自评（30%）+师评（70%）=			教师（签名）：		

参考文献

[1] 邵瑞庆. 会计学原理[M]. 6版. 上海：立信会计出版社，2021.
[2] 陈爱玲，崔智敏. 会计学基础[M]. 8版. 北京：中国人民大学出版社，2023.
[3] 财政部会计财务评价中心. 初级会计实务[M]. 北京：经济科学出版社，2024.
[4] 吉宏，刘晓霞，刘静. 基础会计[M]. 北京：高等教育出版社，2020.
[5] 刘海云. 会计学基础[M]. 4版. 北京：对外经济贸易大学出版社，2019.

参考文献

[1] 董鹏飞. 会计学通论[M]. 3版. 上海: 立信会计出版社, 2021.
[2] 马广奇. 财务报表分析精讲[M]. 4版. 北京: 对外经济贸易大学出版社, 2023.
[3] 乡村振兴战略规划研究分析报告课题组. 乡村振兴[M]. 北京: 国家行政学院出版社, 2024.
[4] 邱仕平. 会计基础. 大连: 东北财经大学[M]. 北京: 高等教育出版社, 2020.
[5] 刘贵生. 会计学原理[M]. 5版. 兰州: 甘肃民族出版社出版发行, 2019.